“十四五”高等职业教育学前教育专业系列教材

学前儿童家庭教育指导

徐爱新　屈艳娜◎主　编
白　巍◎副主编

中国铁道出版社有限公司
CHINA RAILWAY PUBLISHING HOUSE CO., LTD.

内 容 简 介

本书立足于幼儿园常规家庭教育指导工作，在对家庭教育领域整体工作任务分析的基础上，开发了家庭教育常规指导、家园突发问题指导、家园活动策划指导 3 个模块，针对家长在幼儿教育中的常见问题开发了 42 个指导任务，每个任务既有问题分析，也有针对幼儿园教师和家长提出的教育策略，便于在实践中对照实施。

本书可作为学前教育专业、早期教育专业学生的教学用书，也可作为幼儿园教师的参考用书，还可以作为幼儿家长的阅读读本。

图书在版编目(CIP)数据

学前儿童家庭教育指导/徐爱新，屈艳娜主编 . —北京：中国铁道出版社有限公司，2023. 1(2024. 7 重印)
"十四五"高等职业教育学前教育专业系列教材
ISBN 978-7-113-29737-4

Ⅰ. ①学… Ⅱ. ①徐… ②屈… Ⅲ. ①学前儿童-家庭教育-高等职业教育-教材 Ⅳ. ①G781

中国版本图书馆 CIP 数据核字(2022)第 196440 号

书　　名：学前儿童家庭教育指导
作　　者：徐爱新　屈艳娜

策　　划：潘星泉　　　　**编辑部电话：**(010)51873090
责任编辑：潘星泉　李学敏
封面设计：刘　颖
责任校对：安海燕
责任印制：樊启鹏

出版发行：中国铁道出版社有限公司(100054，北京市西城区右安门西街 8 号)
网　　址：https://www. tdpress. com/51eds/
印　　刷：河北宝昌佳彩印刷有限公司
版　　次：2023 年 1 月第 1 版　2024 年 7 月第 3 次印刷
开　　本：787 mm × 1 092 mm 1/16　**印张：**12. 75　**字数：**307 千
书　　号：ISBN 978-7-113-29737-4
定　　价：34. 00 元

前 言

长期以来，在人们的认识里，教育似乎主要是教育机构的事，家庭重“养”轻“育”现象十分普通，忽视了家庭教育作为人生第一教育的职能。人的一生一般要经历家庭教育、学校教育、社会教育三种类型的教育，其中，家庭是人成长的第一环境，家长是第一任教师，千千万万个事例已经证明：有什么样的家庭就会培养出什么样的孩子。《中华人民共和国家庭教育促进法》明确提出：父母或者其他监护人应当树立家庭是第一个课堂、家长是第一任老师的责任意识，承担对未成年人实施家庭教育的主体责任，用正确思想、方法和行为教育未成年人养成良好思想、品行和习惯。这是我国首次把家庭的教育责任用立法的形式固定下来。

著名教育家陈鹤琴先生曾经指出：0～6岁是人生的一个重要时期，生活习惯、语言、技能、思想、态度、情绪等都要在此时期打下一个基础，若基础打得不牢固，健全的人格就难以形成。当前，虽然年轻的父母们越来越重视孩子的教育，但由于缺乏育儿经验，缺乏学前教育专业知识和技能，对传统育儿观念和方法缺乏甄别能力，导致年轻家长对幼儿的教育束手无策，或者采用了一些违背幼儿发展规律的方法，或者错过了幼儿教育的关键期。幼儿的成长是不可逆转的，前期教育的失误会用后期大量的付出做代偿，针对幼儿家长的家庭教育指导十分必要。

对幼儿家长的家庭教育指导不是靠听几次专家讲座就能解决的，幼儿的家庭情况和发展程度各异，家庭教育指导必须是个性化、生活化的，幼儿园是对幼儿家长进行家庭教育指导的最佳机构。幼儿园的家庭教育指导需要是个性化的，幼儿园教师根据每个幼儿的实际情况实施个性化的指导策略；幼儿园的家庭教育指导还要是生活化的，幼儿园教师要坚持日常家庭教育指导，发现问题及时采取应对策略；幼儿园的家庭教育指导还要专题化，采用举办家长学校、亲子活动等方式，给家长系统化的专业知识和专业性的育儿策略指导；幼儿园的家庭教育指导还要坚持个别指导与集体指导相结合，既要有家长会、举办家长学校或家园活动等集体教育形式，也要有幼儿园教师与家长间一对一的联系与指导，多种方式有机结合交替进行，才能达到事半功倍的效果。

教育孩子是一项长期的、系统的工程，如果把孩子比喻为雏鹰，家庭教育和幼儿园教育就是雏鹰的双翼，缺少任何一个，雏鹰都不能翱翔天空。家庭和幼儿园作为幼儿教育的共同主体，对幼儿成长起着奠基的作用，需要家园携起手来，形成教育共同体，形成一致观念、构建一致环境、实施一致策略，用心去倾听、用爱去培育、用情去浇灌，幼儿才能茁壮成长。

本书由徐爱新和屈艳娜担任主编，模块一由屈艳娜、高利娟、陈彩萍、胡俊艳、张文丽、康东星、郑园园、崔馨文、白巍编写，模块二由陈财良、王玉、赵静、徐爱新编写，模块三由董曼曼、刘静文、杜炜芳、张珊珊编写，全书由徐爱新统稿。

由于编者水平有限，加之时间仓促，书中难免存在不足之处，敬请读者批评指正。

编　者

2022 年 6 月

目 录

模块一

家庭教育常规指导

幼儿园家庭教育指导是指由幼儿园组织的、以幼儿家长为主要指导对象、以家庭教育为主要内容,旨在提高家长教育能力,有效构建家园协同育人共同体的教育活动。幼儿园常规家庭教育指导主要分为日常生活指导、知能建立指导、处事交往指导和异常行为指导四部分。

项目一 日常生活指导

幼儿期是形成生活习惯、卫生习惯、行为习惯的重要时期,叶圣陶先生说过:“什么是教育,简单一句话,就是要养成良好的习惯。”形成良好习惯的有效方式是规则教育,那么,家长应该如何制定规则,如何让幼儿遵守呢?

任务一 培养幼儿良好饮食习惯

一、问题引入

案例1①:

豆豆,3周岁,是小二班的一名幼儿,刚入园时有很严重的挑食现象。中午,我们给小朋友端上热气腾腾的饭菜,面对鸡腿和青菜,小朋友们大口大口地吃起来,只有豆豆盯着碗,拨弄着衣角,一口也不吃。“豆豆,快吃啊。”豆豆看着我不动。“那老师喂你。”豆豆还是不动,小嘴紧闭,最后才轻轻地说:“老师,我只吃白饭。”无奈之下,老师只好盛了一碗白饭给他,结果豆豆很快就吃完了。我持续对豆豆进行了两周的观察,发现他几乎每天如此,一看到菜就摇头:“我不要,我只吃白饭。”

案例2:

朵朵,是中三班的一位小朋友,比较活泼开朗。下午吃饭的时候,朵朵吃到一半,对着饭桌突然打了一个喷嚏,然后旁边的轩轩生气地说:“你不懂得打喷嚏应该转过去头吗,我们的饭菜还在这呢!”

日常饮食是幼儿健康成长的必要保证,但让孩子吃饭是令很多家长头疼的问题:

有的幼儿零食不断,以致胃内经常有食物,半饥半饱,吃饭时没有食欲,得不到足够的营养,进

---

① 百度文库. 亲子教育:小班个案分析与措施【三篇】精品[EB/OL].(2019-01-25). https://wenku.baidu. com/view/a31d1285773231126edb6f1aff00bed5b8f37331. html.

而影响了生长发育。

有的幼儿挑食、偏食，不吃青菜、不吃豆腐、不喝牛奶或不吃鸡蛋等，以致食物单调，得不到足够的营养。

有的幼儿摸透了家长的心理，在餐桌上要家长答应种种条件才肯张口吃饭。

有的幼儿吃的时候往自己碗里夹很多饭菜，但是最终吃不完导致剩饭。

有的幼儿吃饭时不顾及他人，喜欢吃独食，或者在盘子里面翻来翻去，挑自己喜欢的吃。

有的幼儿在吃饭时滔滔不绝，不专心吃饭。

类似问题还有许多，都是未养成良好饮食习惯的具体体现。良好的饮食习惯是身心健康的必要条件，如何让幼儿养成良好的饮食习惯呢？

二、问题分析

幼儿饮食习惯包括对饮食的偏好、进餐礼仪、用餐卫生等。在人们的惯性思维中，吃饭是一件再正常不过的事，然而习以为常的事恰恰是我们最容易忽略的事。陶行知先生说过，“生活即教育”，“教育即生活”。缺少了从起点开始的规则教育和引导，才导致幼儿形成了不良饮食习惯。究其原因，主要有以下几个方面。

（一）家庭因素的影响

1. 家长的溺爱滋长了幼儿的不良饮食习惯

幼儿不良的饮食习惯与家长的溺爱息息相关。当不良饮食行为的苗头出现时，家长未引起重视、未及时发现、未及时纠正、未予以规范引导，甚至纵容和助长，都使不良饮食行为持续增长。

例如，孩子想要吃薯片、饮料等各种零食，家长欣然满足，孩子零食不断，到吃饭时间没有饥饿感，最终导致饮食不规律。

再如，孩子想要吃“蒜薹炒肉”这个菜当中的肉，不喜欢蒜薹，在盘子里翻来翻去只吃肉，家长看到也不加以制止，甚至还会帮着孩子挑肉，这样的行为不仅助长了孩子的偏食挑食，也让幼儿形成了不顾及他人、不遵守进餐礼仪的习惯。

另外，吃饭时，家长给孩子碗里夹各种各样的食物，孩子最后吃不下，剩下的半碗饭菜家长很自然就帮忙吃掉了。孩子觉得吃不完很正常，家长会帮忙吃，形成了经常剩饭剩菜的不良行为。除此之外，孩子用餐时只说话不吃饭，对着食物咳嗽、打喷嚏，一边吃饭一边看手机等不良的饮食习惯，都是因家长溺爱不及时纠正和制止而形成的。

2. 家长的不良饮食行为给幼儿呈现了错误的示范

父母是孩子的第一任老师，孩子是父母的一面镜子，家长的言传身教对幼儿起着潜移默化的作用。家长吃饭时看电视、玩手机，吃饭的时候狼吞虎咽，当着幼儿的面对饭菜挑三拣四，甚至当着孩子的面把自己不喜欢的食物挑出来，以及其他餐桌上的不良行为和习惯，都会成为幼儿模仿的对象。

（二）幼儿园因素的影响

除了父母，幼儿园教师也是影响幼儿饮食习惯的因素之一。比如，如果幼儿吃饭时教师经常说：“琪琪真棒，吃得最快了”；“果果要加快速度了，其他的小朋友都要吃完了，就你在这磨蹭哦”。教师忽略了幼儿的个性差异，让速度成为一顿饭的最终目标，而不是以吃饭为目的，给幼儿饮食施加了额外的压力。长此以往，孩子吃饭就只追求快，不良的饮食习惯在教师这样不停地催促下就形成了。

（三）幼儿自身因素的影响

1. 幼儿自我中心意识严重

很多家庭结构都是六个大人围着一个宝贝，导致幼儿自我中心意识较重。只要是孩子爱吃、想吃，都优先得到满足。久而久之，幼儿觉得自己就是家庭的中心，他所提的要求被满足是应该的。不良的行为未得到制止和纠正，不良饮食习惯在日积月累中形成。

2. 幼儿生活经验不足

幼儿生活经验和知识少，不懂得零食为什么会影响身体健康，出现剩饭、餐后嘴边留有残渣等行为也不觉得尴尬，需要成人正确引导和教育提醒，帮助幼儿扩展经验和认知，才能使其养成良好的饮食习惯。

3. 幼儿自控能力差

随着年龄增长，幼儿虽然通过动画片、绘本、家长的教育等能够了解一些好的饮食行为和不好的饮食行为，但意识仍然模糊，有时候专注于某件事可能就忘记了。比如，幼儿即使知道餐前应该洗手，但当看到特别爱吃的食物时，可能就会忘记洗手这件事，直奔食物而去，甚至会用手抓起来放进嘴里。这就是由于孩子自控力较差，需要成人在日常生活中持续教育强化。

三、幼儿教师教育策略

（一）查找问题原因

首先幼儿教师要了解情况，采用观察、家访等方式，找出幼儿出现某种不良饮食行为的原因。

案例1分析：

通过观察和与家长沟通，发现豆豆挑食的主要原因有：

1. 祖辈家长的溺爱

第一次家访时，我们看到这样一幕：豆豆边吃饭边玩玩具，爷爷奶奶端着饭菜在一旁等着，豆豆高兴了就跑过来吃一口。

2. 零食摄入过量

家访中我还发现，豆豆零食很多，因为没有好好吃饭，孩子很容易感到饥饿。于是，爸爸妈妈给豆豆准备了各种零食，生怕孩子饿着。

3. 孩子自我中心意识严重

家长的一味迁就，使豆豆形成了自我中心意识，想吃什么就吃什么，饿了就吃零食，父母听之任之。久而久之，豆豆便知道自己在家庭成员中处于“特殊”位置。在幼儿园也是如此，每天中午的饭菜豆豆看都不看，更别说吃了。

4. 幼儿活动量过小，体力消耗过少

适量的运动会消耗幼儿体力，使幼儿产生饥饿感，增强幼儿进食的欲望。豆豆不喜欢运动，身体的协调性差。没有运动量的消耗，到了饭点，豆豆也就很难有饥饿感，看什么都不想吃。因此，当务之急是引导豆豆多参与体育运动。

（二）制定针对性策略

1. 教师可用游戏或者绘本故事丰富幼儿的饮食认知

教师要丰富幼儿的经验和自我认知，引导幼儿认识食物对身体健康的重要意义，掌握用餐礼仪和规则，让幼儿逐步形成自主意识，能够自觉遵守，当他人提醒时能够主动纠正。案例1中，老师可以布置“美食城”“食品店”场景，让豆豆知道食品的多样性，每种食物对身体的重要作用，认识到挑食偏食是一种不良习惯。还可以通过绘本《爱挑食的小狐狸》《我绝对绝对不吃西红柿》，让幼儿明白挑食的坏处以及营养均衡的重要性。

2. 以表扬、奖励的方式对幼儿进行正向激励

根据幼儿的特点，教师可以采用激励手段强化幼儿良好的饮食行为，进行正面引导和正面强化。例如，每天开饭前组织幼儿猜猜今日吃什么，用猜菜名的方法营造良好的餐前气氛，增进幼儿的食欲。孩子是需要鼓励的，成人给予他们的鼓励应当是生动活泼并且是幼儿能直接感知的。我们还可以利用幼儿善于模仿的特点，将鼓励与树立榜样相结合，让幼儿在模仿中学习，习得良好的饮食习惯。例如，“×××小朋友吃饭可专心了，安安静静吃饭肠胃最舒服”；“×××小朋友的小碗里真干净，一点食物都没剩，看看谁能比他还棒”等。教师的表扬会激发幼儿的模仿行为和表现欲，使良好行为得到强化。

3. 坚持不懈地进行教育强化

习惯的养成不是一朝一夕的事情，特别是针对经验不足、自控力不足的幼儿，需要持之以恒。教师要充分激发幼儿的主观能动性，与幼儿共同制定规则，通过集体教学活动让幼儿理解规则、牢记规则，便于自觉遵守。日常要坚持检查监督和纠偏，对不良饮食行为及时制止和纠正，对无意识行为要提醒，例如，饭前幼儿直接坐到座位上等待用餐，教师可以进行提醒：“笑笑，咱们吃饭前应该洗什么来着？”幼儿自然就会去洗手了。教师还要学会利用评价的激励强化作用，让幼儿成为评价的主体，通过自评、互评、教师评、家长评等多种方式，使幼儿的良好行为得到强化，不良行为得到改进和纠正。

（三）与家长形成教育共同体

幼儿园教师要注意与家长及时沟通，将幼儿在幼儿园的饮食行为反馈给家长，引起家长的重视，引导家长在家庭中的教育行为，对于有认识误区的家长要进行深入细致的说服解释工作，使家长形成正确的育儿观念。当幼儿出现不良行为时，幼儿教师要与家长共同制定个性化教育方案，保持教育策略和教育环境同步，结成教育共同体。

四、家庭教育指导策略

（一）更新家长的教养观念

没有人天生就会当家长，只有通过后天的努力才能成长为智慧型家长。绝大多数家长没有掌握教育专业知识和技能，幼儿园教师有责任帮助家长提高育儿技能。在饮食习惯培养中，幼儿园教师要更新家长的饮食观念，通过日常沟通、微信公众号、家长会等途径，向家长介绍幼儿营养均衡的重要性，组织家长学习中国营养学会组织编写的《中国居民膳食指南》，让家长建立科学的饮食观和正确的营养观。同时要更新家长的育儿观念，引导家长建立正确的亲子关系，不能过分溺爱孩子，学会合理表达自己的情感，满足幼儿的合理需求，能够用科学的理念引导幼儿成长等。

（二）指导家长科学育儿

1. 环境熏陶法——营造良好的就餐环境

家庭要形成良好的用餐氛围，在固定的时间和地点进餐，关掉电视机，全家围坐在餐桌前，营造一种“仪式感”。让幼儿洗手，亲自拿碗拿筷。让幼儿端坐在椅子上，吃饭时，大人也尽量少说

话，以免引起幼儿兴奋和注意。吃饭时不要将手机等物品放置在饭桌的周围，以防幼儿随手拿到手机，或者分散吃饭注意力等。

家庭要注意营造和谐的家庭环境，避免在餐前批评、训斥孩子，也不要与其他家庭成员之间有吵架等不良情绪，让孩子保持餐前的愉快情绪。

2. 兴趣诱导法——帮助幼儿建立用餐动机

要采用幼儿能够接受的方式，帮助幼儿建立对吃饭重要性的认识，让幼儿愿意吃饭。有一位妈妈告诉孩子，她的身体里住着很多的小精灵，都是保护她的小卫士，她们帮她和细菌对抗，才能让身体保持健康。但是小精灵是需要各种营养的，所以孩子需要各种食物都吃一些，保证能够提供给小精灵全面的营养。这个小朋友听了之后，为了小精灵也需要吃各种食物，逐渐不再挑食。

3. 暗示提醒法——帮助幼儿纠正不良行为

幼儿还没有形成较强的自控力，需要家长日常监督提醒。比如，孩子餐前直接坐到了座位上，家长可以提醒孩子："小手洗干净了吗，宝贝？"，"你看看咱们是不是应该先请姥姥、姥爷（长辈）或者客人先入座，你再入座呢？"餐后可以提醒孩子擦嘴、漱口、整理餐具等。

4. 活动探索法——巧花心思、多变花样

孩子不喜欢吃某种食物，可以改变一下制作方法，用孩子喜欢和愿意接受的方式。比如，有些小朋友不爱吃鸡蛋，不爱吃蛋黄等，家长可以尝试做蛋羹，还可以尝试做蛋挞、做蛋糕，只要肯用心，总能找到一种幼儿能够接受的方式。

家长也可以让孩子参与到做饭的过程当中，哪怕孩子只是能够帮忙拣菜、递个东西，让孩子有参与感，愿意享受自己的劳动成果。

5. 榜样示范法——以身作则、偶像示范

家长要为幼儿建立好的示范，成为幼儿模仿的对象和榜样。家长要以身作则专心吃饭，将良好的饮食习惯体现在日常生活中，用实际行动影响孩子，让幼儿浸润在良好的环境和氛围中，良好的习惯会在潜移默化中形成。

还可以采用拟人的方式为孩子塑造一个超级英雄和偶像，比如孩子喜欢的冰墩墩、雪融融等。当孩子有不良饮食行为时，我们问问孩子："如果是冰墩墩，你觉得她会怎么做呢？她会不洗手就吃饭吗？她会在盘子里挑来挑去吗？妈妈相信你也能和你喜欢的冰墩墩一样做好的，对吗？"这时候大多数孩子就会坚持做正面的行为，希望自己成为心目中的偶像。

6. 及时鼓励法——坚持正向强化

当幼儿作出了正确的行为或者取得一定的进步时，一定给予孩子及时的肯定和鼓励。比如，当孩子的偏食挑食有进步、有改变时，应给予适时地肯定和鼓励，有些小朋友不爱吃芹菜，当孩子吃了一点芹菜，马上就肯定鼓励他，可以竖起大拇指，也可以用睡觉前多讲一个小故事作为小奖励。及时的肯定和鼓励，会强化孩子下次吃芹菜的行为，行为多次强化之后，就会慢慢形成习惯。

7. 适当惩罚法——及时制止纠正

对幼儿的不良饮食行为要及时发现、及时制止、及时纠正，必要的时候，可以适度予以惩罚。惩罚不是打骂、体罚幼儿，也不是讽刺挖苦，不当的惩罚会形成负面强化。惩罚是为了孩子的良性转化，惩罚的“量刑”就必须合乎孩子的行为①。比如可以罚孩子一天不看动画片或者惩罚他周末不去游乐场玩等。孩子得到了适度的惩罚就会强化认知，减少犯错误的概率。当孩子出现不当行为时，家长应注意调整自己的情绪，不要因一时冲动而随意惩罚孩子。另外，家长的惩罚态度要保持一致，还要做到同样的错误同等的惩罚，不能有时管有时不管，或者有人管有人不管，这样家长才能在孩子心中树立威信。

五、教育评价标准

对于幼儿来说，什么才是良好的饮食习惯呢？请对照表 1-1-1。

表 1-1-1　幼儿良好饮食习惯评价标准

序号	类别	评 价 标 准
1	用餐偏好	1. 不挑食偏食，各种类食物多样化。 2. 早起吃早餐。 3. 定时定量地饮食
2	用餐礼仪	1. 保持良好情绪，等待就餐。 2. 如果有长辈，请长辈先行入座和动筷子。 3. 如果咳嗽、打喷嚏，转向没有人和食物的方向。 4. 不一次性入口太多食物，不要发出太大声响，不在盘子里挑来挑去，不浪费粮食。 5. 吃饭不打闹说笑。 6. 结束用餐要与同桌人打招呼，说“大家慢慢吃，我吃好了”类似的话
3	用餐卫生	1. 餐前洗手。 2. 保持自己桌位整洁。 3. 餐后擦干净嘴边的食物残渣，用清水漱口，把自己的餐具整理好放到洗碗池里

思考与练习

1. 多选题

(1) 下列哪项是幼儿挑食的危害？(　　)。

A. 消化不良　　B. 营养不均衡　　C. 免疫力低下　　D. 情绪暴躁

(2) 下列哪些是幼儿不良饮食习惯的行为表现？(　　)。

A. 安静吃饭　　B. 边吃饭边说话　　C. 用筷子翻菜　　D. 边吃饭边玩手机

2. 判断题

(1) 在幼儿集体吃饭时，幼儿教师说：“我看谁吃得最快，最后剩下了谁”。(　　)

(2) 有孩子爱吃的食物，大家应该都先让孩子吃，孩子吃饱了别人再吃。(　　)

3. 简答题

简述幼儿良好的饮食习惯的标准。

---

① 百度文库. 惩罚孩子的科学方法[EB/OL].(2019-04-07). https://wenku. baidu. com/view/be2f66ffcbaedd3 383c4bb4cf7ec4afe05a1b116. html.

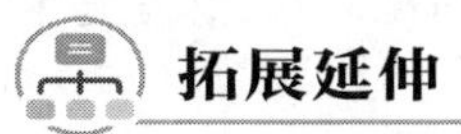

拓展延伸

幼儿进餐礼仪①

1. 餐前准备

(1)小椅子双手搬,轻轻推入小桌子;

(2)有序小便不拥挤,先小便来再洗手;

(3)洗好小手握紧拳,轻轻走到桌子旁;

(4)轻拉小椅子,稳稳坐进去,身体不摇也不晃,准备进餐真快乐。

2. 进餐

(1)小脚丫并拢,放在椅子前,身体紧靠桌,一手扶着碗,一手拿勺子,开始吃饭;

(2)饭菜搭配吃,一口饭来一口菜,大口吃,闭起嘴巴多嚼嚼,嚼出声音不文明;

(3)小嘴巴不说话,小勺子也安静,轻轻舀轻轻刮,饭和菜真听话,聚拢来往嘴送,自己的饭菜吃光光,碗里桌面地面都干净;

(4)10 分钟内安静吃,10 分钟后有事小声说,但要牢记,边吃边说可不文明,还要牢记不吵人,文明进餐人人夸;

(5)节约粮食不剩饭,不挑食来样样吃;

(6)需要添饭菜,举手请求老师来帮忙;

(7)饭菜吃完再喝汤,最后吃的是水果;

(8)吃饭时候有垃圾,轻轻放入垃圾盘,就餐礼仪都遵守,人人都夸好宝宝!

(9)汤水打翻时,要及时避让,衣服不弄脏,再取工具来清理;

(10)汤水被打翻,不惊慌来不哭闹,快用抹布来擦擦,抹布用好放原处,自己的事情自己做,人人见了都夸好!

3. 餐后

(1)用餐快结束,火眼金睛来查看,盘中盘底、桌面地面,剩余饭菜逃不了,通通送入垃圾盘;

(2)用餐结束后,先是站起身,再将椅子推入桌,接着再去拿盘子;

(3)手中有盘子,走路要小心,来到指定处,弯下身子来,勺子轻轻刮,剩余饭菜入锅里,再将盘子叠整齐,勺子要回家;

(4)小杯子,放点水,杯中水,含嘴里,扬起头,漱漱口,吐出来,餐后漱口牢牢记,蚜虫不会找上门;

(5)小毛巾,手中拿,擦好嘴巴翻一面,然后再来擦擦脸,用过毛巾也叠齐,良好习惯人人爱。

任务二　培养幼儿良好睡眠习惯

一、问题引入

案例 1:

多多今年 4 岁了,家长最发愁的就是晚上哄多多睡觉,经常夜里 12 点多,甚至更晚才能睡着。

---

① 百度文库. 幼儿进餐礼仪[EB/OL]. (2022-04-15). https://wenku.baidu.com/view/fd066f607e21af45b307a84c.html.

晚上她能玩到11点多,12点才躺床上开始睡。早上因为要上幼儿园,7点妈妈叫她起床,总是起不来,早上迟到是常有的事。

案例2:

小凯是我们班一位活泼可爱的小男孩,但是他就是不爱睡午觉,午睡时间他特别有精神。老师叫他快睡,可他就是翻来覆去睡不着。时间在悄悄流逝,声音也几乎没有了,老师以为他睡着了,凑过去一看,小凯两只眼睛睁得滴溜溜圆,正在被窝里认认真真地玩手。

睡眠是人体的基本生理需要。通过睡眠,人体的大部分器官得到休息,也储备了第二天活动的能量。俗话说"能睡的小孩成长比较快""一瞑大一寸",睡眠对于儿童的生长发育至关重要。

幼儿每天睡眠一般有两个时间段:一是夜晚;二是午睡。平时我们一般重视夜晚的睡眠,午睡对幼儿也很重要。幼儿身体正在发育之中,自早晨至中午,由于参加集体教育活动和各种游戏活动,身体会很疲劳,午睡可以为下午的活动积蓄精力。午睡时间的长短可随幼儿的年龄、个性及气候而变化,一般睡1.5~2小时。

很多幼儿晚上不睡,早上不起,中午要么不睡,要么就是睡太长时间等,这些都是不良睡眠习惯的行为表现,睡眠不足的孩子就会烦躁易怒、食欲减退、体重增长缓慢、抵抗力低下、容易生病。如何让幼儿养成良好的睡眠习惯呢?

二、问题分析

随着年龄的增长,幼儿的睡眠规律会逐渐接近成人。幼儿期作息不规律,未形成良好的睡眠习惯,会影响后期良好生活习惯的养成。影响幼儿睡眠习惯养成的因素主要有以下几个方面。

(一)家庭因素的影响

1. 家长的忽视纵容滋长了幼儿的不良行为

幼儿不良的睡眠习惯与家长的忽视有关。孩子晚上一直玩玩具或者看电视到很晚,家长也不督促提醒,久而久之,就会形成晚睡的生物钟。有的家长中午不睡觉,也就觉得孩子的午睡可有可无,忽视了午睡对于幼儿成长的重要性。孩子早上赖床,家长在旁边无可奈何,放任孩子的脾气和赖床行为,那孩子早上按时起床会越来越难。

2. 家长的睡眠行为给幼儿呈现了不良的示范

幼儿的作息习惯与家长的作息习惯息息相关,家长晚上熬夜打游戏,却要求孩子去睡觉,一般孩子都难以做到自愿服从。经常会有这样的对话:

家长:"都11点了,明天还要上幼儿园呢,快点去洗漱,然后睡觉去!"

幼儿:"你不也没睡呢吗?还管我"。

所以,家长对幼儿和对自己的要求一定不能存在两个标准,家长要以身作则。

(二)幼儿园因素的影响

1. 缺乏适宜的睡眠环境

多数幼儿园的幼儿午睡床是上下床,有的还是大通床,即使每人一张小床,但床与床之间的距离很小,环境拥挤,幼儿之间相互影响,都是造成幼儿入睡困难的原因。

2. 同伴间相互影响

午睡时,如果旁边挨着不爱午睡又比较爱说话的幼儿,有可能两三个人就会悄悄聊天,午休时间也就在他们的谈话交往中度过了。

（三）幼儿自身因素的影响

1. 对外来刺激敏感

幼儿的高级神经活动抑制功能不够完善，5～6 岁为幼儿脑兴奋性最高期。因而，幼儿容易兴奋，对外界敏感，即使轻微的外部刺激也能够对幼儿形成影响，造成入睡困难。

2. 幼儿适应能力弱

有的幼儿不习惯离开父母到幼儿园独立午睡，例如，幼儿每到接近中午就烦躁不安，原本在家不尿床的幼儿在幼儿园里却接连尿床，形成所谓的身心失调。

3. 幼儿贪玩、睡眠意识较弱

当孩子玩得高兴的时候，其他的事情就会抛之脑后了。对于大多数的幼儿来说，很少能有睡眠的意识。比如，幼儿晚上摆拼图摆得正高兴，即使父母多次催促，仍然不舍得放弃玩耍，需要成人的及时督促、提醒和科学引导。

4. 幼儿活动量不够

幼儿不想睡觉还有一个原因就是活动量比较少，没有睡意也会导致夜间不容易入睡。如果白天的活动量比较大，比较劳累的话，夜间应该会出现早睡觉的情况。

三、幼儿教师教育策略

（一）查找问题原因

首先幼儿教师要了解情况，采用观察或家访等方式，找出幼儿不良睡眠习惯的成因。

案例 2 分析：

通过观察和与家长沟通，我发现小凯午睡难的主要原因有：

(1) 家庭没有午睡的氛围和环境。家长反映孩子在家从来不午睡，家里人也基本都不午睡，久而久之便养成了他不爱午睡的习惯。

(2) 小凯上午起床太晚。小凯在家的时候，上午起床都比较晚。起床不久，就该吃午饭了，所以刚刚睡醒不久，就到了午睡的时间，自然也就不困没有睡意了。

（二）制定针对性策略

1. 采用“循序渐进”的方式促进幼儿习惯养成①

一开始睡不着，教师可以坐在幼儿旁边，拍一拍，或讲一个睡前小故事，让幼儿闭上眼睛，在老师的帮助下慢慢入睡。如果幼儿实在睡不着，可以让幼儿先安静，等其他小朋友睡着后，让不睡觉的幼儿做一些安静的事，如看书、做手工等。不要让幼儿觉得睡觉是一件苦恼的事。

2. 营造良好的睡眠氛围

幼儿园及教师要合理安排学生的床位，减少外界刺激，也可以把好动的幼儿和入睡慢的幼儿分开，与入睡快的幼儿邻床，让有良好习惯的幼儿起到影响和带动作用。

3. 表扬奖励法

用幼儿感兴趣的东西作为奖励，增强幼儿睡觉的主动性，当幼儿在午睡方面有进步时及时予以表扬鼓励，让大家向他学习。孩子在表扬和激励下，主动睡眠行为会得到正向强化，有利于形成

---

① 百度文库. 幼儿园案例分析：《从不午睡的孩子》[EB/OL].（2021-10-04）. https://wenku.baidu.com/view/e0e199c34328915f804d2b160b4e767f5acf808d.html? fr = income1-doc-search.

良好的午睡习惯。

（三）与家长形成教育共同体

培养孩子良好的睡眠习惯，幼儿园要与家庭教育同步，教师对幼儿在园的午睡行为进行引导与约束，家长对幼儿的夜晚睡眠和节假日午睡进行引导和约束。如果家园不一致，幼儿就难以形成规律作息。因此，幼儿园教师要积极争取家长的支持协作，及时与家长沟通，将幼儿在幼儿园的午睡情况反馈给家长，并向家长介绍幼儿园的生活作息制度，请家长密切配合，形成家园教育一致性。

四、家庭教育指导策略

（一）更新家长的教养观念

1. 让家长认识到睡眠对幼儿的重要意义

通过家长会、微信公众号、班级群等多种方式，向家长介绍睡眠对于幼儿的重要性以及不良睡眠习惯对于幼儿的危害，引起家长对幼儿睡眠习惯养成的重视。请家长有意识地查找和学习关于幼儿睡眠的相关知识和方法，使家长真正重视幼儿睡眠习惯的养成。

2. 家校协同制定生活作息表

根据幼儿的气质类型和身体发展情况，幼儿园教师协同家长为幼儿制定生活作息表，在幼儿身体状况良好的情况下，共同监督幼儿按照作息表的时间作息。比如，幼儿在该玩的时间困了，家长尽量不要由着孩子睡着，多引逗孩子玩一会，让他在该睡觉的时间睡觉。长期坚持下去，幼儿就能够形成稳定的生物钟，形成良好的生活和睡眠规律。

（二）指导家长科学育儿

1. 环境熏陶法——营造良好的睡眠环境

为了让幼儿有一个良好的睡眠环境，可以拉上窗帘让光线暗一些；大人的言语要轻，让室内尽量安静一些，也可放一点轻柔的音乐或者给孩子讲讲故事；午睡时间家里其他人都不看电视、计算机，排除一切人为的干扰等。

不要在睡觉前做容易让孩子激动、兴奋的游戏，避免在睡觉前批评、训斥孩子，也不要与其他家庭成员之间有吵架等不良情绪，让孩子保持睡觉前的平静情绪。要有一个成人陪幼儿躺下，有一个睡觉的氛围。

2. 兴趣诱导法——让幼儿主动按时睡觉

根据幼儿的兴趣和个性，可能为幼儿创造一个主动睡觉的理由。有一位家长是这样做的，她告诉孩子，有一位卫士是幼儿的好朋友，默默地保障幼儿健康，但是这位卫士有充足的睡眠才能够一直保持强壮，幼儿只有按时睡觉，才能使得这位朋友一直保障幼儿少生病，否则这位卫士就会越来越虚弱。这样大多数孩子都会为了朋友而按时睡觉。

3. 暗示提醒法——帮助幼儿建立自我约束

有时候孩子玩得太过兴奋，就是不愿意去睡觉。家长在睡前尽量不要让幼儿玩太过刺激、容易兴奋的游戏或玩具，并且提前提醒孩子："宝宝，看看几点了，咱们是不是该睡觉了，你的玩具宝贝也需要睡觉休息了"，也可以暗示孩子："宝贝，你的小枕头等你了哦"，通过暗示提醒孩子，让孩子按时睡觉，逐渐养成良好的睡眠习惯。

4. 活动探索法——增加幼儿的活动量

如果幼儿上午活动量不足，可以带孩子出去玩，不仅锻炼身体，而且有助于午睡。晚上睡觉也是一样。增加孩子的活动量，既能锻炼身体，又能有助于孩子的睡眠。

5. 榜样示范法——家长以身作则

家长要求孩子 9 点上床睡觉，但是家长 9 点了还在看电视或者玩手机，很多孩子就不会乖乖服从，甚至会反问家长："你怎么到点不去睡觉？"。家长应以身作则，用自己的行动去影响孩子，孩子才会心服口服。

家长也可以通过孩子喜欢的正面人物或卡通形象，给孩子树立良好的榜样。比如，有的小朋友喜欢大头儿子，当孩子早上不起床时，家长就可以问问孩子："大头儿子天天可是早睡早起的，咱们是不是应该向他学习呀"。

6. 及时鼓励法——正向强化

当幼儿在睡眠方面取得进步时，家长给予孩子及时的肯定和鼓励。比如，当孩子从晚睡、赖床等行为逐渐到早睡、早起时，家长可以夸奖孩子长大懂事了，能够做到早睡早起了，也可以抱抱孩子说："宝贝自己都可以早睡早起了，不用妈妈天天提醒了，太欣慰了"。孩子听了这样的话，就会努力表现得更好。

7. 适当惩罚法——及时纠偏

必要的时候需要对幼儿的一些不良睡眠行为加以惩罚。比如，当幼儿长期睡懒觉，各种方法无效的情况下可以给予适度惩罚，这个惩罚一定是孩子在乎的东西，能让孩子有所顾忌的。可以减少幼儿看动画片的时间，也可以取消游乐场的玩耍活动等。惩罚不是打骂、体罚幼儿，避免让幼儿对睡觉产生畏惧心理。用惩罚的方式可以快速纠正幼儿的不良行为，一旦孩子做到了，还是及时表扬鼓励，进行正向强化。

五、教育评价标准

对于幼儿来说，什么才是良好的睡眠习惯呢？请对照表 1-1-2。

表 1-1-2　幼儿睡眠习惯评价标准

序号	评价标准	具体要求
1	按时起居	每天按时起床，按时入睡，形成科学的生物钟
2	独自睡小床	幼儿与大人分床睡，用自己的被褥、枕头
3	睡前洗漱	睡前洗脸、刷牙、洗脚
4	睡眠姿势正确	头在被子外面，最好是右侧卧，身体略弯曲
5	睡眠时间适宜	根据幼儿的年龄特点保持适度的睡眠时间
6	无不良入睡习惯	无咬被头、抓物、抱物、开灯睡觉等不良习惯，否则容易形成心理依赖，形成不良睡眠习惯
7	无不良起床习惯	无赖床、醒后发脾气等不良习惯

思考与练习

1. 单选题

下列哪项是良好的睡眠行为？（　　）。

A. 晚睡晚起　　　　B. 早睡晚起

C. 中午不睡　　　　D. 早睡早起

2. 多选题

下列哪些环境不利于幼儿的睡眠?(　　)。

A. 电视放着动画片　　B. 拉住窗帘

C. 安静的环境　　D. 放着节奏欢快的儿歌

3. 判断题

(1)5 岁的幼儿一定要保证每天 12 小时的睡眠。(　　)

(2)睡眠对于幼儿生长发育很重要,所以尽可能地培养幼儿午睡的习惯。(　　)

4. 简答题

简述幼儿教师针对幼儿不良睡眠习惯的教育策略。

拓展延伸

0～5 岁宝宝健康睡眠时长表①

这个“健康睡眠时长表”并非标准表,每个孩子都可能有不同,但可以作为参考。实际上,判断宝宝睡眠质量的唯一标准是宝宝的精神状态和发育状况。当宝宝出现问题时,这些参考参数可以帮助你找到原因所在,有利于对症下药。

每一个宝宝在不同的年龄阶段和不同的环境中所需要的睡眠时长都是不同的。有些宝宝会一次睡很久,有些宝宝则喜欢不时地打一个瞌睡。

年(月)龄	推荐睡眠时长/小时
0 个月-3 个月	13～18
4 个月-11 个月	12～16
1 岁-2 岁	11～14
3 岁-5 岁	10～13

说明:数据来源于中华人民共和国国家卫生和计划生育委员会 2017 年 10 月 12 日发布的《0～5 岁睡眠卫生指南》。

任务三　培养幼儿良好排便习惯

一、问题引入

案例 1:

欣欣上幼儿园的时候,每次放学后,回家第一件事就是大便,家长问他“为什么非要憋到家里再拉呢?”欣欣说“愿意拉在家里的马桶里!”。家长开始胡乱猜测,猜测是不是老师嫌弃孩子导致孩子不愿意在幼儿园大便,为孩子大便的事情焦虑。

案例 2:

轩轩已经是 3 岁的小男孩了,可是还经常有尿裤子的情况,裤子湿了也不和大人说,他自己也

① 复禾健康. 详解 0～5 岁宝宝健康睡眠时长表[EB/OL]. (2009-09-12). http://zzk.fh21.com.cn/article/detail/122713.html.

没有表现出不舒服的表情，该吃还吃，该玩还玩，要是大人没有察觉的话，他可以一直穿着湿裤子。

幼儿刚入园不久，经常有孩子尿裤子、拉裤子现象，有的幼儿自知有尿意却不上厕所，有的幼儿做游戏太投入而忘了上厕所。幼儿不良的排便习惯有很多表现，比如不及时排便，排便时间太长，排便时看书或玩手机，排便姿势不正确，尿裤子或者拉在裤子里等。如何让幼儿养成良好的排便习惯呢？

二、问题分析

大小便是幼儿的正常生理反应，幼儿的括约肌从一岁半开始发育，3 到 5 岁发育成熟，幼儿的如厕虽然不需要刻意训练，但需要依据幼儿的身心发展因势利导，让幼儿学会自主控制和自我管理，实现生活自理。良好的生活习惯和生活能力都是在幼儿期奠定的，幼儿不良的排便习惯形成的原因主要有以下几个方面：

（一）家庭因素的影响

家长的不良示范让幼儿产生了不良的模仿。比如，很多家长在家上厕所的时候，边玩手机边上厕所，有的爸爸边上厕所边抽烟，小朋友很快就学会了边上厕所边看手机或者边上厕所边玩玩具。

（二）幼儿园因素的影响

1. 环境变化导致幼儿不适应

家里的厕所都是家庭专用，一般是一人一用，关上门之后既可以保护隐私，也可以防止异味污染家里的空气。幼儿园的厕所一般设置在教室里，是开放式的，如厕时所有的老师和小朋友都能相互看到，会让部分幼儿感到不习惯。

家里的厕所一般是坐便器，孩子坐着上厕所习惯了，幼儿园的厕所一般是蹲便。由坐便改成蹲厕，有的幼儿会因为蹲得太久感到累或不适应，宁愿憋着也要回家大便。

2. 教师的态度和语言给幼儿造成负担

一些幼儿教师组织活动或午休时，不允许幼儿上厕所，幼儿胆子小或者知道要遵守纪律，即使有如厕的想法也只能憋着。特别是幼儿大便后，需要教师帮忙擦，如果教师表现出不耐烦、嫌弃，甚至是厌恶的表情和语言，孩子为了不给教师添麻烦，免遭嫌弃，幼儿就只好憋便。

（三）幼儿自身因素的影响

1. 幼儿羞怯、敏感疑虑

幼儿性格各异，有的孩子性格内向，不喜欢表达，当想大便的时候，不敢跟老师说，所以就只好憋着。有的孩子在幼儿园也有过大便的经历，但是大便后特别臭，气味熏到了周围的小朋友，孩子们天真无邪，有话直说，忍不住说“臭死了！”排便的幼儿感觉受到了羞辱，为了避免再被同学“嘲笑”，干脆憋着不大便。

2. 幼儿适应能力弱

有一些幼儿只能在家长陪同下才能上厕所，没有家长在身边就没有安全感，所以幼儿在园的时候，家长不在身边，宁可憋着也不去上厕所。

3. 幼儿自理能力较差

一些幼儿自理能力较差，上厕所不会脱裤子，上完厕所又穿不好，大便时自己也不会擦，所以有便意的时候，就不去上厕所，要么憋回家，要么时间长了尿裤子、拉裤子。

4. 幼儿专注于某事

孩子太过专注于某件事也会憋便。很多家长都有过这样的经验，发现自家孩子专注于喜欢的动画片或者玩具时，就会憋便，直到实在忍不住了，才着急往厕所跑。

三、幼儿教师教育策略

（一）查找问题原因

幼儿教师要了解情况，采用观察、家访等方式，找出幼儿问题行为的原因。

案例1分析：

我通过观察和与家长沟通，并与欣欣聊天，发现欣欣憋便的主要原因如下：

（1）通过和家长的了解，发现欣欣平时在家是可以正常排便的，只是在幼儿园的时候，欣欣觉得大家正在活动，不能打断，所以没有跟老师说上厕所。

（2）欣欣自己说由于不会擦屁股，又不好意思让老师帮忙，担心受到老师的嫌弃。

（二）制定针对性策略

1. 教师为幼儿排便创设宽松的环境

首先，教师要允许幼儿及时排便，多关爱幼儿，可以问问孩子，想不想排便，需要老师的帮忙吗？也要告诉孩子们，如果有需要上厕所的，随时可以跟老师说，让幼儿在心理上获得安全感，能够心情愉悦地上厕所。

2. 记录幼儿排便情况、适时鼓励

关注排便不佳的幼儿，记录幼儿排便的情况，表扬其取得的进步。比如，欣欣之前很少在幼儿园大便，通过教师上述创设的环境后，欣欣在幼儿园排便了，教师要记录下来，并且鼓励她，可以说："欣欣很棒哦，在幼儿园也可以自己上厕所"。

3. 可用绘本故事引导幼儿排便

幼儿教师可以通过幼儿喜欢的绘本故事引导幼儿排便，比如《拉便便，真舒服》《幼儿园里上大便》等，通过这些故事让幼儿明白，及时排便对身体健康的重要性。

（三）与家长形成教育共同体

幼儿教师将幼儿在幼儿园的排便情况反馈给家长，告诉家长幼儿在园排便有什么问题，教师在园是如何引导孩子的，引导家长发现幼儿在家出现不良排便行为时，与幼儿教师保持一致进行纠正引导。经过家园有效配合，协同培养幼儿良好的排便习惯。

四、家庭教育指导策略

（一）更新家长的教养观念

有些家长并不关注幼儿的排便情况，要通过各种渠道让家长认识到排便对幼儿身体健康情况的意义，让家长认识到排便就是幼儿身体状况的"天气预报"，如果幼儿连续几天没有大便，就有可能积食，严重点可能会发烧，让家长与教师在幼儿教育方法上达到一致。

（二）指导家长科学育儿

1. 环境熏陶法——营造宽松的排便环境

家长要为幼儿营造宽松的排便环境，在幼儿排便时，家长不要太过于催促，造成幼儿心理紧张，没拉完就着急起来；家长要引导幼儿专心上厕所，不能在马桶上看手机或玩玩具，不能拖延很久。

2. 兴趣诱导法——帮助孩子建立动机

让幼儿明白及时排便的重要性和憋便的危害，培养幼儿主动排便和主动进行生活管理的能力。比如，有一位 5 岁的小女孩，经常憋便回家。妈妈就利用她爱美的心理，告诉她如果粑粑不及时排出体外，就会产生毒素留在身体里面，会造成脸上长痘痘，这样就不漂亮了，小女孩听后怕自己变丑，再也不憋便了。

3. 暗示提醒法——养成定时排便习惯

家长要帮助幼儿建立排便生物钟，如早上起床后提醒幼儿上厕所，或者每天放学后大便，这是解决孩子憋便的关键。每天定时监督孩子排便，排便生物钟养成后，肠道定时蠕动产生便意，立刻去上厕所。只要形成了规律，消除了影响幼儿肠道健康的不利因素，幼儿自然能够形成良好的排便习惯。

4. 活动探索法——培养孩子的自理能力

幼儿长到 18 个月以后，家长就要培养孩子如厕，及时准备好小马桶、训练裤，大人做示范，引导孩子大便，一般在 3 岁前就能学会自己大便。还要教会孩子自己穿脱裤子、学会自己擦屁股。可以通过一些游戏活动或者日常活动让孩子尝试着自己做，家长在旁帮助指导，这样孩子在幼儿园排便，自己都能完成，就不用担心会麻烦老师。

5. 榜样示范法——偶像示范

家长可以通过孩子喜欢的人物形象，告诉孩子偶像是如何做的，为幼儿树立一个良好的学习榜样。比如，一位叫小慧的 5 岁半女孩，在幼儿园的时候自己能够正常如厕，但在家里总是让家长帮忙。有一次，小慧和 7 岁的小颖一起玩，在上厕所时，小颖全程都自己完成。小慧妈妈利用这个机会让小慧向小颖姐姐学习，从此小慧完全实现了如厕自理。

6. 及时鼓励法——正向强化

鼓励可以让幼儿的良好行为实现正向强化，家长要善于及时发现幼儿的进步，及时鼓励。比如，一位 3 岁半的幼儿在看动画片或者玩玩具的时候总是憋便，偶尔还会尿裤子。妈妈鼓励幼儿说："宝贝，妈妈知道你看动画片的时候不舍得离开，但是有了尿意一定要及时上厕所，好孩子是不憋便的，妈妈相信你能做到，这样你就是更棒的宝宝了，你不要担心错过精彩的动画片，回头妈妈可以帮你回放的"。后来，这位幼儿就改掉了看动画片憋便的习惯。这位妈妈从理解孩子的角度出发，鼓励幼儿做好孩子，并且打消孩子的顾虑，通过短短几句话，就鼓励幼儿改掉了憋便的习惯。

五、教育评价标准

对于幼儿来说，什么才是良好的排便习惯呢？请对照表 1-1-3。

表 1-1-3　幼儿良好排便习惯评价标准

序号	行为	评 价 标 准
1	定时排便	每日定时排便一次
2	及时排便	当便意感明显时要立即去厕所排便，不憋便
3	专心排便	排便时集中精力，抓紧时间，不在厕所里看书、玩玩具
4	排便自理	自己穿脱裤子，大便后自己擦屁股

思考与练习

1. 多选题

(1)下列哪些是不良的排便行为?(　　)。

A. 每天定时排便　　B. 边上厕所边玩手机　　C. 边上厕所边看书

(2)下列哪些绘本有利于培养幼儿良好的排便行为?(　　)。

A.《是谁嗯嗯在我的头上》　　B.《拉便便,真舒服》　　C.《嗯嗯太郎》

2. 判断题

(1)早上5到7点是肠道蠕动最活跃的时间,一定要让幼儿在此时间段排大便。(　　)

(2)当幼儿教师在组织集体活动时,如果有小朋友要上厕所,应该以集体活动为重,等活动结束再让幼儿上厕所。(　　)

3. 简答题

简述幼儿良好的排便习惯的标准。

拓展延伸

训练排便小妙招

(1)快乐的"如厕"。如果孩子能自己顺利地完成排便过程,家长应马上给予表扬,孩子上厕所的时候,爸爸妈妈千万不可以催促,这会让孩子心理紧张,从而影响顺利排便。

(2)制定合理的排便时间。如果你的孩子还没有学会自己上厕所,那你就制定一个排便表吧,可以选择一个比较空闲、固定的时间,每天训练他排便。建议选择在饭后的时间,约30分钟以后,让孩子排便。小便的时间最好安排在孩子刚睡醒或者饮水后,孩子至少每隔两小时就要小便一次。如此连续执行15~30天,即可养成习惯,注意不要随意更改训练时间。

(3)不要给孩子穿太紧的裤子。孩子的身体还处在发育当中,对于太紧的裤子,他们没办法靠自己的力量穿脱,如果孩子尿急的时候裤子脱不下来他就会着急,越着急越脱不下来,甚至可能刺激膀胱,造成孩子尿裤子。

(4)不要对孩子尿裤子大惊小怪。孩子尿裤子时,家长不要对孩子说:"啊?你又尿裤子啦?不是告诉过你想尿尿就自己去厕所的吗?"等具有责备和训斥的话。这会让孩子在每次有尿意的时候都会变得精神紧张,影响身体的发育。

(5)选一个可爱的坐便器。坐便器也可以变成宝宝的玩具,例如:小马车、汽车、动物等造型的坐便器,可以让孩子爱上"便便的感觉"。

任务四　培养幼儿生活自理能力

一、问题引入

案例①:

刚开学的一次午餐时间,老师观察着孩子们吃午餐的情况。大多幼儿都吃得津津有味,只有

---

① 幼教网.幼儿生活自理能力培养个案研究[EB/OL].(2018-07-17).https://www.youjiao.com/e/20180717/5b4dbc8176e5c.shtml.

一诺虽然手里拿着勺子,但碗里的饭一点未动。老师问:"一诺,你怎么不吃饭呀?快点吃,看人家小朋友吃得多快呀!"听老师这么一说,她象征性地用勺子往嘴里送了一小口饭。等大多数幼儿都吃完了,一诺碗里还是满满一碗饭,老师就有点生气说:"一诺,你怎么还是满满一碗饭,一动都没动过呀?"她看老师生气了就低着头轻声地说:"我不想吃了,在家都是奶奶喂我的。"

午睡时间到了,孩子们都忙碌地脱衣服准备睡觉,只有一诺站在那里东看看西看看,身上的衣服一件也没脱。老师对一诺说:"一诺,快脱衣服睡觉了。"小朋友们都躺下了,老师巡查时发现,一诺的被子往外翻着,打开被子一看,一诺一件衣服也没脱,老师就问一诺:"你怎么一件衣服也没脱就睡觉了,老师刚才不是跟你说,让你把衣服脱了再睡吗?""我刚才是想脱,但我不会脱。"一诺嘟囔着嘴说。"那你平时在家是怎么脱的?"老师紧接着问。"平时都是奶奶帮我的。"原来都是奶奶给包办了。

穿衣、吃饭、睡觉、上厕所等是幼儿基本的生活技能,很多新入园的幼儿不能自我照顾,凡事都需要教师或家长帮助,对其快速融入集体生活形成了制约,怎样培养幼儿的生活自理能力呢?

二、问题分析

生活自理能力是指幼儿在日常生活中自我照顾、自主处理和解决生活问题的能力。生活自理能力是个体应该具备的最基本的生活技能,是幼儿适应社会、走向独立的基础和前提,提高幼儿的生活技能,促使幼儿树立生活自理意识,养成照料自己的行为和习惯,能够为幼儿终身发展打好基础。造成幼儿生活自理能力差的因素主要有以下几个方面:

(一)家庭因素的影响

1. 家庭成员的包办代替

大多数家长溺爱孩子或者怕孩子做不好就包办代办,孩子没有学习锻炼的需求和机会,自然导致孩子自理能力差。比如一些小朋友早上起床是大人给穿衣服,吃饭大人喂,孩子玩玩具大人跟在后边整理等等。成人替孩子做得太多,并不是帮助孩子成长,而是剥夺了孩子自己做事的权利,错失了学会自己做事的机会。

2. 家长缺乏正确有效的教育方法

有些家长虽然能够有意识培养幼儿的生活自理能力,但是缺乏正确、有效的教育方法。当孩子吃饭慢或者自己不能穿衣服时,采取的是斥责、批评的态度,甚至用暴力打骂的方法,幼儿产生了畏惧或抵触心理,阻碍了孩子自理能力的发展。

(二)幼儿自身因素的影响

1. 幼儿能力有限

幼儿因年龄较小,动作不能很精细,所以幼儿做事很难像成人般又快又好。比如,孩子自己吃饭可能会弄脏衣服;孩子自己穿衣服可能会正反穿错,也可能会慢一些;孩子自己洗手,可能会不太干净,还弄湿衣服等等,幼儿的成长需要经过一个从不会到会、从做不熟练到熟练的过程,如果不让幼儿自己去做,幼儿就难以跨越这个过程。

2. 幼儿没有掌握技能和方法

幼儿自己去做一些事情,难免会遇到一些小的困难,由于幼儿不懂程序和方法,就想寻求成人的帮助,如果成人不是教技能和方法,而是去包办代替或者批评,孩子即使成年后自理能力也会很弱。

3. 幼儿存在懒惰和依赖心理

幼儿在家总是什么都不用做，久而久之形成懒惰心理，不愿意自己做，对家长依赖性越强，生活自理能力越差。

三、幼儿教师教育策略

（一）查找问题原因

幼儿教师要了解情况，采用观察、家访等方式，找出幼儿问题行为的原因。

案例分析：

我通过观察和与家长沟通，并与一诺聊天，发现一诺生活自理能力弱的主要原因有：

(1) 家庭成员溺爱包办代替。一诺父母外地工作常年不在家，她由爷爷奶奶养育。由于祖辈多数比较溺爱孩子，同时缺乏科学的育儿观念和科学的教育方法，在生活上一手包办了孩子的一切事情，导致孩子缺乏自己实践练习的机会，久而久之，孩子的生活自理能力就会跟不上同龄的孩子。

(2) 幼儿没有掌握技能和方法。一诺从小生活在奶奶的全面照顾中，没有实践的机会，没有掌握做事情的程序、技能和方法，越不做越不会做，这也是孩子生活自理能力弱的主要原因。

（二）制定针对性策略

1. 教会幼儿做事情的方法技能

教师要教会幼儿自我照顾的方法和技能，鼓励幼儿自己的事自己做，让幼儿建立信心。如本案例中，午睡时间到了，一诺穿了一件套衫但脱不下来，教师上前鼓励说："一诺，你一定能行的，老师相信你，像上次老师告诉你的那样脱，先脱袖子，然后再把衣服从头上脱下去。"一诺开始脱不下来有点泄气，教师和其他幼儿一起来给她加油，一诺信心十足，用力往上一拉，终于把衣服脱了下来，教师和旁边几位幼儿都拍手鼓励，一诺也十分开心。①

2. 利用教学活动培养幼儿的生活自理能力

可以专门组织提高幼儿生活自理能力的集体教学活动，把生活能力培养寓于易读易记的儿歌中，寓于有趣的情景中，设计成有趣的情景故事、形象的儿歌，让孩子在看一看、说一说中理解内容，掌握动作技能②。例如，学习叠衣服，可以编一首儿歌："衣服向上对整齐，找好拉链拉上去，两只袖子胸前抱，低头一折就行了。"

3. 利用游戏活动培养幼儿的生活自理能力

教师要充分利用生活化教育策略，在一日生活中培养幼儿的生活自理能力。比如，在一日生活中有意识地让幼儿自己的事情自己做，训练幼儿的生活技能；在建构区投放各种积木，让幼儿选择喜欢的积木进行建构，或者玩娃娃家的游戏，提高幼儿的生活自理意识；美术课增加手工课的分量，着重训练幼儿的动手操作能力。

4. 采用激励教育让幼儿体会到自己动手的乐趣

让幼儿体验操作过程，积极引导幼儿做自己喜欢做的事，耐心指导其掌握生活技能，教师及时鼓励，让幼儿享受动手的乐趣。

---

① 幼教网. 幼儿生活自理能力培养个案研究[EB/OL]. (2018-07-17). https://www.youjiao.com/e/20180717/5b4dbc8176e5c.shtml.

② 陆晓黎. 家园活动，培养幼儿良好的生活自理能力[J]. 科学大众(科学教育)，2014(3)：128.

（三）与家长形成教育共同体

利用微信群、校讯通、班级网络平台等家园联系方式保持有效沟通，针对幼儿问题制定个性化教育方案，幼儿园与家庭同步实施，才能起到事半功倍的效果。

四、家庭教育指导策略

（一）更新家长的教养观念

1. 帮助家长建立科学的育儿观念

向家长说明培养孩子生活自理能力的重要性，让家长明白过分的包办、溺爱对孩子是没有好处的，不仅不利于幼儿生活自理能力的培养，更不利于孩子长大后在社会上立足。

2. 组织家长学习研讨

可以举办专家讲座，或用成功的教育案例提高家长的认识，也可以组织家长交流研讨，相互借鉴育儿经验。使家长认识到什么才是对孩子正确的爱，只有放手让孩子锻炼，幼儿才能获得成长，不仅要培养幼儿的生活自理能力，还要让幼儿养成劳动习惯，做一些简单的家务劳动，如扫地、擦灰尘、收拾玩具等。

（二）指导家长科学育儿

1. 环境熏陶法——提供幼儿自己动手的机会

孩子能自己做的事情尽量让孩子自己动手做。吃饭时尽量让幼儿自己吃，不要喂，如果怕孩子弄脏衣服，可以给孩子穿一件罩衣；睡觉前让幼儿自己动手洗脸刷牙，家长要注意的是教孩子正确的操作方法；给孩子制定约束规则，不想玩的玩具整理好后才能再玩下一套玩具，既培养幼儿的自理能力，也培养幼儿的秩序和规则意识。

还可以让幼儿为家庭做力所能及的事情，既可以增强幼儿的家庭责任感，又可以培养幼儿的生活自理能力，家长可以适当地示弱，让幼儿照顾。比如回家后，家长表现出很累的样子，坐在沙发上，让幼儿帮忙拿一下拖鞋，捶捶背，让孩子学会照顾他人，对提高幼儿的社会性也会起到积极作用。

2. 兴趣诱导法——寓教于乐

让幼儿习得自理的方法。可以根据幼儿年龄的特点，找一些生活自理技巧的儿歌，例如，在洗手时，让幼儿听家长念儿歌，并表演如何洗手："卷手袖，湿湿手，擦皂皂，手心搓搓，手背搓搓，手指搓搓，再用清水洗洗，一二三甩三下"，幼儿在儿歌的引导下较快地掌握了正确的洗手方法。孩子觉得这些操作就像玩游戏，自然也就愿意做了①。

3. 暗示提醒法——帮助幼儿建立自主意识

幼儿的自控能力差，很多情况下知道怎样做往往难以做到，需要家长细心观察，进行必要的提醒。一位5岁半的幼儿晓东，对北方冬天的寒冷缺乏足够经验，没有拉好羽绒服拉链就出门，感冒了，妈妈知道孩子为了省事，孩子再出去玩时特别注意提醒，并帮助检查，直到晓东能够做好为止。

4. 活动探索法——在劳动或活动中锻炼

可以让幼儿做简单的家务劳动，家里要包饺子时，可以让幼儿帮家长捏捏面团，搅拌一下馅料。扫地、擦灰尘、收拾玩具等都可以让孩子尝试独立完成。久而久之，幼儿的生活自理能力自然

---

① 谢新凤. 幼儿生活自理能力的培养[J]. 师道(教研)，2011(10)：109.

而然得到提高。

5. 榜样示范法——以幼儿树立身边的榜样

家长身体力行，为幼儿树立良好的学习榜样。也可以从幼儿身边的大哥哥大姐姐或者喜欢的动画人物中，树立一个正面的学习形象。比如孩子喜欢看《大头儿子小头爸爸》，家长可根据剧情给孩子讲，大头儿子在家自己整理玩具，自己洗袜子，也懂得帮妈妈做一些力所能及的家务，孩子应该向大头儿子学习。

6. 及时鼓励法——适时进行正向强化

家长要对幼儿进行正面教育，增强幼儿的生活自理意识。比如，当幼儿洗手的时候打湿手随便搓两下就想敷衍了事，考虑到幼儿好表扬的特点，家长可以这样说："宝宝，看来你洗手能洗得很认真了，搓完手心还会搓手背，我觉得你有进步"，孩子听到这话，就会强化激励认真洗手，有利于培养幼儿生活自理能力。

五、教育评价标准

对于幼儿来说，幼儿生活自理能力应该达到什么标准呢？请对照表 1-1-4。

表 1-1-4　3～6 岁儿童生活自理能力年龄对照表

3～4 岁幼儿	4～5 岁幼儿	5～6 岁幼儿
1. 在提醒下早晚自己刷牙。 2. 小便可以自理，大便后主动找老师寻求帮助。 3. 能熟练地用勺子吃饭。 4. 能够把自己用过、看过的玩具和图书放回原处。 5. 不随地乱扔垃圾。 6. 饭前便后、手脏时能主动洗手。 7. 户外玩泥巴后主动洗手。 8. 能够在大人的帮助或提醒下穿脱衣服和鞋袜。 9. 午睡后能够主动穿自己的衣服	1. 能够自己穿脱衣服和鞋袜。 2. 能够自己扣纽扣。 3. 分清衣服的正反、左右。 4. 能够按照正确的洗手步骤主动洗手、洗脸。 5. 能早晚主动洗脸、刷牙。 6. 能做到主动整理自己的物品。 7. 玩过的玩具、弄乱的房间主动整理。 8. 能记住爸爸妈妈的电话和家庭地址。 9. 可以清楚地告知老师自己家地址及父母名字	1. 能够根据天气的冷热增添衣物。 2. 冬天去户外懂得戴帽子穿羽绒服。 3. 每晚准备好第二天的用品、衣物。 4. 能按照类型分门别类地整理好自己的物品。 5. 穿鞋会自己系鞋带。 6. 掌握正确的系鞋带方法。 7. 可以主动洗自己的小衣物。 8. 帮父母做力所能及的家务

资料来源：幼师口袋[3～6 岁幼儿自理能力年龄对照表，真正的成长只能靠自己！]

思考与练习

1. 单选题

幼儿自理能力不包括(　　)。

A. 自己吃饭　　B. 自己刷牙　　C. 自己读书　　D. 自己整理玩具

2. 多选题

影响幼儿自理能力的因素有(　　)。

A. 幼儿任性　　B. 幼儿依赖性强　　C. 家长包办代替　　D. 幼儿年龄小，不会做

3. 判断题

(1) 培养幼儿的生活自理能力主要依靠家长和老师，家长和教师的教育正确与否对提高幼儿生活自理能力有着直接影响。(　　)

(2)一定要让幼儿上幼儿园之前学会自己擦屁股。（　　）

4. 简答题

简述影响幼儿自理能力的影响因素。

拓展延伸

培养孩子自理能力家长要注意这些

1. 切勿心急,要有耐心

孩子的进步是一点一点的,对于孩子自理能力的培养,家长一定不要心急,要有耐心。

2. 要学会引导、鼓励孩子

当孩子失败时,家长要积极引导并鼓励孩子,要让孩子知道他可以,要给予孩子信心,可以说:我相信你能做好,我们再试一次!

3. 宽容孩子的小错误

孩子在自理过程中难免会犯错误,比如汤洒了一桌、吃饭漏了一地等等,家长不要因为这样就迁怒孩子,要宽容这些小错误。

4. 不要拿孩子来做比较

不要把自己的孩子和其他孩子做比较,不仅不会鼓励孩子,还会起反作用,让孩子失去信心。

任务五　帮助幼儿远离"哭闹式"索取

一、问题引入

案例:

强强今年4岁了,自己想要的东西必须第一时间得到满足,如果得不到满足就会撒泼打滚、连哭带闹,不管什么场合也不管什么时间。

妈妈带强强去逛超市,强强看上了一个红色的遥控汽车,就一直缠着妈妈说:"我要遥控汽车,我要遥控汽车。"当妈妈表示这样的玩具家里有类似的,买多了没有用,拒绝他的要求时,他就躺在地上撒泼打滚,丝毫不管这是在商场,大有不达目的不罢休的架势,妈妈碍于商场里人多,又不堪强强的无理取闹,没有办法答应了强强的要求。

在日常生活中,经常看到孩子撒泼打滚、家长无计可施的现象。对于孩子的不合理要求,父母虽然不赞成,但孩子一直哭闹,迫于无奈就会妥协。面对孩子撒泼打滚式的索取方式,家长应该如何处理呢?

二、问题分析

幼儿出现这样的问题,主要有以下几方面的原因:

(一)家庭因素的影响

1. 家长过度溺爱强化了幼儿的行为

溺爱型的家庭对孩子一般都是包办代替、有求必应。这样教育出来的幼儿一般失败的体验少,缺乏相应的自我调节能力,遇到不顺心的事情,第一时间就是不愿意接受,进而采用反抗的方式达到自己的目的。

2. 不良生活习惯提供了错误榜样

家长的不良生活习惯也会对孩子的成长带来不良影响。孩子是父母的镜子，孩子身上折射着家长的影子。幼儿发展的特点就是好动、好奇、好模仿，如果家长在平时遇到事情就无法控制自己的情绪，喜欢用争吵和发脾气的方式解决问题，幼儿就会有样学样。

3. 教育者缺乏统一标准

在很多家庭当中，因为父母工作比较忙碌，需要爷爷奶奶帮忙看护孩子，孩子的教育者就会增加。由于教育观念不同缺乏统一的教育标准，往往出现父母管教幼儿，爷爷奶奶因为心疼拦着不让的现象，助长了幼儿的不良行为。

（二）幼儿自身因素的影响

1. 幼儿自身需求没有得到满足

当幼儿自身的需求没有得到满足时，会产生消极情绪，由于幼儿自我情绪调节能力弱，就会采用各种方式发泄情绪，撒泼打滚仅是其发泄情绪的一种最直接的方式。

2. 幼儿性情急躁易发脾气

心理学的研究表明，幼儿的气质类型主要分为四种——胆汁质、黏液质、多血质、抑郁质。不同气质类型的幼儿性情也不尽相同，有的幼儿性情温和，遇到挫折不容易发脾气，而有的幼儿性情急躁，遇到事情就很容易冲动、生气、发脾气。所以，幼儿不达目的不罢休，撒泼打滚、无理取闹的方式也受到了他们先天气质类型的影响。

3. 幼儿缺乏合理表达需求的方式

幼儿在自己的需要没有得到满足时会产生消极情绪，又缺乏调节不良情绪的方法，如果需求得不到满足，又缺乏合理表达需求的方式，只能通过自己原有的经验，去争取自己想要的东西或者想要做的事情。

三、幼儿教师教育策略

（一）查找问题原因

作为幼儿教师，针对幼儿的问题行为首先要找出问题的原因才能对症下药。就案例当中强强的问题，我们可以通过和家长沟通、观察幼儿的行为进行分析。

案例分析：

1. 家庭教育观念不一致

强强的家庭是直系家庭，在家庭中有两个中心，爸爸和妈妈在教育强强的时候，只要强强一哭闹反抗，奶奶由于心疼就会马上站出来斥责强强的父母。在奶奶的干预下，爸爸和妈妈也没有办法，只能作罢。强强每次的哭闹反抗都会达到自己预定的目的，所以形成了他这样的行为。

2. 隔代长辈过分溺爱

奶奶特别溺爱强强，只要他提出来的要求，奶奶都尽量满足。在奶奶的观念里，小孩子想吃什么就做什么，就是费点时间的事情。长辈的溺爱和迁就形成了强强遇事必须得到满足的意识。

3. 幼儿没有掌握表达需求的正确方式

强强在生活中经常挂在嘴边的一句话就是，“我就要……（做某件事情或者获得某件物品），不然的话我就……（开始哭闹，发脾气）”。每次爸爸妈妈在教育强强无效果的情况下只能妥协，强强形成了只要哭闹就能达成目的的意识。

（二）制定针对性策略

1. 正确认识幼儿的不良行为

在幼儿世界中，撒泼打滚、任性哭闹只是他们用来解决问题的方式，他们可能并不知道这样的行为是不正确的，会给周围的人带来不良的影响。教师要理解幼儿这样的行为表现，给予幼儿尊重，用恰当的方法引导幼儿逐步改正，不能戴着有色眼镜看待幼儿，也不要呵斥和责骂幼儿。

2. 转移幼儿注意力

如果幼儿在幼儿园的活动中出现了类似行为，教师可以用幼儿喜欢的、感兴趣的东西转移幼儿的注意力，让幼儿从当前的情境中脱离出来，等幼儿情绪稳定下来之后明确告诉幼儿这样的方式是不对的，让幼儿认识到类似行为是不对的，不能再次出现。

3. 通过教育活动改善幼儿的行为

教师可以通过树立榜样学习、绘本故事引导、情境讨论等方式来引导幼儿，让幼儿明白，通过不合理的行为达到目的的方式是不对的，一味地撒泼打滚、任性哭闹不是解决问题的方式，要学会协商和交流，就算达不到自己的目的也要懂得尊重他人。

4. 要教育幼儿合理表达自己的诉求

有意识地锻炼幼儿做一些力所能及的事情，教幼儿学会怎样恰当表达自己的需求，帮助幼儿分析哪些是合理的哪些是不合理的，对幼儿的进步及时给予肯定鼓励，让幼儿体会到什么样的行为是受大家欢迎和喜爱的。

（三）与家长形成教育共同体

孩子的教育不是家庭或幼儿园单方面的工作，需要家园之间形成教育合力，创造出 $1+1>2$ 的效果。教师要和家长及时沟通，针对孩子的问题行为共同制定计划，共同实施，幼儿的行为表现以及点滴的进步要及时进行双向反馈，家园教育达成一致。

四、家长教育策略

（一）更新家长的教养观念

家长要能够识别幼儿需求的合理性，懂得延迟满足的重要性，对不合理要求要拒绝，不能一味溺爱。要正确认识和对待幼儿哭闹式索取的行为，不能因为幼儿年龄小，或者心疼幼儿就一味地满足幼儿的无理要求。家庭教育观念需要统一，可以采取开家庭会议的方式，使教育者的教育策略达成一致，让父母和长辈站在统一战线，保持统一的处理意见和坚决的态度，让幼儿知道自己没有“靠山”，避免教育半途而废。

（二）指导家长科学育儿

1. 环境熏陶法——创设民主型的家庭氛围

家长要给幼儿创设民主型的家庭氛围，在平时的生活中遇事多沟通交流，宽容理解，而不是发脾气。让幼儿潜移默化地形成积极商量、友好沟通的习惯，学会遇到事情理智对待，正确表达自己的需求，正确管理自己的情绪。

2. 兴趣诱导法——转移幼儿注意力

当幼儿哭闹式索取的行为出现时，对幼儿进行说教往往适得其反。家长可以通过幼儿感兴趣的事物转移幼儿的注意力，让幼儿暂时忘记一直执着的事物。比如在逛商场时，我们可以和孩子说：“你从家里出来的时候，我们不是说好了要去坐摇摆车吗？我们现在过去看看有没有好不好?”。事后要明确指出幼儿当时的哭闹式索取行为是不正确的,要求幼儿不能再出现类似行为。

3. 暗示提醒法——利用制定好的规则约束幼儿

家长对于自己的孩子最了解,在幼儿哭闹式行为出现之前未雨绸缪,比如在逛商场之前可以和孩子做好计划,讲好规则,避免尴尬的事情发生。

4. 活动探究法——进行正面教育引导

在日常生活中,可以通过游戏等方式让幼儿对哭闹式行为有正确的认识,可以在游戏的过程中通过扮演幼儿的角色去重复幼儿相同的行为,让幼儿去感受这样行为给他人带来的影响。还可以预设类似的情景,让幼儿想一想怎样正确表达自己的需求。还可以组织幼儿需要克服困难才能完成的游戏,让幼儿感受挫折,学会管理自己的情绪。

5. 榜样示范法——树立身边的榜样

身教重于言教,家长要给幼儿树立积极正面的榜样,管理好自己的情绪,不随便发脾气。还可以利用动画、故事中的人物形象,通过故事讲述,让幼儿明白喜欢哭闹发脾气的幼儿不受其他小朋友的欢迎,而学会理解,遇事积极沟通的孩子朋友更多,引导幼儿远离哭闹式行为。

6. 及时鼓励法——进行正向强化

幼儿需要及时的鼓励和表扬,家长及时的鼓励会使幼儿良好的行为得到积极的强化。当幼儿表现出来理解、谦让等行为时,家长要给予幼儿积极的回应,一个动作或一句话语都可以。鼓励要明确具体、有针对性,让幼儿明白自己受表扬的是哪一个行为。比如,幼儿在听到妈妈对于自己的暗示提醒(如我们之前是怎么说的呢?)之后,停止了自己的哭闹行为,我们就可以和孩子说,“今天表现真棒,说到做到,妈妈非常喜欢这样的你”。

7. 适当惩罚法——让幼儿学会管理自己的情绪

在家庭教育中,仅靠鼓励是达不到教育的目的的,必要的时候可以适当惩罚,让幼儿经历挫折,明白做错事就要承担后果的道理,提高幼儿的抗挫折能力。惩罚不代表粗暴的打骂,惩罚的目的也并不是为了让幼儿害怕,而是让幼儿反思自己的错误行为。

五、教育评价标准

怎样判断幼儿已经远离了“哭闹式”索取的行为呢?请对照表1-1-5。

表1-1-5 幼儿远离“哭闹式”索取行为评价标准

序号	评价标准	具体表现
1	明确行为后果,共情能力提升	幼儿能够建立起来行动和结果之间的联系。认识到自己哭闹式索取的行为是不对的,主动在行动上做出改变
2	正确表达需求,学会自己争取	学会正确地表达自己需求的方法,能通过友好商量的方式为自己争取利益。比如:“妈妈,我保证每天晚上都好好洗漱,按时睡觉,好好表现,表现好的话,能不能把它作为奖励送给我。”
3	接受失败体验,梳理不良情绪	当需求得不到满足时,幼儿能够接受失败的体验,知道得不到也没关系,幼儿可以接受这样的结果,即使出现了消极的情绪也能够控制,能够通过合理的方式表达自己的情绪。比如通过做自己喜欢的事情,玩自己喜欢的玩具转移注意力
4	克服一时欲望,提高自控能力	孩子在逛商场的过程中会出现什么都想要的现象。在教育引导之后,幼儿能够克服自己一时的欲望,能够听进去家长的劝说,接受家长说明的理由,知道自己是否真正需要。同时,对于家长说的延迟满足能够接受,知道这次愿望得不到满足,通过自己努力或等一段时间之后满足也可以,能够进一步控制自己的行为

思考与练习

1. 单选题

(1)在商场里，萌萌看上一套芭比娃娃，大声哭闹着让妈妈买，萌萌妈妈无奈只好满足了她，这种方式属于(　　)。

A. 错误的负强化　　B. 正确的负强化　　C. 错误的正强化　　D. 正确的正强化

(2)亮亮哭闹、打滚，想要看电视，但是爸爸妈妈对这一行为却不予理睬。这是利用了(　　)。

A. 负强化　　B. 惩罚　　C. 正强化　　D. 消退

(3)面对幼儿经常以哭闹的方式获取满足的现象，适宜的行为是(　　)。

A. 适当冷处理，待幼儿情绪冷静下来再进行沟通

B. 第一时间安慰，尽量满足幼儿的需求

C. 不予理睬，等哭累了他自己就放弃了

D. 第一时间给予批评训斥，制止这一行为

2. 判断题

当幼儿在公共场所以无休止大声哭闹的方式要求家长买东西时，家长为避免尴尬，可先满足其要求，回家再说服教育。(　　)

3. 简答题

当幼儿以哭闹的方式想达成自己的目的时，你认为什么方式最有效，为什么？

拓展延伸

教育任性幼儿的几个方法

1. 养成良好的行为习惯

家长要从小对幼儿进行良好行为习惯的养成教育，让幼儿知道怎样的行为是提倡的，什么样的行为是不好的，让幼儿正确认知，形成习惯，之后就会避免出现任性的行为。

2. 认真对待，严格要求

家长要认真对待幼儿的要求，如果是合理的要求，我们可以满足，如果是不合理的要求，那么就要坚定地对幼儿说不，不能因为幼儿的哭闹而迁就，坚持到底。

3. 做好计划，提前预防

家长可以在家里和幼儿提前做好计划，制定规则，提前预防幼儿出现任性的行为。比如，在逛超市之前，我们可以和幼儿说玩具只能买一个，多了是不可以的。

4. 适当转移幼儿注意力

幼儿的有意注意发展比较差，容易被新鲜事物所吸引，所以在幼儿任性时，家长可以利用其他幼儿感兴趣的事物将他的注意力进行转移。

5. 为幼儿创设交往的环境

家长要给幼儿提供交往的环境，让幼儿多和其他小伙伴一起玩。这样幼儿就会明白懂得谦让和分享的孩子往往能够受到其他小朋友的欢迎和喜爱，而任性的孩子是没有小朋友喜欢的。

6. 适当冷处理

家长在幼儿任性时可以适当运用冷处理的方法，暂时不去理会幼儿，让幼儿觉得没有意思，停止任性行为之后与幼儿好好交流，讲道理，教育幼儿正确的方法。一定要重视与幼儿的交流引导，不然这次行为克制之后，幼儿在下次遇到类似的事情还会出现这样的行为。

7. 合理运用强化

家长要学会运用正强化和负强化的方法，对幼儿任性的行为给予批评和惩戒，对于幼儿表现出的良好行为进行一定的表扬和鼓励。在一定程度上强化幼儿积极行为，克服消极行为的出现。

任务六　帮助幼儿顺利度过叛逆期

一、问题引入

案例：

跳跳今年三岁了，经常会出现“不听话”的现象，处处和家长对着干，让他干什么他就偏偏不愿意去做什么，面对事情，嘴里总是说着“不行”“不可以”“不要”。

早上要出门了，妈妈拿出衣服和跳跳说：“咱们把衣服换好了，一起去王阿姨家玩。”这个时候，跳跳说：“我不去王阿姨家，我就要在家。”任凭妈妈怎样说，他就是不去，最后忍不住的妈妈发火了，跳跳哭了起来。

晚上该睡觉了，跳跳在看《熊出没》，妈妈和他说关掉电视，要睡觉了，他偏偏不听，依然我行我素。如果妈妈把遥控器拿走要关掉电视，他就会很不高兴，生气起来，还会和妈妈抢夺遥控器，嘴里说着：“不行，我就要看动画片，我就要看动画片。”

面对这样的情况，跳跳妈妈很无奈，不知道应该怎么办。

在三岁左右，几乎所有的孩子都会出现持续一年左右的“叛逆期”，这是儿童心理发展的一个必经阶段，幼儿和家长对着干，坚持自己的行为，有的家长忍不住就会训斥甚至打骂幼儿，这样反而会产生不良的后果。如何应对幼儿的叛逆期呢？

二、问题分析

人的成长过程中会出现三个叛逆期，分别是 2 ~ 3 岁左右出现的“幼儿叛逆期”，7 ~ 9 岁左右出现的“儿童叛逆期”，12 ~ 18 岁出现的“青春叛逆期”。在不同的叛逆期里，孩子们生理心理发展的特点也是不一样的。很多家长了解并普遍关注孩子的青春叛逆期，对幼儿叛逆期却有所忽视。

在幼儿叛逆期里，幼儿不喜欢被成人指挥，不喜欢被安排，做出对抗性行为，并以此为乐趣。幼儿叛逆期发展的影响因素主要有以下几个方面：

（一）家庭因素的影响

1. 家长教育理念欠缺

很多家长不了解幼儿叛逆期，没有意识到这是幼儿自我意识增强的表现，不能接受幼儿这一时期的行为表现，用成人的眼光去看待幼儿的行为，采用传统的命令式、指挥式的经验去教育幼儿。

2. 家庭教养方式欠佳

很多家庭在教育过程中都会存在溺爱和迁就的问题，尤其是隔代教养的家庭。当幼儿出现逆反行为之后，溺爱型家庭的家长一般都会顺从孩子的意见，做出退让和妥协。比如孩子该睡不睡，看电视、玩游戏没完没了,家长在劝说无果的情况下就会选择妥协,家长的妥协助长了幼儿的叛逆行为。

3. 家长缺乏正确的引导方式

大多数家长在面对幼儿的叛逆行为时,缺乏足够的耐心,不能及时调整自己的教育方式,无法给予幼儿科学正确的引导,常常用斥责和打骂的方式,反而会加剧幼儿的不满,强化幼儿的叛逆行为。

(二)幼儿园因素的影响

1. 教师缺乏正确的教育引导

在幼儿园的教育活动当中,对于幼儿逆反行为,很多教师缺乏幼儿心理发展的专业知识,同时小班的幼儿教育管理正处于适应期,集体教育中幼儿问题较多,琐事也比较多,难以做到因材施教,多数教师会出现不理解或耐心不足的现象,对待幼儿的叛逆行为缺乏科学、有效的指导。

2. 同伴行为的影响

在幼儿园,幼儿不仅会受到教育活动的影响,还会受到同伴的影响。幼儿本身就好模仿,当某一幼儿出现叛逆行为时,其他幼儿也会模仿,如果幼儿的叛逆行为成功得到满足,其他幼儿的模仿行为会更活跃。

(三)幼儿自身因素的影响

1. 幼儿自我意识增强

随着年龄增长,幼儿自我意识逐渐增强,心理发展逐渐独立。他们会觉得自己长大了,开始以自我的角度去看待问题或认识世界,不喜欢被指挥,不喜欢被帮忙,不喜欢大人替自己做决定,想要亲力亲为。

2. 幼儿自身经验不足

这一年龄阶段的幼儿自身经验严重不足,对于什么样的事情该做,什么样的事情不该做,没有一个清晰的认知。如家长出于对孩子安全的考虑,会制止幼儿的不安全行为,但是幼儿理解不了,加上好奇心强,自我意识强烈,行动就超越了对于规则的服从。

3. 幼儿行为受到直接强化或替代强化

幼儿行为的养成会受到强化的影响。首先是幼儿行为的直接强化,如果幼儿在以前的生活经验中通过叛逆的方式满足了自我需要,那么幼儿就会认为通过反抗的方式可以达成目的。幼儿平时接触的人和事,也会给幼儿提供间接的榜样,当观察到其他幼儿的逆反行为能够达成目的的时候,他们也会效仿。

三、幼儿教师教育策略

(一)查找问题原因

幼儿教师要采用观察、家访等方式,找出幼儿出现某种不良行为习惯的原因。

案例分析:

我通过观察和与家长沟通,发现跳跳问题行为的主要成因有:

1. 自我意识强

跳跳在日常生活中总是喜欢自己的事情自己做。有一次,他在利用雪花片进行插花,有一个造型总也完成不了,妈妈想要过去帮助他,他却用小手一挥,嘴里说着;“不用,我自己可以。”有一天早上，妈妈要给他换衣服，他说："不行，我自己换才可以。"其实从跳跳的这些表现，我们可以看出来，跳跳的自我意识比较强，觉得自己可以干好一件事情，想要自主，想自己去做决定。

2. 家长教育方式欠佳

跳跳妈妈表示，每当跳跳出现叛逆行为的时候，自己不知道怎么办，怎么说他他都不听，就要和大人对着干，有的时候一着急就会忍不住朝着跳跳发火，孩子哭大人也会被气哭，虽然事后都会反省也很后悔，但是却没有更好的处理方法。

（二）制定针对性策略

1. 尊重幼儿心理发展的特点

教师应该尊重幼儿在这一阶段的发展特点，正确认识幼儿的逆反心理和逆反行为，给予幼儿更多的耐心，看到幼儿的逆反行为时，问清楚原因，采用幼儿容易接受的方式进行正确引导，而不是对幼儿发脾气。

2. 营造和谐的幼儿园环境

幼儿园要为幼儿创设良好的物质环境和精神环境，让幼儿感受到关爱与尊重。处于叛逆期的幼儿，在幼儿园的人际交往过程中最容易出现矛盾和冲突，教师要学会发挥同伴的榜样作用，利用表扬、奖励等方式强化幼儿的积极行为，利用幼儿爱模仿的心理，减少幼儿消极行为的发生。

3. 善于利用多样化的教育方式

教师要善于通过游戏、绘本以及情景教学等多样化教育方式对幼儿实施教育，教学内容的设计也要与幼儿这一时期的性格特点相结合。比如，利用游戏的方式给幼儿渗透正确的规则意识，避免生硬的说教。

（三）与家长形成教育共同体

教师要多和家长进行及时沟通，开展家庭教育讲座，给家长传播一定的幼儿叛逆期的知识，及时反馈幼儿在园表现，提出家园共育的方法，共同促进幼儿的发展。

四、家庭教育指导策略

（一）更新家长的教养观念

家长要加强幼儿教养知识的学习，正确认识幼儿的逆反行为，认识到幼儿叛逆期也是幼儿自我意识发展的关键期，给予幼儿更多的宽容、理解与支持，尊重孩子的合理需求，发展幼儿的自信心，给予幼儿正确的教育引导。比如，溺爱型的父母就要明白过度溺爱会使幼儿建立错误的是非标准，会对幼儿的发展产生不良的影响。

（二）指导家长科学育儿

1. 环境熏陶法

对于叛逆期的幼儿，和谐的家庭关系能够让幼儿感受到家庭的温暖，家庭环境的和睦、融洽、温馨、快乐有助于他们形成良好的个性。父母要让孩子享受到民主平等的地位，平等地对待孩子，耐心地听取孩子的意见和要求，学会尊重孩子合理、正确的想法和主张。

2. 兴趣诱导法

对于幼儿叛逆期出现的执拗、任性的特点，可以使用兴趣诱导法，比如幼儿不吃饭，妈妈可以说，"今天的饭菜都是宝宝最喜欢吃的菜。"比如幼儿不和妈妈外出，妈妈可以说，"今天妈妈要带你去的阿姨家有你最喜欢的玩具"等等。通过幼儿感兴趣的事物去激发幼儿参与的兴趣。

3. 暗示提醒法

对于一些原则性的事情，比如幼儿必须要做的事情，或者一些具有危险性的事情，可以对幼儿使用暗示提醒法。比如，涉及幼儿习惯养成的问题，当幼儿在睡觉之前拒绝刷牙的时候，可以说："还记得妈妈给你讲过的《没有牙齿的大老虎》的故事吗？他的牙齿最后是为什么被拔光的？"

4. 活动探索法

幼儿好奇心重、探究欲望强烈，要理解幼儿的感受，满足幼儿的探究欲望，支持幼儿的合理需求，给予幼儿一定自我展现的平台。比如，幼儿看见沙土想要玩一玩，有的家长怕孩子把衣服弄脏，就会制止孩子的行为，和孩子产生冲突，却忽视了这一过程可以满足幼儿的需要，促进幼儿的发展。再如，幼儿想要自己穿衣服，拒绝成人的帮助，家长可以多一些支持，多一些耐心，让他们尝试自己穿，慢一点没关系，陪伴孩子的成长。

5. 榜样示范法

帮助幼儿顺利度过叛逆期，我们还要学会去培养幼儿的亲社会行为，比如谦让、助人、分享等行为。可以通过绘本、视频给幼儿提供良好的榜样，让幼儿通过间接的引导形成良好的亲社会行为。

6. 及时鼓励法

家长要善于发现幼儿的点滴进步，及时给予幼儿积极的回应。比如幼儿在睡觉之前，根据父母的要求按时关闭了电视，就要对幼儿的行为提出表扬，抱一抱幼儿，夸夸幼儿，告诉幼儿这样的行为非常棒，是个特别乖的好宝宝。

7. 适当惩罚法

幼儿如果怎么说都不听，只是一味地和父母对着干，我们可以让幼儿体验行为带来的后果，通过他们自身的直接体验去替代父母的说教，比如孩子不按时吃饭，就要让他们去承受不按时吃饭的后果，在后面饿了也不要去妥协，让孩子明白吃饭的时候就要乖乖吃饭，不然后面饿了是不会给他单独做饭的。

五、教育评价标准

怎样判断幼儿已经顺利度过叛逆期呢？请对照表 1-1-6。

表 1-1-6　幼儿平稳度过叛逆期评价标准

序号	评价标准	具体表现
1	讲道理，懂变通	对于家长的话语能够听进去、听明白，不会第一时间选择抗拒或不理睬。也不再倔强固执，能够进行变通。比如到了吃饭的时间积木还没有搭完，幼儿可以吃饭之后接着玩，而不是拒绝吃饭
2	情绪可控，易于疏导	幼儿不再乱发脾气，能够控制不良情绪。对于家长的意见和建议能够乐意接纳，态度更加温和，即使不开心也能够在家长的引导之下得到疏导
3	亲社会行为增加	幼儿分享、谦让等亲社会行为增加，不会自顾自地玩玩具，乐于和其他小朋友分享，对于喜欢的玩具也不会一味争抢，知道争抢的行为是不对的，能和其他小朋友好好商量，攻击性行为逐渐减少

思考与练习

1. 多选题

每个人在成长的过程中会出现哪些叛逆期?(　　)。

A. 幼儿叛逆期　　B. 儿童叛逆期

C. 青春叛逆期　　D. 成年叛逆期

2. 单选题

幼儿叛逆期的典型表现不包括(　　)。

A. 喜欢亲力亲为,倔强固执　　B. 不喜欢被指挥,和家长对着干

C. 在同伴交往时,容易发生攻击性行为　　D. 情绪平稳,易于疏导

3. 判断题

(1)对于幼儿叛逆期的态度是“没办法,熬过去这一阶段就好了”。(　　)

(2)当幼儿生气的时候,可以允许幼儿哭闹,给幼儿宣泄的机会。(　　)

4. 简答题

强强的妈妈答应强强周六去动物园玩,但是周六忽然下雨了,原定计划未能实施,强强开始大哭大闹、乱扔玩具,请试着分析强强出现这一行为的原因。

拓展延伸

幼儿叛逆期的典型表现

1. 情绪激动、破坏性强

叛逆期的幼儿在遇到不顺心的事情时情绪比较激动,常常会大吼大叫、连哭带闹,往往会表现出破坏性行为,比如摔东西、故意把玩具扔得到处都是、把家里的东西都弄乱等。

2. 喜欢亲力亲为,倔强固执

坚持自己的想法,不喜欢别人的帮助。比如幼儿想要某一样东西时,必须是自己认定的某一样,必须是自己拿的,自己完成的。如果是家长帮忙去拿,帮忙完成就不可以,也不会接受。想要做的事情一定要做,不听家长劝阻,比如在冬天想要穿夏天的裙子,无论家长怎么劝说都不改变自己的想法。

3. 不喜欢被指挥,和家长对着干

处于幼儿叛逆期的孩子不喜欢被家长指挥、被使唤,也不想被家长安排着做事情,所以经常和父母对着干,对于父母的要求不理睬、不回应。父母越是禁止做的事情就越要做,面对父母的要求总是说不。

4. 在与同伴交往时容易发生攻击性行为

具有自己的领域意识,在与其他小朋友玩耍时不愿意和其他小朋友分享自己的玩具,就要自己玩,也不同意轮流玩。见到自己喜欢的东西会直接进行抢夺,在家长进行批评和教育时又会逃避、说谎,总是会说“不是”“我没有”。

任务七　培养幼儿良好的时间观念

一、问题引入

案例：

“宝贝起床啦，起床啦！”“快睁开眼睛，我要来掀被子啦！”澈澈妈妈的一天从艰难地催促孩子起床开始。澈澈妈妈不停地催促：“快点，把衣服穿好，快点过来洗脸、刷牙，穿上鞋子，背上书包。”可能大多数家长都经历过或者正在经历这些事情。即使不断催促，孩子还是磨磨蹭蹭，迟到、晚出发等现象也是生活中的常态。

磨蹭拖延是幼儿的通病，归因是幼儿的时间观念不强，如何让幼儿养成良好的时间观念呢？

二、问题分析

孩子时间观念不强的主要原因通常有以下几个方面：

（一）家庭因素的影响

1. 家庭环境的影响

幼儿的认知来源于生活经验，幼儿时间观念不强往往受家庭的影响，有些父母经常抱怨孩子做事磨蹭，却根本没有意识到，其实自己平时做事也是拖拖拉拉、没有效率，孩子有样学样，慢慢养成了爱磨蹭的坏习惯。

2. 家长包办代替

成人对孩子的包办也会造就孩子的“磨蹭”。如嫌孩子吃饭慢，就把饭碗拿过来喂孩子；嫌孩子洗脸耽误时间，就帮孩子洗；嫌孩子书包整理的时间太长，就帮孩子整理。久而久之，孩子会更加磨蹭，更没有时间观念，依赖性也会越来越强。

3. 无法接受家长的态度或方式

有时候，家长唠叨、说教、责备、威胁的态度容易让孩子的关注点从事情本身转移到态度上来，产生对抗的情绪。比如，4 岁的珂珂，吃饭比较慢，家里人都吃完了，就剩她还在饭桌上磨蹭。妈妈很生气喊道：“早就开始吃了，到现在还没吃完，你看看饭菜都凉了。”，孩子听了也很不开心，就用更磨蹭来表达对家长的不满。

（二）幼儿自身因素的影响

1. 幼儿自身对时间没有概念

幼儿对时间的感知力很弱，尤其是不认识钟表的孩子，自然也就体会不到时间的快慢。做事都是凭借自己的意愿。幼儿和成年人对时间的感受不同，很多孩子的时间概念都是比较模糊的。他们总是只看眼前的事情，而并不在意如果没有在某个时间点以前做成某件事会有什么后果。

2. 幼儿能力有限

幼儿身体发育不成熟，手脚眼还不能够灵巧协调，所以很多事情对于他们来说做起来有一定难度，不像大人那般利索，有些事情家长觉得孩子慢，可能是孩子的正常速度，因此，家长让孩子做事要留一定的时间余量。

3. 缺乏兴趣

幼儿思想纯粹，喜欢就是喜欢，不喜欢就是不喜欢，愿意做喜欢做的事情，不喜欢的就不愿意去做或者慢吞吞地做。成年人也有不愿意做的事情，但基于理性或责任能够坚持去做，孩子还没有建立理性和责任概念，拖延往往是一种对抗的方式。

4. 天生的慢性子

人天生具有差异性，不排除有些孩子天生慢性子，他们有自己的做事方式，甚至还沉浸在这种乐趣中。有些孩子天生就喜欢慢条斯理地生活，这也有可能成为他们的优势，能够拥有专注、有条理、不易冲动等诸多优秀的品质。对于慢性子的孩子来说，往往很难改变他们的做事风格，但是要让孩子建立时间概念。

5. 幼儿贪玩

大多数的幼儿玩得正高兴时，很难让孩子放弃玩耍。比如，孩子拼图兴致勃勃时，家长喊吃饭，孩子不愿意离开拼图，又不能完全不理家长，只能使用磨蹭拖拉来应付。

三、幼儿园教师教育策略

（一）查找问题原因

幼儿教师要采用观察、家访等方式，找出幼儿出现不良行为的原因。

案例分析：

我通过与家长沟通并结合观察，找出澈澈磨蹭的主要原因有：

1. 澈澈对“磨蹭榜样”的模仿

澈澈的很多行为是在模仿家长。通过和家长、澈澈沟通了解到，有好几次澈澈家长答应陪孩子去游乐场玩，结果家长接了个电话或是说有点别的事情，就敷衍孩子“等几天”，最长一次拖延了半个月。澈澈觉得，大人都可以拖，自己也可以，时间久了也形成了习惯。

2. 澈澈没有时间的概念

孩子做事爱磨蹭，通常是他们的时间概念还没有建立起来，不像成人一样具有时间紧迫感，孩子活在当下，并不能理解这件事完成之后，还有别的事要去做。比如，家长知道，自己上班和孩子上幼儿园都不能迟到，澈澈认为爸爸妈妈上班和自己去幼儿园晚了，都是无所谓的，他想不到迟到会有什么后果。

3. 因贪玩而拖延

澈澈在玩得正高兴的时候被家长叫去做其他事情，通常都会出现磨蹭的情况，如果遭到家长的训斥，心里不高兴磨蹭会更加严重。一方面用磨蹭来延长自己的玩耍时间，一方面用磨蹭来对抗家长，表达自己不满的情绪。

（二）制定针对性策略

1. 明确时间要求

在幼儿园，孩子一般更听老师的话，教师给幼儿明确了时间要求后，大多数幼儿会遵守，长期坚持能够帮助幼儿养成按时间做事的习惯。对于不守时的幼儿，教师可以定时提醒，强化幼儿的时间意识。

2. 通过故事或绘本培养幼儿的时间观念

利用幼儿爱听故事、爱玩游戏的特点，强化幼儿的时间概念。经典绘本《老狼，老狼，几点了》，故事内容幽默风趣，可以开发成不同形式的游戏，对培养孩子时间观念有积极作用。绘本《金老爷买钟》用好玩、悬疑的故事，让幼儿明白了时间会流逝的道理。

3. 制造竞争的氛围

幼儿都希望在老师心目中是最棒的，教师可以用竞争的方法强化幼儿的时间观念。如果教师说："我看看谁能最快做完，谁是第一名"，那孩子们多半都会加快速度。特别注意的是，不要把这种做法用到进餐中，以免孩子吃得过快而消化不良。

4. 正面鼓励和强化

当孩子在时间管理方面有进步时，教师要适时表扬和鼓励。如"午睡起来后，今天你只用了2分钟就穿好了衣服，比上次提前了半分钟呢"，"你今天早上没有迟到哦，老师希望你以后都不迟到可以吗"，教师的希望和鼓励对于幼儿的行为有很大的强化作用。

（三）与家长形成教育共同体

教师的引导策略要告诉家长，避免家长和幼儿园的教育不一致。

四、家庭教育指导策略

（一）更新家长的教养观念

家长要丰富育儿理念，了解并理解孩子，根据幼儿的特点制定出合理的节奏，让幼儿有一个成长的过程，不要一味地按照成人的标准去要求孩子。

（二）指导家长科学育儿

1. 环境熏陶法——营造具有良好时间观念的家庭环境

家长要注重自身时间观念的培养，做事不拖沓，按时完成任务，特别是与宝宝有关的事情。例如，上学按时送宝宝去幼儿园、放学按时去接宝宝回家等等，让幼儿在潜移默化中形成良好的时间观念。

2. 兴趣诱导法——提高幼儿守时的动机

与幼儿约定完成的时间，规定按时完成后会安排一件他感兴趣的事情。比如，告诉孩子洗漱完毕我们就讲故事，必须在妈妈铺好床之前完成，这样让孩子先忽略洗漱的压力，给他一个做事情的动机，要快速洗漱完毕才能听到妈妈的故事。

3. 暗示提醒法——可采用闹钟、图画等方式

可以通过闹钟铃声和图画等幼儿易于接受的方式培养时间观念。例如，家长可以在幼儿做事时设一个闹钟，刚开始孩子可能不太清楚，听到闹钟没有反应，家长可以让孩子多听几遍建立印象，重复多次之后，幼儿就知道闹钟响了之后什么事情该结束了，什么事情要开始做了。

4. 活动探索法——提高幼儿做事效率

家长可以用比赛的方式来调动孩子的积极性。利用孩子的竞争心理，提高灵敏度，改变磨磨蹭蹭的现状。孩子从小享受"全程服务"习惯了，这也造成孩子由于做不熟练而不愿做，期待大人们的帮助，凡事也就磨磨蹭蹭。要有意识地让孩子承担一些事情，如穿衣、吃饭、整理玩具，锻炼他们动手能力和自理能力，提高做事效率才能摆脱磨磨蹭蹭。

5. 榜样示范法——家长树立好的榜样

我们经常听到孩子说："你干什么都慢吞吞的，你还要求我！"这也体现出了家长是孩子的模仿对象。如果家长说早上准备八点出门，结果自己收拾到九点才出门，孩子就会觉得，大人磨蹭，那我们小孩子磨蹭、拖拉也很正常。家长要树立好的榜样，要求孩子做到的家长一定要先做到，按时间计划行事。

6. 及时鼓励法——正向强化

家长要多鼓励，千万不要打击，不然适得其反。孩子非常重视父母的评价，表扬和鼓励对于孩子是非常重要的、非常有效的，家长耐心鼓励，陪伴孩子成长，相信一定会看到效果的。比如，早晨妈妈让孩子自己穿衣服，哪怕孩子以他磨蹭的速度正在做，妈妈也可说："宝贝不错啊，今天穿得挺快，相信你一定能很快完成"，大多数孩子在听到这样的鼓励后，会努力加快速度。

7. 适当惩罚法——让幼儿体验拖延的后果

必要的时候可以适度惩罚，根据幼儿的性格要注意惩罚的分寸，千万别适得其反。比如，跟幼儿约定好，按时整理好玩具就可以做喜欢的事情，如果幼儿没有按时完成，就自然取消接下来的活动，无论孩子怎么软磨硬泡，家长都不能妥协，这样幼儿下次可能就会在规定时间内整理好玩具。

五、教育评价标准

怎样判断幼儿已经具备时间观念了呢？请对照表 1-1-7。

表 1-1-7　幼儿时间观念评价标准

序号	评价标准	具体表现
1	守时	按约定的时间不迟到
2	按时	早上按时起床，自己穿衣洗漱，不磨蹭、不拖拉。晚上按时休息，平时能够按照约定的时间做事
3	惜时	在家长或教师规定的合理时间内完成任务

思考与练习

1. 单选题

幼儿磨蹭的原因不包括(　　)。

A. 家长不良示范　　B. 幼儿任性　　C. 能力不强　　D. 幼儿时间观念差

2. 判断题

(1) 家长引导幼儿认识钟表就可以避免幼儿磨蹭。　　(　　)

(2) 幼儿磨蹭、拖拉，家长必须不断地催促提醒。　　(　　)

3. 简答题

结合身边案例，谈谈培养幼儿良好时间观念的重要性。

拓展延伸

停止无休止的催促，代之日常的表扬

孩子做事情磨蹭、拖拉的时候，很多家长喜欢喊，不断地催促，结果感觉是越催促，孩子的动作越慢，家长就更生气，就更高声地喊，不断地催促，恶性循环。家长可以转换思路，停止无休止的催促，代之以表扬。如刚开始可以给孩子分配一个简单的任务：穿衣服，给 3 分钟时间（时间相对宽松一些），孩子会很快做好，家长要装作很惊讶的样子：哇，"还不到 2 分钟呢，你就穿好了，时间都

没用完,你太厉害了!”总之,对孩子做得快的事情随机进行表扬。“这次起床收拾比上次快多了!”“整理玩具比昨天快多了。”……这样的话。但千万不要说成“现在穿衣服快多了！如果写作业也这样很快就好了”。只表扬,切记不要提孩子做得不足的地方。通过表扬,会正面强化孩子快点完成的行为。

任务八　培养幼儿言行一致的行为

一、问题引入

案例1:

恩琪3岁半了,总是喜欢打小报告。当爸爸在家抽烟时,她就跑去找妈妈说:“妈妈,你猜爸爸在做什么,抽烟,你得管管他。”当爸爸打开计算机,她就会赶紧跑到妈妈面前说:“妈妈,我告诉你,爸爸又玩游戏了”;爸爸觉得妈妈喜欢玩手机,所以当妈妈稍微一玩手机,恩琪就会赶紧跑到爸爸跟前,说:“爸爸,妈妈又玩手机了,你去看看”。父母觉得恩琪这种喜欢打小报告的行为不好,多次与他交谈,恩琪也信誓旦旦地答应说:“以后肯定不打小报告了”,但是每次有点小事,她好像就忘了当初的承诺,又跑去告状了。

案例2:

月月是中班的一个小女孩,刚刚大家去喝水的时候,我看到她和班里的小明发生口角,然后她推了小明一把。后来小明过来找我告状,月月却很坚定地说,他们只是发生一点口角,她并没有推小明。

幼儿言行不一致的情况主要分为两种:一种是幼儿嘴上答应家长的,行动上却做不到;一种是幼儿不诚实、撒谎。遇到幼儿言行不一致的情况应该如何教育呢?

二、问题分析

幼儿言行不一致是幼儿成长过程中的正常情况,不是幼儿的品行有问题,只要正确引导就能够纠正。造成幼儿言行不一的因素主要有以下几个方面:

(一)家庭因素的影响

1. 家长不良的行为示范

很多家长抱怨孩子说话不算话,说到做不到,却没有反思为什么孩子会出现这样的行为。家长答应孩子的事情都做到了吗,有没有食言过? 有没有对孩子撒谎过,或者对其他人撒谎让孩子看到了? 孩子言行不一的行为很多都是对于成人行为的模仿。

2. 严苛专制的家庭教育环境

有些家长对孩子是绝对的权威专制,要求过于严格,孩子一旦犯错,家长就会严厉地苛责,甚至惩罚。这样的家庭教育环境必然使孩子感到害怕,犯了错害怕受到批评惩罚,为了避免受到家长严厉的苛责与惩罚,自然就会选择撒谎。

(二)幼儿园因素的影响

当幼儿上了幼儿园,交往对象就会从家长扩展到幼儿园的老师和同伴身上,也会受到幼儿园教师和同伴的影响。幼儿模仿力强,但辨识能力有限,不管对错,只看到对方这样做得到了自己想要的,也会学着这样做。

（三）幼儿自身因素的影响

1. 幼儿的认知水平有限

幼儿认知水平有限，经常会混淆事实与想象，将想象或愿望当成是已发生的事情。比如，有位 3 岁半的幼儿叫若溪，到了姥姥家跟姥姥聊天说：“昨天我爸爸妈妈吵架了，吵得特别凶。”描述得跟真的一样，姥姥相信了，就给若溪妈妈打电话询问，若溪妈妈听了一头雾水，说没有啊。后来经过对若溪的仔细询问，才弄明白，原来是昨晚上大家一起看的电视剧里面有父母吵架的镜头，若溪就给弄混了。

2. 幼儿自制力弱

有些孩子从认知上可能知道应该怎样做，也答应过家长，但由于自制力弱，抵制不住诱惑导致幼儿说到做不到。比如，有些幼儿明明知道贪吃糖果会损坏牙齿，但看到各种各样的糖果时还是忍耐不住想吃。

3. 为了达到某种目的而说谎

随着年龄的增长，幼儿有了直接提出的要求被拒绝的经历后，为了达到个人的某种目的或想得到某些利益，又不愿付出劳动，就产生了有意说谎。惰性或奢求滋长了幼儿的有意说谎，这种情况要特别引起教师和家长的关注，不及时制止纠正将产生不良后果。

三、幼儿教师教育策略

（一）查找问题原因

教师和家长进行沟通，以了解情况，并结合平时观察，找出幼儿行为的主要原因。

案例 1 分析：

通过与家长沟通并结合观察，我发现造成恩琪言行不一的主要原因有：

1. 家长行为的不良示范

通过观察并与恩琪和家长沟通了解到，爸爸很早就答应过妈妈戒烟，保证不在家抽烟，但是爸爸并没有做到。恩琪就觉得爸爸说话不算话，总想着把这件事告诉妈妈，所以就忽略了“不能打小报告”的承诺，即使打了小报告，家长批评恩琪说到没做到，恩琪心里也不服气，她仍然觉得“怎么爸爸就可以说到不做到，我怎么就不行”。

2. 家长教育不一致

通过与家长交流得知，家长确实觉得恩琪总打小报告是一件不好的事情，也跟恩琪说过，恩琪也答应了不再这样做。但是妈妈一回家就有意识地问恩琪：“你爸爸今天在家做什么了？”如果恩琪没说，妈妈还会继续开玩笑引导道：“你跟你爸爸好，不跟我好了吗？”恩琪就会告诉妈妈爸爸在家的所有行为。家长一方面要求恩琪不打小报告，而在行动上却引导孩子告状，这就是家长教育不一致所导致的。

3. 幼儿自制力弱

当恩琪发现爸爸或者妈妈有什么不对的行为时，她觉得我把这件事告诉对方是一件很有意思的事情，就会忘记不打小报告的承诺。

（二）制定针对性策略

1. 利用教育活动引导幼儿言行一致

教师可以组织集体教学活动，或者针对幼儿进行个性化教育，比如绘本故事《艾迪，说到做到》，幼儿教师给孩子讲故事，通过故事让孩子明白诚实守信、说到做到是非常重要的一种品质，让幼儿学习遵守。

2. 正面鼓励强化

孩子的自制力不是短时间可以提高的，不能由于孩子某件事没做好就斥责孩子，“光说不做，总是说到做不到。”这样的话说多了反而使孩子习以为常，产生消极的思想，认为自己就是一个说到做不到的人。发展孩子的自制能力，就要善于发现孩子的问题，及时正确引导。

（三）与家长形成教育共同体

教师要与家长沟通幼儿的表现，分析幼儿不良行为产生的原因，有针对性地制定教育策略，共同实施，否则教师和家长教育的不一致，会加剧幼儿的不良行为。教师和家长协同努力才能使幼儿的良好行为形成叠加，最终成为一名诚实守信，言行一致的好孩子。

四、家庭教育指导策略

（一）更新家长的教养观念

家长要主动学习育儿专业知识，更新教育理念，孩子出现了问题要静下心来分析原因，向有经验的人请教，制定解决策略，不要因此而懊恼，甚至大动肝火，动手打骂孩子，家长要正确看待、客观分析、正确引导。

（二）指导家长科学育儿

1. 环境熏陶法

家长自己要做到诚实守信、言行一致，家庭也要建立良好家风，营造良好的家庭教育环境。比如，恩琪的爸爸承诺过要戒烟，并且不在家吸烟，结果都没有做到，无形中给孩子树立的就是失信、言行不一的表现，不良的家庭教育环境导致了幼儿的不良行为。

2. 兴趣诱导法

利用幼儿的兴趣激发帮助幼儿提高自控能力。比如，可以采用积分制，表现好就加分，表现不好就减分，达到50分时，满足孩子的一个小愿望，孩子想要多得分，不想被减分，就会坚持。

3. 暗示提醒法

当幼儿答应好的事情，有出小差的苗头时，家长应及时提醒或暗示，帮助孩子度过关键的时候。比如，孩子答应爸爸一星期不吃巧克力，当中间难抵诱惑看向巧克力盒的时候，家长可以适时提醒：“孩子，你是要吃巧克力了吗，你答应了一周不吃，要言而有信呀”。

4. 活动探索法

家长可以通过活动让幼儿从“言行一致”中受益，增强幼儿言行一致的动力。比如，家长与孩子约定做三天家务就会得到奖励，幼儿坚持三天之后得到了想要的奖励，尝到了言行一致的甜头，良好行为就会得到强化。

5. 榜样示范法

家长要做幼儿言行一致的榜样，也要帮孩子树立身边的榜样，可以是同伴，也可以是喜欢的动画人物。

6. 及时鼓励法

对于孩子的进步家长要及时发现并鼓励。比如，小雨答应妈妈以后要懂得和同伴分享。有一次周阿姨带着小珍来小雨家玩，小雨不愿意让小珍玩自己的玩具。妈妈就说：“上次小雨特别棒，把自己的玩具分享给佳博弟弟，今天小雨一定也愿意把玩具分享给小珍，对吗？”虽然小雨仍然不十分情愿，但为了在客人面前不否定妈妈的表扬，还是给了小珍玩具。当小雨做出了这一正面的行为时，妈妈和周阿姨马上都夸小雨懂事，这也感染了小珍，要把玩具给小雨玩，两个小朋友很和谐地玩了起来。

7. 适当惩罚法

当幼儿有意撒谎时，家长要引起关注，必要时适度惩罚。例如，家长与幼儿约定不经主人同意不能拿别人的东西，如果幼儿没有遵守承诺，家长一定要带着幼儿登门归还并致歉，还要视情况采取必要的惩戒，让幼儿承担后果，强化认识，避免类似行为再次发生。

五、教育评价标准

怎样判断幼儿是否言行一致呢？请对照表 1-1-8。

表 1-1-8　幼儿言行一致的评价标准

序号	评价标准	具体表现
1	诚实，不说谎	能够如实表述，不欺骗家长和老师
2	言出必行	能够遵守承诺，说话算话，说好了要改掉的行为就一定努力改掉，承诺要做到的事情就一定努力做到
3	不推卸责任	做错事后能够大胆承认自己的错误，勇于承担责任，不编造借口，不找理由，并能及时改正

思考与练习

1. 多选题

幼儿言行不一的情况主要有(　　)。

A. 避惩罚　　B. 说话不算话　　C. 为错误找理由　　D. 说谎

2. 单选题

下列(　　)绘本或故事与培养幼儿诚实守信、言行一致无关。

A.《艾迪，说到做到》　　B.《快乐鸟的许诺》

C.《爱吹牛的青蛙》　　D.《放羊的孩子》

3. 判断题

(1)幼儿言行不一是正常的现象，任其自然发展即可。　(　　)

(2)幼儿自制力较弱，难以抵制一些诱惑，所以承诺的可能做不到。　(　　)

4. 简答题

简述幼儿诚实守信、言行一致的标准。

拓展延伸

家长对待幼儿说谎现象的误区①

面对幼儿各式各样的说谎现象，不是每个家长都采取了科学的教育措施，有许多家长走入了误区。

① 王娟. 幼儿说谎的心理探析及其对策[J]. 宁夏教育，2007(21)：59.

误区一：小孩说谎没什么，长大自己就好了。在幼儿园里，有的幼儿把别的小朋友的玩具带回家，还说谎是小朋友送给他的。对于幼儿这种顺手牵羊的行为，有的家长认为孩子小不懂事，没必要小题大做。但俗话说得好"小时偷针长大偷金"，若在小时候不及时对幼儿的说谎行为进行纠正，养成习惯就很难改了，对幼儿终身将造成不良影响。

误区二：发现孩子说谎，马上暴跳如雷。有些家长发现自己的孩子说谎，不问青红皂白，严厉呵斥，甚至大打出手。孩子说谎的原因是多样的，性质也有所不同。家长应该认真分析原因，心平气和地劝说孩子，不要一味地严厉斥责。

误区三：孩子说谎是聪明的表现，无须纠正。有的孩子把完全没有的事情编得有模有样，家长不但不教育，反而认为这是孩子聪明、机灵的表现。长此以往，幼儿就会养成说谎的习惯，并认为这种行为是对的，是聪明的表现，家长如果任其发展下去，对幼儿将造成不可弥补的危害。

项目二　知能建立指导

幼儿的能力主要包括专注、协调、兴趣、沟通、合作、分享、交流、理想、逻辑、表达等，对孩子后续学习具有重要意义。但是在幼儿时期，注意力不集中、不爱思考、不喜欢上幼儿园、做事情半途而废、没有耐心等十分常见。如何培养幼儿学习的良好品质，提高幼儿的学习能力呢？

任务一　培养幼儿的专注力

一、问题引入

案例：

我在幼儿园实习的时候，见过一个专注力（注意力）很难集中的男孩，是小班的，经常在班里"漫游"，并且会动手打人，老师们说他是个"坐不住的孩子"，教师在组织集体活动时，他的思绪经常不在线。有时他会没有任何目的地打断别人正在进行的活动，对于教师布置的任务，他常常不能很好地完成，经常是画画没做完又去玩游戏，游戏没结束，又去搭积木。教师对于这个经常"惹麻烦"的孩子也很伤脑筋，经常当众批评他，时间一长，在其他孩子的眼中他就成了一个调皮、惹老师生气的坏孩子。

儿童专注力（又称注意力）不集中是指儿童不能长时间地把注意力集中于一件事情上，易冲动、易分心、没耐心、追求瞬间满足，缺乏观察的能力和聆听的技巧，无法坚持做一件事，如学习、听讲等。认识注意力要避免几个误区：

（1）安静与否不是判断专注的标准，比如我们可以很安静地想很多互不相关的事情，也可以在声、光、电的交互作用下注意力非常集中地跳一个小时跳舞毯。

（2）简单的或重复的动作并不需要专注力的参与，比如我们虽然花了很长的时间在洗衣服，但其实一直在思考很多不相干的事。

（3）玩具多少对专注力影响不大，因为孩子会将不是玩具的物品变成"玩具"，不如借助其他玩具拓展某一玩具的玩法，从而延长专注力的投入时间。

(4)专注力好坏不应该以用在某件事上的用时长短判断,应该是因人而异的,我们不能说花 20 分钟做出一道题的孩子比 2 分钟就做出来的孩子专注力更好。

注意力是幼儿知识积累与能力提升的基础品质,怎样培养幼儿的专注力呢?

二、问题分析

引起儿童注意力不集中的原因很多,影响注意力的因素主要有以下几个方面:

(一)家庭因素的影响

1. 不良饮食习惯会影响幼儿的注意力

高油、高盐、高糖食品对幼儿的专注力培养存在一定影响。很多孩子非常喜欢吃甜食,长期大量地吃甜食,不仅影响正常进餐导致缺乏均衡营养,还会影响中枢神经系统的活动,造成孩子注意力不集中、易怒、烦躁不安等。盐分摄入过多会影响幼儿身体对锌、钙的吸收,缺锌少钙会导致体液黏稠,流动速度慢,给孩子输送营养也会慢,影响孩子智力神经生长发育。肥胖对孩子身体健康危害巨大,不仅影响血流速度,也容易使幼儿产生自卑心理,影响孩子注意力的集中,导致智力下降。

2. 过多干扰或限制

孩子专注地玩的时候,如果家长一会儿问要不要喝饮料,一会儿问饿不饿,就对幼儿的专注力形成了干扰,长此以往容易造成幼儿注意力不集中。

3. 生活缺少规律

孩子一天的生活节奏和活动时间都会影响注意力,生活作息规律十分必要。吃饭、睡觉、游戏、运动、看绘本等,安排好每个活动的时间,如果不出现意外情况尽量不去打乱。比如每天饭后“工作”半小时,这里所说的“工作”其实就是玩游戏。家长告诉孩子,要像妈妈一样“工作”了,也要像妈妈一样认真地去完成。当幼儿完成时家长及时鼓励:“工作完成得很好,很棒!”。

4. 睡眠不足

大脑专注力的功能是把感知集中在特定的领域,同时抑制其他领域,睡眠是专注力水平的重要影响因素。睡眠不足会导致幼儿在活动或游戏中注意力不集中、爱做小动作等。

(二)幼儿园因素的影响

1. 环境存在刺激干扰

环境嘈杂会直接导致幼儿的注意力不集中,幼儿自控能力较差,很容易被外界吸引。当孩子玩游戏时,活动室内的电视声音、其他幼儿吵闹和喧哗的声音、窗外的吵闹声等,都会打断孩子的专注力,让孩子容易分心,久而久之孩子的注意力就很难集中起来。

2. 游戏无法吸引幼儿兴趣

通过观察发现,幼儿在不同活动中的专注程度是不同的。对于自己感兴趣的活动,幼儿表现出极其强烈的专注力,会沉浸其中;而对于不感兴趣的活动,则表现出游离。比如,玩游戏时幼儿普遍专注力强,阅读活动时很多幼儿无法集中注意力。

3. 缺乏有序的活动组织

如果集体活动时教师组织不得当,没有建立良好的秩序,有的幼儿走来走去,有的幼儿大声讲话,都会影响到其他幼儿的专注力。

（三）幼儿自身因素的影响

1. 感觉统合发展障碍

前庭感觉不佳的孩子，容易受来自地心引力的干扰，难以维持内在平衡，使大脑保持清晰警觉状态的能力出现障碍，表现出多动、注意力不集中等现象。前庭系统不健全，肌肉张力会不足，使人很容易疲倦，孩子常常坐姿不正，注意力涣散。

2. 注意缺损多动障碍

俗称多动症，起病于儿童期，是一种常见的神经发育障碍。表现出注意力不集中和注意持续时间短暂、不分场合的过度活动和情绪冲动，可造成患者的学业困难和人际关系不良等。

三、幼儿教师教育策略

（一）查找问题原因

幼儿教师要结合平时观察，找出幼儿出现注意力不集中的主要原因。造成幼儿注意力不集中的原因既有先天因素影响也有后天环境和教育因素影响，每个幼儿都存在差异，只有找到问题的症结才能对症下药。如案例中的男孩父母过多干预，家里老人较多，每次孩子专注地玩游戏的时候，爷爷奶奶一会儿给拿点水，一会儿给拿点吃的，还会在旁边指指点点，都在不经意间破坏了孩子在快乐中建立起来的专注力。

（二）制定针对性策略

1. 引导幼儿在规定时间内完成任务

良好的注意力需要人在短时间内完成任务，引导幼儿在规定时间内完成一件事情，可以促进注意的稳定性，增强注意的时间。例如，要求在 10 分钟内完成一件涂色作品，幼儿就会有一定的时间概念，不自觉地要求自己全神贯注，增强了有效注意的时间。

2. 利用游戏提高幼儿注意力

对于触觉过于敏感的孩子，可以多让他们做弹跳训练，如跳绳、蹦床等，让其适应外界的刺激，降低触觉“域限”，达到“脱敏”的目的；对于因触觉饥渴而喜欢惹人的孩子，则应多进行挤压式（如用毛巾被紧紧包住他们）、发泄式（如打布袋子）或需要自控力的训练（如拍球），满足他们的触觉需求，帮助幼儿提高自控能力，减少外向型的破坏欲。

（三）与家长形成教育共同体

培养幼儿的专注力不是教师单方面的任务，需要家长的配合与良好家庭环境的营造。很多家长在教育幼儿的过程中，过多地干涉幼儿的行为，打断幼儿正在做的事，过多地使用电子产品，这都会影响幼儿的专注力。教师需要与家长进行沟通，做好家园共育工作。

四、家庭教育指导策略

（一）更新家长的教养观念

通过微信公众号、家长会等方式，向家长宣传培养幼儿专注力的重要性以及相关知识，提高家长对幼儿专注力培养的重视程度。也可让家长多查询营养平衡的知识，如每天必须从食物中摄取什么营养，怎样安排才是科学的饮食，帮助家长建立正确的营养观。同时告诉家长不能过分溺爱孩子，学会合理表达自己的情感，掌握爱的分寸，合理满足幼儿正常需要。

（二）指导家长科学育儿

1. 环境熏陶法——为幼儿打造简洁的环境

家长不应让孩子过早地接触成人世界，生活环境要尽量单纯。太多干扰因素的存在，别说小朋友,就算成年人也会感到心烦意乱,父母们应该尽力为孩子排除不必要的成长干扰因素。孩子的卧室要简洁明快,不要有太多的色彩,或者频繁更换主题;父母不要给孩子买太多的玩具;不要给孩子太多零花钱;保证孩子充足的睡眠。

2. 榜样示范法——父母做好示范

父母是孩子最初的客体,父母和孩子间的关系会影响孩子的一生。父母也是孩子最初的学习对象,假如父母作息混乱,孩子也难以形成规律作息。父母需要言传身教,为孩子做好榜样,想让孩子养成良好的专注力,父母也应该通过实际行动来培养专注力,为孩子创造培养专注力的成长环境。

3. 活动探索法——给幼儿提供探索空间

城市长大的孩子缺少了很多接触大自然的机会,家庭和幼儿园的空间有限,孩子的身心舒展不开,心情郁闷烦躁,自然无法保持良好的注意力。可以带孩子去户外游玩,比如划船、玩滑梯等,这些小游戏可以让孩子发挥天性,保持开朗;带孩子去森林或是公园游玩,多接触大自然,身心才能舒展开,对培养注意力也会有帮助。

4. 兴趣诱导法——激发幼儿参与活动的兴趣

兴趣是最好的老师,兴趣也是孩子认真、专注做一件事的基础条件。一旦孩子发现了自己感兴趣的事物,就会非常开心地全身心投入,注意力自然也非常专注。父母应该在生活中细心观察,发掘孩子感兴趣的事物,帮助孩子培养兴趣,养成爱好。比如绘画、弹吉他、跳舞等,专注于爱好是帮助孩子培养专注力的重要方法。

5. 及时鼓励法——稳定孩子情绪

当幼儿出现了注意力不集中的行为或者有一定的进步时,一定给予孩子及时的肯定和鼓励,幼儿情绪不稳定会影响注意力的集中。影响孩子情绪的因素有很多,和同学的关系、和父母的关系以及需求是否得到满足等,都会影响幼儿情绪。家长应该及时发现孩子的情绪变化,当孩子情绪有波动的时候应该及时给予安抚,同时要给予孩子一个温暖友爱的家庭,良好的家庭关系有利于孩子情绪的稳定。

6. 足够的睡眠

只有保证充足的睡眠,身体才能正常发育,才能保持一个好的精神状态,使幼儿在白天保持专注力。让孩子每晚拥有至少 8、9 个小时的睡眠时间,不要让孩子承受过重学习压力,不要报太多补习班;也不能让孩子睡太久,白天睡太多会影响晚上的睡眠,日出而作,日落而息才是一个幼儿正确的生活规律。

7. 少接触电子产品

智能手机对幼儿的成长是一把双刃剑,经常玩手机,会影响孩子的注意力、视力以及学习成绩。对于玩手机、玩计算机的问题,家长应该正确引导孩子使用电子产品,控制时间,千万不能听之任之。

五、教育评价标准

对于幼儿来说,怎么判定幼儿具有良好的专注力呢?请对照表 1-2-1。

表 1-2-1　高品质注意的判断标准

序号	评价标准	具体表现
1	能够迅速进入注意状态	幼儿坐到座位上能够快速进入注意状态，专心参加老师组织的活动或做自己的事情，相反的情况就是，不能快速进入状态，听不到老师口令，做事情时一会上厕所，一会儿喊饿，很难静下心来
2	能够排除干扰	做事情时能够专心致志，即使外面再吵闹也不为所动，不受外界因素的干扰。相反地，做事情时不能专心，一有风吹草动就会张望，在家时只要大人在客厅一开电视就坐不住，有人敲门就会伸出头来观望等
3	能够快速反应	在游戏或集体活动时，老师一提问就能快速反应，积极举手发言。在家能够快速回应家长的要求。相反的表现是，上课时注意力跟不上，不能快速反应，很少主动举手发言，被老师点名了，也往往回答不上来，在家做事情也是拖拖拉拉
4	能够及时转移	能很快调整自己的情绪，能够尽快摆脱不良情绪的干扰，投入到下一项任务中

思考与练习

1. 多选题

影响幼儿注意力的家庭因素主要有(　　)。

A. 膳食影响　　B. 幼儿园秩序混乱　　C. 过多干扰或限制　　D. 家长缺少陪伴

2. 单选题

孩子在幼儿园时，教师的哪个做法能培养幼儿的专注力？(　　)。

A. 营造幼儿独处的环境　　B. 用动画片吸引幼儿兴趣

C. 父母做好示范　　D. 引导孩子在规定时间内完成

3. 判断题

(1)专注力差会直接影响孩子的情绪和人格发展，进而影响人际关系、学习能力、自信心等各个方面。(　　)

(2)为了创设有利于幼儿专注力的环境，家里应该尽量安静。(　　)

4. 简答题

怎么判定幼儿具有良好的专注力呢？

拓展延伸

1. 视觉注意力训练

1～3 岁：模仿游戏。

3～6 岁：走迷宫、拼图、拼乐高。

6～12 岁：舒尔特方格。

2. 听觉注意力训练

1～3 岁：听令行事(如：听令指五官)。

3～6 岁：传话员(发布较为复杂的命令，让孩子传达给别人)。

看谁听得准(如：说一组词，让孩子听到吃的拍手)。

6～12岁：听令做反动作（如：听到左手摸右耳，则要右手摸左耳）。

3. 身体感觉训练

1～3岁：走平衡木（可摆一排书走）、串珠子、踩影子。

3～6岁：木头人游戏、投珠入瓶、头顶沙包行走（或变换动作增加难度）。

6～12岁：临摹字帖、球类运动、棋类游戏。

任务二　培养幼儿善于思考的习惯

一、问题引入

案例1：

“我的孩子今年5岁，已经是中班了。遇到问题不会自己思考，只会说‘我不会’。做游戏时没有自己的思维能力，也没有独立解决问题的能力，没有兴趣去思考。比如，有一次孩子们在一起玩建构游戏，几个孩子想到了要用石灰盖一座城堡，别的孩子就开始找材料，想办法制作水泥，别的孩子都提出自己想法，我家孩子就在旁边站着，第二天水泥变干了，大家也都想办法怎么稀释水泥，他还是没有提一点意见。平时在家遇到事情也是问我怎么办，首先想到的就是寻求家长的帮助。”

案例2：

朋友的女儿在生活中遇到任何问题都向爸爸妈妈求助，一些特别简单的问题也不愿意主动去思考。朋友总觉得女儿太懒了，也没有独立自主能力。上星期外面狂风大作，雨水吹进了屋子里窗户没有关，只有女儿一个人在家写作业。看着这样的场景，女儿被吓到了，一直给爸爸妈妈打电话。朋友说去把窗户关上就好了，但是孩子被吓坏了动都不敢动，朋友觉得女儿现在变得特别没用，一点小事情都大惊小怪。

研究发现：学习中注意力的稳定性和集中性与思维的活跃程度存在正对应关系，思维越活跃，注意力就越集中、越稳定。遇到不会思考的孩子怎么办？如何培养幼儿善于思考的习惯呢？

二、问题分析

影响幼儿思考习惯养成的因素有许多，归纳起来主要有以下几个方面：

（一）家庭因素的影响

过度关爱剥夺了孩子的思考权利。家长对孩子的宠爱甚至包办助长了孩子的依赖心理，家长总是不放心、不放手、大包大揽，其实是变相剥夺了幼儿思考的机会，降低了幼儿的思考动机和需求，孩子觉得不用思考，不用去费力做事，导致孩子不爱思考、坐享其成、不愿意独自解决问题。

思考是人的本能，解决问题的过程本身就是一个思考的过程，例如幼儿想拿桌子上的面包，但桌子比较高，孩子够不着，如果没有家长的帮助，孩子会自己想办法拿到面包。只有在解决问题和做事的过程中，善于思考的习惯才能逐步形成。家长要重视孩子的想法和见解，如果孩子的意见经常被忽视，得不到及时回应，独立思考的积极性就会受到打击，好奇心和探究欲降低，难以对身边的事物产生自己的想法和见解。

（二）外部因素的影响

高科技的现代生活让孩子懒于思考。现在的孩子聪明，这是人们的共识。聪明的前提是科技的发展让幼儿有了更宽的视野，有更多的渠道获得经验和认知。但是，过度依赖科技也会造成遇事不主动思考，减少了动手动脑的机会。现在孩子业余时间的主要活动是看电视、玩手机，主要娱乐项目是手机或游戏。即使做家务也都是使用洗衣机、微波炉、吸尘器等设备，孩子们觉得做家务很简单，不用动脑筋。孩子自己的生活也基本实现了“全自动”，就连削铅笔也是“自动化”的。在这样的生活环境中，降低了动脑筋解决问题的需求。

（三）幼儿自身因素的影响

幼儿认为自己能力达不到。家长要关注幼儿的“最近发展区”，如果对幼儿要求过高，面对自己从未做过的事情或者感觉比较难的事情时，幼儿容易产生畏难情绪，容易退缩，放弃自己去探究并解决问题的想法。

三、幼儿教师教育策略

（一）查找问题原因

要通过家访、与家长和幼儿沟通等方式，查找幼儿问题行为形成的原因，只有找到问题的症结才能对症下药。幼儿不思考绝大多数都与家长的过度关爱有关，例如本任务案例 2 中的小女孩，主要是因为家长在生活中包办代替太多，导致孩子遇到问题不去思考怎么解决，首先想到的就是寻求家长的帮助，家长虽然抱怨孩子不爱思考，但是对孩子的每次求助都极力满足，养成了幼儿较强的依赖性，认为凡事都有别人解决，自己不用动脑子也不用去做。

（二）制定针对性策略

1. 保护幼儿的求知欲

提问是幼儿探索外界世界并丰富自我认知的一种重要方式，一般 3 岁左右的幼儿都会缠着大人问为什么，孩子的提问可能千奇百怪甚至在成人看来幼稚可笑，但都是幼儿真实的思考。面对孩子的十万个为什么，教师一定要认真对待，认真听取，耐心回答，保护幼儿的求知欲。如果成人对幼儿的问题置之不理，敷衍甚至嘲笑，孩子就会变得胆小或者不自信，不敢提问，相应地也就制约了幼儿的思考。

2. 启发幼儿思考

敢问、好问、能问是促进幼儿思考的良好品质，教师创设情境，启发幼儿的思考，培养幼儿善于提问的习惯。例如，秋天树叶纷纷落下，我们就可以提出问题：“为什么秋天树叶会落？为什么树叶向下落而不是向上落？为什么有的树落叶有的树不落叶？”一系列的问题引发幼儿思考和探究，在探究的过程中会引发幼儿提出更多的问题。教师要保护好幼儿的探究性和求知欲，对积极提问的幼儿，采取口头表扬、奖励小红花等形式给予赞扬，激发幼儿提问的兴趣，在回答问题和提出问题的过程中，幼儿思考的能力得到逐步提升。

在鼓励幼儿提问时，幼儿可能提不出来，往往只会说出自己的一个想法，教师可以帮助幼儿提问，让幼儿使用“是什么”“怎么样”“为什么”等句式的提问规范用语。幼儿理解了什么是问题之后，对提问的兴趣会随之提高。教师一开始可以不要在意幼儿提问的质量，让幼儿充分提问，以帮助他们继续掌握提问的方式。还可以利用环境创设等方式鼓励幼儿提问，例如可以设置问题角收集展示幼儿的问题，设置“孩子的问题与发现”“我想知道”等版块，让幼儿有成就感，愿意提出更多的问题。

3. 让幼儿主动探究并解决问题

思考是与问题相伴相生的，思想上的疑问或者在生活中遇到的问题，是思考产生的前提和动机。教师要善于创设情境，为幼儿创设思考的机会，除了鼓励幼儿提问解决思想上的疑问之外，还可以在一日生活或游戏活动中设计一些行动上的困难，让幼儿自己想办法解决。解决的过程不仅有思考还有行动，训练幼儿把认知和行动统一起来，达到知行合一。

（三）与家长形成教育共同体

1. 加强与家长的交流与沟通

可以通过开设家园共育栏及家园互动手册，让家长丰富育儿知识，了解幼儿园的教育策略和意图，请家长协同构建家园共育的教育环境。

2. 请家长当客座教师

家长来自不同的工作岗位，可以为幼儿园提供丰富的教育资源，也可以为幼儿园教育需要提供多种支持和帮助，“客座教师”活动每月一次，采取自愿的原则，家长可根据自己的工作情况确定来园的时间。教师要尊重家长的意见，尽量按家长的时间来安排活动。

3. 组织家长开放日活动

定期举行家长开放日活动，邀请家长来园观摩幼儿半日活动，了解孩子在园学习、生活的具体情况，使家长和老师彼此加深了理解和交流，共同分析幼儿存在的问题，探讨解决办法，还可以请有经验的家长分享自己的育儿经验。

四、家庭教育指导策略

（一）更新家长的教养观念

好的家长也是优秀的教育家，家长要持续学习先进的幼儿教育理念，丰富自身育儿知识，知道每个孩子都是天生的思想家，要保护好幼儿与生俱来的思考力。要肯放手，让幼儿经历磨炼和挫折，培养孩子养成独立思考、独立解决问题的习惯，让孩子能够应对未来人生路上的沟沟坎坎。

（二）指导家长科学育儿

1. 环境熏陶法——营造良好的思考环境

家长要善于营造家庭思考环境，家长与幼儿讨论问题或者家长之间的讨论，都会为幼儿创设一个思考的环境。与孩子一起阅读、看电视的时候，要有意识地提出问题促使孩子进行思考，就某个问题与幼儿开展讨论。参观博物馆时不要走马观花、简单介绍欣赏作品，不妨提出“恐龙就要复活了地球会变成什么样”之类的问题。生活化的提问、讨论可以让幼儿建立随时随地思考的习惯，使幼儿养成积极思维。

2. 兴趣诱导法——培养幼儿思考的兴趣

有些父母把孩子的认真思考当玩笑，总笑话孩子像个小大人，不把孩子的认真思考放在心上。当孩子提出自己的想法时，有些父母觉得幼稚不予采纳。有些父母不顾及幼儿的兴趣，按照自己的意愿和喜好为孩子做出安排。以上种种做法，结果都会降低幼儿积极自主思考的兴趣。

家长要正视孩子的认真，尊重孩子的探索，引导幼儿感受思考的乐趣，孩子自然就会喜欢上思考。一般爱思考的孩子，都不是为了什么物质奖励，而是自己思考并且解决难题之后的成就感让他们爱上思考。

3. 暗示提醒法——要善于引导、启发、鼓励孩子提出问题

家长是孩子的指路明灯，这意味着当孩子忽略什么的时候，家长要及时引导、启发。家长要比孩子更加细心地观察身边的事物，利用一切时机启发幼儿。在引导、启发时要少说些这样的话：“这么明显都没注意！”“眼皮底下的还看不着！”等等，因为这类话会伤害孩子的自尊心。多说一些鼓励的话，一句鼓励的话也许会改变孩子的一生。

4. 活动探索法——开阔孩子的视野

经常带孩子出去走走，让孩子多了解人文风情、自然科学，领略大自然的风采。孩子见得多了，问题也就多了，求知欲也就有了。比如带孩子去各种展览馆，可以让孩子开拓视野，有助于孩子对问题进行分类。父母可以随时提出思考问题，比如说在公园里看到一种植物，可以和孩子讨论植物的名称、特点、作用，在阅读绘本时，与孩子讨论其中的典故、图画、人物特点等。

5. 榜样示范法——与孩子一同探讨

家长要放下成人的姿态，用幼儿的视角进入孩子的世界，与孩子共同探究问题。家长是孩子的榜样，当孩子问到自己不知道的问题时，要大胆地说不知道，然后一同与孩子学习，直到找出问题的答案，会为孩子树立实事求是、勤于学习探索的榜样。

6. 及时鼓励法——进行正向强化

支持孩子的发现与成果也是一种鼓励，与盲目地为孩子包办一切相比，这样的鼓励更像是一种精神上的契合，让孩子对自己充满自信。也只有自信的人才能坚持独立思考，不至于在各种流言蜚语中摇摆不定，更不会随波逐流。

五、教育评价标准

思考是思维的一种活动，思考力则是在思维过程中产生的一种作用力，它在信息获取和知识迁移中发挥重要作用。培养幼儿的思考力对发展幼儿感知周围环境和世界的理解能力非常重要。那么评价幼儿思考力的标准有哪些呢？请对照表 1-2-2。

表 1-2-2　幼儿思考力评价标准

关键要素	评价标准	举例（幼儿可能会）
创造性地运用已有知识	1. 能够通过观察和模仿去理解新信息。 2. 能够使用音乐、艺术和叙事手段来表达想法和情感。 3. 能够独创性地改造已有材料来代表其他事物。 4. 面对一个任务时，可以尝试多种方法去解决	1. 尝试多种方法把方块聚集起来，避免掉落。 2. 在唱歌、讲故事或者手指游戏中模仿教师的表情和语调。 3. 表演某个故事中的不同角色。 4. 在随着音乐跳舞时，可以做出模仿马那样奔驰或者蛇那样扭动的动作。 5. 可以举一反三地使用工具来完成新任务，例如用测量橡果的方法来测量泰迪熊。 6. 运用已有工具来完成新任务，例如使用削铅笔的刀削蜡笔。 7. 可以通过组装乐高积木、方块单元和木质标识模拟有道路、房子、居民的社区。 8. 为了使自己的声音更大，把纸卷起来当作喇叭。 9. 在戏剧表演中尝试别人的角色。 10. 在老师的指导下尝试改写故事，例如把“三只公羊”的故事改写成“三个金发小孩儿”的故事
从以往经验中学习：能够把家庭与学校进行联系和迁移	1. 能够在游戏中运用文化和家庭经验。 2. 能够把课外或者在家学到的知识与学校中的经验结合起来。 3. 能够理解某些活动在家庭和学校两种不同环境下可能有差别	1. 为了掌握某项在家中第一次接触到的技能或者任务，例如扣纽扣，而请求更多的帮助。 2. 判断出某项新技能或者任务是在家里学会的，例如“妈妈教我怎么系鞋带”。 3. 认识到光着脚看电视或者到处走是在家的行为而在学校有另外的规则。 4. 在学校表演周末体操课上学会的前滚翻。 5. 请求和父母一起在家中继续完成学校的活动，例如询问父母“回家后我们可以继续读那本书吗？”

续上表

关键要素	评 价 标 准	举例(幼儿可能会)
从以往经验中学习:有较强的适应力	1. 认识到自己的举动将会如何影响到对他人的回应。 2. 知道在什么地方或向谁可以寻求到帮助。 3. 积极进行解决问题的活动以实现有利的结果	1. 犯错时可能会发出"哦不"等语气词。 2. 当对一个特定项目感到恐惧或不安时,会告诉教师。 3. 当原有的尝试没有奏效时,会接受教师或他人提出的完成任务的新策略。 4. 鉴别出任务是可以完成的,难度不会过大或过小。 5. 在已掌握的技巧上尝试新的活动或任务。 6. 努力改正自己的错误。 7. 有兴趣迎接新的挑战
从以往经验中学习:有文化启蒙意识	1. 对所属的家庭团体感到自豪。 2. 理解不同家庭的结构可能会不同。 3. 探索代表其他文化的特别之处。 4. 展示出对幼儿之间身体上的不同之处的理解	1. 讨论新诞生的兄弟姐妹。 2. 描述家中的成人和他们相应的角色。 3. 向其他幼儿询问是否跟奶奶生活在一起。 4. 在理解自己、比较与其他文化的不同时,采取跨文化的方式。 5. 帮助教师学习从家庭口语中提炼出有用的课堂语言。 6. 对轮椅、喂食管等适应装置和它们的使用方法感兴趣。 7. 向有障碍的幼儿提供支持和帮助

思考与练习

1. 单选题

以下哪些是幼儿爱思考的表现?(　　)。

A. 喜欢玩计算机　　B. 遇事找父母帮忙

C. 遇到困难尝试多种方法　　D. 喜欢交朋友

2. 多选题

(1)家长对孩子过度宠爱会让幼儿(　　)。

A. 遇到挫折时容易放弃　　B. 加深亲子感情

C. 孩子的独立性不够　　D. 更加感恩父母

(2)针对孩子的提问,教师应该(　　)。

A. 先判定幼儿提问的质量

B. 对于幼儿提出的问题教师要有耐心、态度要好

C. 荒唐可笑的问题可以置之不理

D. 开展一些专门针对提问的语言教学活动

3. 判断题

(1)幼儿提问时教师第一时间解答有助于培养其思考的习惯。(　　)

(2)让幼儿多动手探索有助于培养幼儿思考的习惯。(　　)

拓展延伸

培养孩子独立思考能力七妙招

随着孩子渐渐长大,开始有了自己的想法并有着强烈表达出来的意愿。可是因为父母的过分

照顾或者其他大大小小的因素,导致了孩子过分的懒惰,不肯独立地思考解决问题。对于这样的情况,总结了7条培养孩子独立思考的妙招。

1. 常说:你先想想看

培养孩子的独立思考能力,首先要有引导。常常对孩子说:“你先想想看。”引导孩子进行独立的思考,鼓励孩子把自己的想法说出来。

2. 孩子遇到困难暂缓帮助

在孩子遇到困难时,首先应该让他自己寻找下解决的办法。许多父母,就因为看不惯孩子做错事,又或是不忍心见到孩子被问题难倒而委屈的样子,总是第一时间帮孩子解决。这样只会令孩子产生依赖心理。有困难就第一时间让父母解决,自己不动脑筋,久而久之,便欠缺独立思考的能力。

3. 不管问题多幼稚都认真回答

认真回答孩子的问题,是尊重孩子的表现。随着年龄的增长,孩子越来越重视父母的态度。认真回答孩子的问题,让孩子有被认同的感受,便成为一种鼓励,鼓励孩子继续思考问题。让孩子有了独立思考的积极性以及动力。

4. 孩子想说说不出时不立刻帮说出来

孩子慢慢地学习当中,语言的表达能力依然欠缺。在这时,可以顺带培养他的语言组织能力。让孩子自己独立地去思考应该如何表达,一举两得。

5. 不打扰孩子热衷或专心的事

许多父母都会将孩子的认真思考当作玩笑,总笑话孩子像个小大人,不把孩子的认真思考放在心上。认真思考,可以令孩子的脑部发展更为迅速,正视孩子的认真,不仅是尊重孩子的表现,还是培养孩子独立思考的好方法。

6. 对孩子的“新发现”表示惊奇和赞叹

这样所谓的“附和”,带给孩子的是肯定,以赞许惊讶的目光,鼓励孩子继续发现。

7. 教孩子做事,用语言解说并要孩子复述

让孩子复述,是一个把事情传到孩子的脑中再转化成孩子的版本反馈回来的过程,可以加强孩子的注意力以及动脑的意识。

任务三　培养幼儿爱上幼儿园的习惯

一、问题引入

案例1:

小宇,3周岁,到了入园年龄,9月份正常入园。第一天妈妈领小宇去幼儿园玩了好多好玩的游戏,认识了一些朋友。第二天小宇自己开开心心进入幼儿园。可是到了第三天的早晨,小宇哭着就不要去幼儿园。第三天晚上睡觉前小宇就一直问妈妈明天用不用去幼儿园。第四天早晨起来依旧哭着吵着不要去幼儿园,更不穿衣服。几乎每天睡觉,小宇都会问妈妈明天用不用去幼儿园,只有妈妈说不用去,他才能睡着,第二天醒来第一句话就是“小宇不去幼儿园”。就这样持续了3周,小宇变得不爱说话、不爱动,总是若有所思的样子。

案例2:

今天早上,小朋友都在操场上进行锻炼,中班吴曦小朋友的妈妈带着他走进幼儿园,他上周就没来幼儿园,这周还是不想上幼儿园,他边走边哭,不肯妈妈离开,不管老师如何劝他都没有用,只要看见妈妈走了就追出去。他妈妈骂他、打他都没用。

上幼儿园是幼儿离开家庭、适应集体生活并实现社会性的重要阶段,不愿意上幼儿园是小班幼儿普遍存在的一个问题。怎样让幼儿喜欢上幼儿园呢?

二、问题分析

入园焦虑是"分离焦虑"的一种表现,所谓的"分离焦虑"是指幼儿因与家人的分离而产生的焦虑、不安等负面的情绪。分离焦虑有很多表现形式,比如:不敢一人睡觉,不敢去幼儿园,拒绝上学,时刻要求家人的陪伴,发现家人不在眼前就会害怕或哭泣等,造成分离焦虑的主要因素有以下几个方面:

(一)家庭因素的影响

1. 过度溺爱影响孩子表达能力

有些幼儿入园较早,不满三周岁,或者个别儿童语言发育相对滞后,导致幼儿因"听不懂,说不清"而抗拒去幼儿园。家长过度关爱孩子,怕风怕阳光,不出门,不与小朋友交流,日常用语都是吃包包、穿褂褂、穿裤裤等过于体现幼儿特征的语言,造成孩子的语言表达能力差,没有学会与人相处的技巧,除了自己在角落里玩玩具外,没有小朋友和他一起玩,在班上不受欢迎,造成了幼儿不喜欢去幼儿园。

2. 包办代替影响孩子自尊心

在家中家长总认为孩子小,没有训练幼儿必要的生活技能,造成孩子入园之后自己不会上厕所、吃饭、穿衣。这些基本生活能力弱的孩子在集体生活中会感到不安,感觉别人都看不起自己,自尊心受挫,也造成孩子不愿意上幼儿园。

(二)幼儿园因素的影响

有的幼儿在家没有养成好的生活习惯和行为习惯,在幼儿园里表现不好,得不到老师的表扬;有的幼儿好胜心强,特别在意老师的赞扬,一旦老师表扬其他同学,就会感到自尊心受挫,而害怕上学;有的幼儿处理不好与其他小朋友的关系,常常与小朋友吵架打闹,在幼儿园没有好朋友,因而产生有排斥幼儿园的心理。

(三)幼儿自身因素的影响

1. 幼儿的分离焦虑

幼儿由熟悉的家庭环境突然转换到一个陌生的环境,要与最亲近的家长分离,面对不熟悉的环境、陌生的人,会产生焦虑、不安、恐惧的心态,从而引起伤心、不快乐,拒绝进入新环境。

2. 孩子生活自理能力差

幼儿缺乏必备的生活技能。例如,无法自主进行大小便,尤其是大便后没有家长帮助,又不好意思求助老师,或者无法独立进餐,更是急着想要回家找妈妈。幼儿无法照顾自己的生活,会觉得幼儿园没有家里舒适。

3. 人际交往困难

有些孩子进入不熟悉的场所或见到不熟悉的人,会感到害羞或害怕,不敢跟小朋友主动交往和互动。有些孩子脾气暴躁,容易与其他幼儿产生冲突。有的幼儿没有好的行为习惯,喜欢大喊大叫,在幼儿园受到制约,或者被其他小朋友孤立。幼儿不能快速地融入集体生活,感受不到与小朋友在一起的快乐,都会造成对集体生活的拒绝。

三、幼儿教师教育策略

（一）查找问题原因

老师要细心观察，除了常见的分离焦虑之外，分析每位幼儿存在的个性化问题，找到症结才能对症下药。如案例 1 中的小宇就是典型的分离焦虑，平时胆子比较小，平时对家长就十分依赖，上幼儿园后分离焦虑造成了性格变化，甚至形成了病态。

（二）制定针对性策略

1. 温柔耐心稳情绪

当幼儿离开了家长进入幼儿园后，教师便成为他们最亲密、最值得信任的人，所以教师一定要拿出母亲般的慈爱和耐心对待刚入园的幼儿。一方面稳定幼儿不安的情绪，另一方面，与幼儿建立最初的信任纽带。多给孩子讲幼儿园有趣的事，引起孩子对幼儿园的向往。带孩子参观幼儿园，熟悉老师，熟悉环境，感受幼儿园生活的快乐，培养孩子初步的适应能力，并给孩子以鼓励，使孩子有良好的心理准备，初步理解上幼儿园的意义，能够自愿地上幼儿园。

2. 箱庭游戏促发展

箱庭疗法又称沙盘游戏疗法，是整合荣格分析心理学和东方哲学文化的精髓，使用沙盘开展幼儿游戏活动，让幼儿放松心情、融入陌生的环境。对于哭闹严重的幼儿，教师可带领幼儿来到箱庭游戏室，借助箱庭游戏，有效地干预幼儿的焦虑情绪。以沙盒为中心创造一个受保护的空间，给幼儿自由、放松、受保护的感觉，通过触摸沙盒里天然、细软的沙子，创设情境摆放玩具，释放焦虑，慢慢让幼儿情绪平静下来。

3. 梯次入园抚焦虑

“梯次入园”就是幼儿园为了帮助幼儿缓解入园焦虑，逐步适应幼儿园生活的一种渐进的方式，组织准备入园的幼儿进行入园适应，循序渐进地帮助幼儿缓解分离焦虑。

组织亲子半日活动。在小班开学前的一个月中开展亲子半日活动，教师组织家长和孩子玩点名游戏、音乐游戏、体育游戏、乐高主题搭建等动静交替的亲子游戏，达到师生、家长间彼此认识了解的目的，让幼儿对幼儿园生活产生美好的向往。

分组入园。可将班中的幼儿分为 A、B 两组，分别在上午、下午交替入园。例如，周一 A 组上午送园，B 组下午入园。以此类推，可持续两周时间，观察幼儿的适应情况。这样每半天教师都是照看一半的幼儿，无论是在安抚幼儿的情绪方面、还是在了解不同幼儿的个性特点上，都能达到事半功倍的效果。对于幼儿来说，从最初的在园内待半天逐渐到一天，能够有效地缓解幼儿焦虑的程度，减少焦虑时间。

（三）与家长形成教育共同体

（1）要让家长要意识到，孩子从家庭走进幼儿园是人生的一大转折，家长要做好充分的思想准备，与老师共同做好幼儿的入园适应工作。

（2）提示家长要与老师保持经常性联系，如果家长想了解在园表现时，可以向老师提问或查看幼儿园的家园联系簿。幼儿园老师也要主动向家长反馈幼儿在园情况。

（3）请家长教育孩子，让孩子认识到上幼儿园是幼儿成长的必经阶段，当孩子在家哭闹、不想上幼儿园时，家长耐心教育孩子，多陪陪孩子，多一些身体接触和抚慰。

四、家庭教育指导策略

（一）针对刚入园幼儿不愿上幼儿园的策略

1. 提前适应

幼儿离开父母的陪伴独自一人去上幼儿园，自己穿衣、吃饭，难免会有抵触情绪。家长要关注幼儿的情绪，提前给幼儿讲上幼儿园的事，给孩子一个心理适应期。培养孩子必备的生活技能，教会孩子自己穿衣服、上厕所。还可以邀请其他的小朋友来家里玩，营造一个宽敞的、独自玩耍的时间和空间，让孩子们知道没有父母陪伴也可以很愉快。

2. 适当嘱咐

如果些孩子仍然很不情愿，家长可以在上幼儿园的路上与孩子约定："放学的时候，就能见到妈妈了"，"再过几个小时妈妈就来看你"。让孩子知道，家长们并没有丢下自己，同时给孩子一段期许时间，有目标地等待就会感觉时间过得飞快了。

3. 适当"诱惑"

对于上幼儿园抵触比较小的孩子，家长可以用适当"诱惑"的方式建立积极的情感，让他们更愿意上幼儿园。可以告诉孩子，如果在幼儿园表现好就可以多看半个小时电视，或者获得小红花奖励，或者得到自己喜欢的零食等。孩子们就更愿意在幼儿园中表现自我，积极参加活动，与其他幼儿一起玩耍，体会到在幼儿园的乐趣。

（二）针对受批评幼儿不愿上幼儿园的策略

1. 安抚好孩子激动的情绪

哭闹的孩子是讲不通道理的，如果家长还一直强调必须去幼儿园，只会让孩子越来越反抗。首先要将孩子的极端情绪缓和下来，然后转移孩子的注意力，当孩子的情绪稳定下来之后，家长再与其沟通。

2. 反复确认孩子是否真的不想上学

很多小孩子本质上还是喜欢上幼儿园的，因为在幼儿园里有很多小伙伴一起玩耍，有滑梯、玩具等等，有在家里难以获得的快乐。孩子被老师批评了，只是一时的自尊心受挫，只要正确引导，孩子很快会想念幼儿园的快乐时光。家长可以先不谈孩子被批评的问题，而是用孩子所忽视掉的快乐引导孩子去思考，自己这样的冲动决定是否就是对的。学校里刚刚认识的小伙伴、温柔的老师、有趣的游戏等，孩子是否要真的放弃掉，引导孩子想到这些东西，孩子自己就会犹豫起来。

3. 引导孩子正视自己被批评这件事情

一般小孩子在学校里被老师批评都是因为孩子做错了事情，比如没有听从老师的安排、调皮捣蛋或者是欺负同学、抢同学东西等。家长可以听听孩子自己的陈述，让孩子说自己为什么被批评、老师如何批评。让孩子认识到老师批评是帮助自己改正错误，要反思自己错在哪里，应该如何改正，鼓励孩子通过改正错误和表现好争取老师的表扬。

五、教育评价标准

让幼儿喜欢上幼儿园是后续教育活动顺利开展的前提，一般喜欢上幼儿园的幼儿有一些共同的特征，家长们可以对照表 1-2-3 进行培养。

表 1-2-3　喜欢上幼儿园的幼儿特征

序号	评价标准	具体表现
1	喜欢幼儿园的老师	经常在家提起幼儿园的老师，喜爱、信赖自己的老师，愿意听老师的话，愿意与老师友好互动
2	喜欢小朋友多的地方	喜欢和小朋友一起玩，喜欢和多位小朋友玩集体游戏，能够在同龄人的交往中获得成就感和自信心
3	自理能力比较强	能够独立吃饭、穿脱衣服、自己上厕所，规律作息，能够听懂别人的话，能够准确表达自己的想法，能够独立管理好自己的事情
4	有独立的意识	认识到自己是一个独立的人，妈妈或者其他家人都有自己的事情，每个人都要做好自己的事情，建立初步的自主独立意识
5	比较勇敢，喜欢挑战自己	能够勇敢面对未知的、需要自己解决的问题与矛盾，能够大胆地表达自己的想法，有好奇心，对于新接触的事物有探索的欲望

思考与练习

1. 判断题

(1)入园焦虑是“分离焦虑”的一种表现，所谓的“分离焦虑”是指幼儿因与家人的分离而产生的焦虑、不安等负面的情绪。（　　）

(2)为缓解入园焦虑可以采取梯次入园的方式。（　　）

2. 单选题

绝大多数幼儿在(　　)都可能产生入园焦虑。

A. 入园的前几天　　B. 受到教师批评后

C. 刚刚入园的一至三个月内　　D. 入园第一天

3. 多选题

针对受批评幼儿不愿上幼儿园我们应该如何与家长沟通？(　　)。

A. 安抚好孩子激动的情绪　　B. 反复确认孩子是否真的不想入园

C. 让幼儿在家调整情绪　　D. 引导孩子正视被批评这件事

4. 填空题

造成幼儿产生入园焦虑的幼儿自身因素包括(　　　　)、(　　　　)和(　　　　)。

拓展延伸

“入园焦虑”通常会持续一周到一个月的时间，有的小朋友一开始便表现出焦虑和抗拒的情绪，而一些小朋友则会在几天之后出现，其持续时间也存在个体差异。那么我们可以提前采取措施减轻入园焦虑，让孩子尽快接受适应幼儿园生活。

1. 培养孩子基本的生活技能

学习自己吃饭，学习穿衣服和鞋袜，自主如厕，规律作息……甚至参与一些简单的家务劳动，提前习得幼儿园生活所需的基本能力，并尽早适应幼儿园生活。

2. 提高孩子的社会交往能力

家长可以带孩子去集体性的社交环境中,并向孩子示范如何与人交往和表达诉求。

3. 建立良好的饮食习惯

吃饭不要太重口,纠正偏食的习惯,让孩子热爱食物。

4. 提前熟悉园所环境

在正式入园前,我们可以带孩子去幼儿园周围玩一玩,有条件的话还可以在开放日时带孩子进园参观,提前熟悉幼儿园环境,让孩子知道原来有那么多小朋友在幼儿园快乐地游戏,让幼儿园给孩子快乐的初步印象,使孩子对环境和幼儿园生活产生向往,从而缓解幼儿对陌生环境的恐惧和不适应。

5. 了解园所一日生活流程

入园时跟孩子做好约定,我们几点去幼儿园,吃完晚饭的时候妈妈就可以来接你了。让孩子提前了解幼儿园生活的流程,减轻孩子因为不了解而带来的恐惧和不安。

6. 建立正式告别的仪式感

不要在进班时无视孩子的抗拒而直接将孩子推进班,要习惯在分别时候给孩子一个拥抱,并让孩子也同时给你一个吻,通过此类的行为建立告别的仪式感,给孩子的潜意识发出“要再见了”这样的信号。并在正式告别之后果断地离开,而不是趁孩子不注意偷偷跑掉,否则孩子会因为不知道妈妈去哪里,会不会来接自己,而整整一天处在焦虑当中,这样会破坏孩子的安全感和信任感。也不能依依不舍,不愿意离开,趴在窗户后面看。这样不仅会导致孩子不能很快适应,专注地做活动,还会让孩子感受到你的焦虑,而使这种焦虑传染给孩子,加重他的不安。

7. 重视离园后的交流

在离园之后,不要因为过度关切而问“今天有没有小朋友打你呀”“老师怎么对待你的,有没有骂你呢”,这样会让孩子感觉到幼儿园是充满危险的地方、不友好的地方,从而使孩子对幼儿园环境产生抗拒心理。要微笑地充满好奇地问孩子“幼儿园今天教了什么知识”“交到新朋友了吗”“有没有有趣的事情与妈妈分享呢”此类积极的问题,最后再问孩子“那你觉得有没有让你觉得不开心的事发生呢”,或通过其他方式,从中了解孩子在幼儿园是否受到了伤害。

8. 学会共情,学会蹲下来和孩子对话

蹲下来看着孩子的眼睛,告诉他,“妈妈知道你不想去幼儿园,即使有那么多好朋友,那么多玩具你也不喜欢去幼儿园,那么可以告诉妈妈你为什么不愿意去幼儿园吗?”让他知道你能够理解他,让孩子愿意和你沟通,并了解孩子不愿意去幼儿园的真正原因。

不论孩子说出怎样的原因,也请你不要说“这有什么好担心的”“有什么好想家的”“没有什么好怕的”“一定是你淘气了,老师才会批评你的”。而是要表达出你的理解:“哦,妈妈知道了,妈妈也很想你呢”,“妈妈也不喜欢××事,的确是有点麻烦”“这的确是一件不开心的事”,在进一步了解了孩子不愿意去幼儿园的原因之后再进行鼓励和正向引导。

9. 给予孩子足够的耐心

在焦虑没有解决之前,小朋友即使哭闹,也切忌用批评指责的方式,或者与其他小朋友做对比,而是要给予他足够的包容和足够的时间去接纳这件事。

任务四　培养幼儿坚持不懈的习惯

一、问题引入

案例1：

早上，宁宁来到美工区，刚画了一笔，就着急地拿给我看，为了鼓励他继续地画下去，我对他说：画得真不错，好好画，涂上颜色一定好看。过了一会儿，旁边的几个小朋友拿着折好的小手工来向我展示，他看见了，于是很激动地说：我也会，一会儿我给你折一个！说着把他未完成的画丢到了一边，忘记了去收笔，忘记了自己正在做的事情。一会儿，看到别的小朋友下棋发生争执，宁宁就又跑过去了，这样反反复复很多次，区角活动结束了，他的画还没有完成。

案例2：

森儿在幼儿园时，参加了一次学校的舞蹈表演，之后她就对舞蹈产生了浓厚的兴趣，于是妈妈给她报了课外的舞蹈兴趣班。舞蹈老师也经常夸奖森儿是最优秀的那一个，森儿也在舞蹈中增长了自信心，越发喜爱舞蹈。儿童成长基因检测结果显示：森儿在舞蹈方面天赋过人，但毅力方面是需要注意提升的点。妈妈说森儿小时候毅力确实不算太好，舞蹈基本功枯燥又辛苦，舞蹈刚学3个月就出现了第一次的松懈。比如在练习画圈、下叉、大踢腿等基本动作时，会觉得太辛苦，而且那段时间又迷上了画画，就旷课了好几次。在妈妈的坚持和劝解下，她又继续练习了。如此往复中断大概有三四次，后面得到的鼓励越来越多，登台表演的机会也逐渐增多，她也慢慢地习惯和享受了这种感觉，就一直坚持到现在。

坚持不懈是个体优秀的意志品质，是个人完成学习、工作、事业都需要坚持不懈的恒心和毅力。有的幼儿缺乏坚持不懈的“持久力”，做事情半途而废。容易受到他人的影响，遇到不会做的事就立刻放弃或请求别人帮助，即使在自己感兴趣的活动中也难以坚持到底。怎样培养幼儿持之以恒、坚持不懈的良好品质呢？

二、问题分析

（一）家庭因素的影响

孩子做事“爱放弃”、缺乏耐心、急躁，在很大程度上是受家人的影响。网络在生活中的普及、生活节奏的加快，让很多人越来越浮躁，能够安静地在家中读书、绘画、书法、下棋等的家长越来越少，家长自身的浮躁情绪会让孩子耳濡目染，无形中影响孩子坚持不懈品质的发展。有暴力倾向的动画片、玩具，会激发孩子的浮躁情绪，对其注意力的发展有很大阻碍作用，进而影响幼儿的坚持性。因此家长为孩子选择书籍、动画片等电视节目、玩具时要格外注意。

（二）幼儿园因素的影响

幼儿园中幼儿多、玩具多，幼儿的活动很容易受到其他幼儿的干扰。幼儿园的活动一般都有固定的时间，到了结束时间，幼儿即使没有做完也会被老师打断，如果老师缺乏引导意识，敷衍地说“没关系，以后再做”，幼儿就会认为没做完也没有关系，长此以往影响了幼儿坚持不懈品质的形成。

（三）幼儿自身因素的影响

1. 急于求成

幼儿在开始做事情时往往精力充沛，但是做了一段时间后发现达不到自己想要的效果便会放弃。

2. 意志力薄弱

对正在做的事情兴趣不够强，缺少完成的动力，缺乏时间观念，个体的自我控制能力不够强，缺乏一定的自律意识，特别是遇到困难时更容易放弃。

三、幼儿教师教育策略

（一）查找问题原因

幼儿意志品质的形成既有共性也各具特殊性，教师要深入观察幼儿的表现，综合多方面因素查找存在问题的原因。如案例 1 中的宁宁是幼儿园中常见的缺乏坚持不懈品质的例子，在区域活动中规则意识较差，自我意识不强，意志薄弱。案例 2 中的淼儿也出现了意志薄弱现象，没有准确把握自己的兴趣点，急于求成，缺乏吃苦精神，在舞蹈基本功阶段遇到困难时出现意志力薄弱，幸好有家长的帮助得以坚持下来。

（二）制定针对性策略

1. 从兴趣点出发强化幼儿的成就动机

幼儿做事放弃的主要原因是缺乏成就动机，不知道自己想要什么，不知道自己坚持后会取得什么结果，没有体验过坚持不懈取得成功后的喜悦。可以从幼儿感兴趣的活动入手，让幼儿在一段时间内保持专注，做成一件事情，增强幼儿只有坚持才能获得成功的人生体验，让幼儿体验到坚持不懈的快乐。

2. 通过规则培养坚持不懈的意志

给幼儿做事制定规则，让幼儿有意识地约束自己，提高自我控制力和毅力。如针对案例 1 中的宁宁，在活动前给幼儿讲清规则，要求每位幼儿完成自己的作品，完成后会获得奖励，这样幼儿就会关注自己的作品，专注做自己的事，直至完成自己的作品。

3. 帮助幼儿提高克服困难的勇气和能力

老师要善于创设挑战性情境，让幼儿面对这样或那样的困难，鼓励幼儿想办法克服困难，教幼儿解决克服困难的方法，当幼儿出现放弃或退缩苗头的时候及时帮助，鼓励幼儿做事有始有终、坚持到底，让幼儿体验通过自己努力克服困难的快乐。如案例 2 中的淼儿，首先要了解她内心的真实想法：是胆小，是害羞，是不自信，还是不感兴趣等，然后抓住机会鼓励她，最终让她明白遇到困难时，只要自己坚持努力就一定会成功。

4. 发挥赏识教育作用正面强化

赏识教育是帮助孩子培养良好习惯的一种手段，是使孩子坚持下去的最大动力。教师经常用赏识的眼光看待幼儿的点滴成绩，哪怕是细微的尝试，鼓励幼儿敢于尝试，在幼儿遇到困难时给予指导和帮助，使孩子获得成功的体验。如案例 1 中的宁宁我们可以说："如果你能够画完，并涂上颜色，一定会好看，老师特别想看到你画完的画，可以满足老师的愿望吗？"。

（三）通过家园共育培养坚持不懈的品质

幼儿的健康成长离不开家庭和幼儿园的互相支持和协作。幼儿坚持不懈品质的培养是一项长期而重要的任务，幼儿正处于好动、好奇、可塑性强的关键时期，老师和家长要共同营造良好的教育环境，为孩子提供更多的自我锻炼机会，从小做起、从小事做起，培养幼儿的优良品质。

四、家庭教育指导策略

（一）更新家长的教养观念

1. 计划得当

当家长发现孩子做事放弃的时候，要先诊断是不是超出了孩子注意的持久时间，如果超出了幼儿的能力范围，家长还一味要求、责备，会让孩子对这件事情失去兴趣，挫伤孩子的自信心。家长可以帮助孩子做计划，例如：孩子想用积木搭一座城堡，城堡很复杂短时间内完成不了，家长就可以帮助孩子把任务分解，分几次来搭，每次完成了当天的任务就可以去做别的事情，这样做也许要用一周的时间才能搭好城堡，但是却能激发孩子的成就感和自信心，也让其学会如何面对复杂的任务。

2. 合理安排过渡环节

当孩子需要从一个情境转移到另一个情境时，父母要合理安排两者间的过渡环节。比如：孩子刚在户外玩完滑梯，回到室内马上要求他们静下来画画，这是很难做到的。此时，我们可以选择一种过渡来帮助孩子适应这种跨度大的情境转换，比如先根据绘画的内容讲个小故事、看个动画片、做个小游戏等等，进行这种参与性不强的活动，让孩子把情绪缓和下来，然后再进行相对比较安静、需要主动积极参与、注意力集中的绘画活动，这样孩子会更容易接受，也不会因为难以适应而放弃。

3. 甄选优质资源

孩子接触的事物也会影响其注意力品质的发展，有暴力倾向的动画片、玩具会激发孩子的浮躁情绪，家长为孩子选择书籍、动画片等电视节目、玩具时要格外注意。尤其在给孩子选择兴趣班时，一定要结合孩子兴趣，并要求孩子坚持下去。

（二）指导家长科学育儿

1. 环境熏陶法——建立主题活动氛围

孩子所在的环境不要过于“热闹”，要突出每次活动的重点。倘若环境中存在太多颜色新鲜、有声响、会动的玩具、书或其他事物，就会分散孩子的注意力。例如：给孩子讲故事的时候，身边最好不要再有孩子格外喜欢的玩具。

2. 兴趣诱导法

家长要能够分享孩子的喜悦，体谅孩子的辛苦，用欣赏的眼光看待孩子，不断地激励孩子，这样孩子就会在温暖与欣赏中越来越有兴趣与自信心。对于孩子在学习中出现的问题，家长要耐心与孩子共渡难关。可以根据孩子的兴趣，帮助他们提高技能，提高克服困难的勇气，培养勇敢和坚持不懈的良好品质。

3. 暗示提醒法——多与孩子沟通

孩子对正在学习的兴趣班丧失兴趣，很可能是在逃避困难。任何一个兴趣班的学习在新鲜感之后，都会进入一个相对枯燥的阶段，重复某一个动作，或者学习的知识、动作越来越难，或者被教师批评，就会让幼儿产生逃避、放弃的想法。家长要及时关注孩子的情绪，经常性地沟通和鼓励，陪伴孩子克服一个个困难。

4. 活动探索法——组织游戏活动

家长要抓住游戏时机进行教育，创造“困难”情境让幼儿去适应，主动创设的“困难”情境更具有预防性和针对性，能弥补自然情境的不足。比如，让三岁幼儿独自去选择游戏玩具，为四岁幼儿设置“障碍”训练，让五岁幼儿独自包饺子等等。这样的“困难”情境可以依照场地而变化，让孩子懂得如何解决问题，而不是退缩。正如教育家陈鹤琴所倡导的“做中教，做中学，做中求进步”。

5. 榜样示范法——树立身边的榜样

幼儿最喜欢模仿，也容易受暗示。很多孩子的兴趣班，大多是因为家长的不能坚持而放弃的，其实最考验家长的是接送问题。不论工作多忙多累，都要踩着时间回家，有时还不一定能吃上饭；不论是刮风下雨、酷暑严寒；不论家长头疼脑热：不论路途远近，都必须坚持准点接送孩子上兴趣班，家长的坚持是对孩子最好的教育。

6. 及时鼓励法——让孩子充满信心

六岁之前的幼儿还没有形成完全的自我评价体系，他们的评价是建立在教师及家长对自己的评价基础之上。如果经常受到批评，孩子会处于心理消极状态，如果经常得到鼓励，孩子才能在困难面前淡化和改变受挫意识，获得安全感和自信心。既要让幼儿体验成功也要体验失败，让胜不骄败不馁的道理。建立幼儿的积极心态。

五、教育评价标准

坚持不懈是学习和工作必备的优秀品质，怎样判断幼儿的品质形成情况呢？请对照表 1-2-4。

表 1-2-4　幼儿坚持不懈品质的评价标准

序号	评价标准	具体表现
1	做事专注	完成任务的过程中能够集中注意，不容易被干扰或感到沮丧等
2	目的性强	清楚知道自己想要什么，对结果有较强的获得动机
3	勇敢	遇到困难不退缩
4	关于思考	能够想办法解决困难，当一种方法无效时能够尝试新方法
5	有时间概念	不拖延

思考与练习

1. 填空题

(　　)是坚持性发展的关键期。

2. 多选题

坚持性差的幼儿，做事情往往(　　)。

A. 半途而废　　B. 不停地更换玩具

C. 容易受外在影响　　D. 自己感兴趣的活动不容易放弃

3. 单选题

针对幼儿专注力不足，以下选项中教师哪些做法是不科学的？(　　)。

A. 发挥赏识教育作用，为培养幼儿坚持不懈的习惯提供原动力

B. 通过游戏中的规则意识培养坚持不懈意志

C. 创设挑战性情境，提高克服困难的勇气

D. 通过提高声音引起幼儿注意

4. 判断题

(1) 幼儿从户外玩完滑梯回到室内，马上要求他们静下来画画，这是很难做到的。(　　)

(2) 幼儿由于年龄小能力有限，做事难免会遇到这样或那样的困难，容易产生退缩行为，随着

年龄增长坚持力就会逐渐增强，不用刻意培养。（　）

拓展延伸

坚持不懈品质的形成对幼儿的终身学习与发展有着深刻的影响。坚持不懈品质在幼儿生活习惯的养成中表现为以下几点：

(1)每天坚持按时上幼儿园；

(2)每周坚持剪指甲；

(3)坚持饭前便后自觉洗手；

(4)按需饮水，自己端饭，用餐不讲话、不挑食；

(5)餐后坚持用毛巾擦嘴；

(6)敢于尝试有一定难度的活动和任务；

(7)主动承担任务，遇到困难能够坚持而不轻易求助；

(8)对自己感兴趣的问题总是刨根问底；

(9)午睡时坚持整理好自己的衣物，并尽快入睡；

(10)专注地反复看自己喜欢的图书；

(11)能够专心地观看自己喜欢的文艺演出或艺术品；

(12)起床后自己穿衣，整理好服装；

(13)根据天气情况灵活穿脱衣服等。

任务五　培养幼儿的抗挫折能力

一、问题引入

案例：

一位叫果果的小女孩，很喜欢画画，三岁左右的时候就让家长打印出来各种人物、动物的简笔画，不知疲倦地涂色；后来还自己画各种的人物和动物，于是她妈妈就给她报了一个美术培训班，她兴奋得不得了，终于等到周末第一节课，看着一盆花，在老师的指点下，用了2个小时左右，画出了第一幅作品，画得也不错。回家以后，老师发了一张海棠果的照片，照着画，果果就发愁了，来来回回画了三张，都不满意，最后自己把自己给气哭了。

生活中还存在许多类似现象：有的幼儿难以接受家长或者教师的批评，情绪低落，消极情绪会持续很久；有的幼儿在比赛、竞争时，如果落后于其他的小朋友，就会特别难过，难以接受这样的结果；有的幼儿遭受到同伴的“嘲笑”“讥讽”时，自己会生闷气甚至大哭好久，导致不愿意参加集体活动。

抗挫折能力是个体在遭遇挫折情境时，能否经得起打击和压力，有无摆脱和排解困境而使自己避免心理与行为失常的一种耐受能力，即个体适应挫折、抵抗和应付挫折的一种能力。金无足赤，人无完人，每个人在生活中都会遇到挫折，抗挫折能力弱的人容易消沉、自暴自弃，有的甚至出现极端行为。如何培养幼儿的抗挫折能力呢？

二、问题分析

当今社会，人们的自我意识不断加强，追求自我价值的期望值不断提升，因而挫折感也在不断增强。如果不能正确看待并有效疏解会产生心理问题。近年来,青少年心理问题增多,培养抗挫折能力是幼儿健康成长的必要保障。造成幼儿抗挫折能力弱的原因主要有以下几个方面:

(一)家庭因素的影响

1. 各方面的压力使孩子变得脆弱

每位家长都希望孩子要强上进、学业进步,但是忽略了孩子意志力的培养。家长的高期望值对孩子造成了无形的压力,极力想证明自己,让别人肯定自己,又害怕做不好让家长失望,这种患得患失的心理增强了孩子的挫折感,形成了脆弱的"玻璃心"。

2. 难以达到家长的严要求和高标准

大多数有完美倾向的孩子都是由于家长的标准太高,对孩子的要求过于严格,对孩子犯下的错误经常批评、打击,孩子会下意识地寻找自己的问题,认为自己没有办法克服困难,没有办法达到要求,情绪上就会崩溃,只能选择逃避,产生严重的自卑心理,造成焦虑、抑郁的心理症状,抗挫折能力越来越弱。

(二)幼儿自身因素的影响

1. 幼儿自我攀比心理

任何人都会存在一定程度的攀比心理,看到其他小朋友比自己强的时候,幼儿会产生一种嫉妒的感觉,这种感觉会降低幼儿的自信心,不愿意面对现实。

2. 幼儿心智发育不够成熟

幼儿抗挫折能力比较弱,主要是因为幼儿的心智发育不够成熟造成的。在面对困难时,幼儿由于认知的差异,不能够准确把握困难的难易程度,往往会夸大问题的难度,认为自己能力达不到,贬低自己应对困难的能力。

3. 幼儿自我要求太高

幼儿对自己的要求非常高,没做好便会非常自责,然后就不断否定和反思自己,表现出很高的自觉性,而对于他人提出的要求,也会努力去完成。这种幼儿的表现在心理学上属于"完美型人格",即对于自己的目标追求趋于完美。通常拥有完美型人格的孩子心里都有一条底线,他们认为自己做任何事情都必须是完美的,继续保持完美才会被爱,才会被关心。

三、幼儿教师教育策略

(一)查找问题原因

首先幼儿教师和家长沟通了解情况,并结合平时观察,找出幼儿出现抗挫折能力弱的主要原因。例如,本任务案例中果果抗挫折能力弱的主要原因有两个方面:一是平时家长要求过高。老师家访时看到,果果被要求给来宾表演节目——背诵古诗《咏柳》,由于胆怯和紧张,果果声音小而且还出现了忘词的现象,小脸红彤彤,不知道如何是好,很尴尬,这时候,妈妈却表现出强烈的不满,嘴里还说着:"不是教了你很多遍了,怎么还不会?";二是果果自我要求太高。果果平时在各方面的表现都比较优秀,在舞蹈班里是跳舞最好的,在幼儿园里也是老师经常表扬的对象,在果果的心里,她必须做到最好,特别怕让老师、家长失望,很难接受做不好、不完美。

(二)制定针对性策略

1. 对幼儿进行专题抗挫折教育

教师要有意识地培养幼儿的抗挫折能力,通过主题教学活动有目的、有计划地教育。例如,可以利用绘本《我想赢也不怕输》《面对困难》等，让幼儿知道成功和失败都是正常的，要敢于面对现实，敢于克服生活中的困难，要坚强、勇敢、能够突破自己。

2. 利用游戏活动增强幼儿的抗挫折能力

幼儿教师在组织教学活动或者游戏时，故意给幼儿创设不同难度的障碍，激发幼儿参与活动的积极性，让幼儿既体验成功也体验失败，引导幼儿如何从失败中汲取经验克服困难，培养幼儿的坚韧和毅力。

（三）与家长形成教育共同体

教育需要各方合作，家庭、幼儿园乃至社会都承担着重要的责任。教师需要积极主动观察幼儿在幼儿园中的表现，及时和家长做好信息的沟通和反馈。家长也需要积极配合幼儿园的工作，实现通力合作。双方及时沟通配合，在各种活动中培养幼儿的意志力，增强幼儿的抗挫折能力。

四、家庭教育指导策略

（一）更新家长的教养观念

家长要转变教养观念，把孩子作为一个独立的个体看待，接受孩子成长过程中的失误和不完美，陪伴孩子经历人生成长的成功与失败。家长要掌握最近发展区理念，认识到过高的要求和标准对于孩子产生的压力，适度的压力才能帮助幼儿健康成长。不要把自己的高期待强加给孩子，以平常心来看待孩子的成长。哪怕遇到困难、遭遇失败，家长也要让幼儿明白，在人生路上都是很正常的，只要我们努力克服困难、尽力就可以了。

（二）指导家长科学育儿

1. 环境熏陶法——营造良好的抗挫折环境

家长应该尊重孩子，如果孩子是完美型人格，又表现出抗挫折能力弱的状态，家长要采用积极的措施。例如，果果的家长在果果产生消极情绪的状态下，要首先安抚果果的情绪，帮助果果分析哪些地方存在困难，共同想办法，把果果认为的“大困难”分解为一个个可以克服的“小问题”，帮助果果一个个克服，让果果认识到遇到困难要想办法，即使努力后没有达到自己想要的结果也没有关系，爸爸妈妈依然还是爱她的，让孩子有安全感，家长的爱不会因为她的失败而消失。

2. 暗示提醒法

需要家长积极关注幼儿的情绪，陪伴孩子的成长，在孩子不能坚持或问题出现苗头时及时提醒。让幼儿认识到每个人都会遇到各种各样的挫折和困难，重要的是我们要找到克服困难的方法，而不是难过哭泣或者放弃。

3. 活动探索法

家长要让孩子参加劳动，舍得让孩子吃苦受累，对孩子进行吃苦耐劳的训练。如果孩子喜欢跑步，家长可以带着幼儿一起跑，每次规定一定的距离，当孩子不想跑了，鼓励他坚持哪怕走着也要坚持下来，体育运动有减压的作用，对提高幼儿抗挫折能力有积极作用。

4. 榜样示范法——为幼儿树立榜样

帮助幼儿建立抗挫折的榜样，很多幼儿喜欢自己的励志偶像，家长可以搜集这些偶像的抗挫折故事，让孩子对照偶像的行为，向偶像学习。比如，针对果果的这种情况，家长可以给果果讲邓亚萍和乒乓球的故事，帮助果果树立抗击挫折的信心。

5. 及时鼓励法——正面强化

家长的鼓励是幼儿成长过程中不可忽视的重要因素，家长不要吝啬对孩子的鼓励和表扬。当幼儿通过努力克服了困难，取得了进步时，一定给予孩子及时的肯定和鼓励。这样可以增强幼儿克服困难和抗挫折的成就感。

五、教育评价标准

能够以积极的心态面对生活，勇敢地面对挫折，对每个幼儿都至关重要，怎样判断幼儿抗挫折能力的程度呢？请对照表 1-2-5。

表 1-2-5　幼儿抗挫折能力评价标准

序号	评价标准	具体表现
1	遇到问题不哭闹	能够面对现实，正确看待挫折，有效控制情绪，不哭闹，保持积极的心态
2	遇到问题不妥协	不会轻易放弃，不轻易退缩和妥协，尽管一开始也不知道应该解决问题，但依然表现出顽强的一面，会坚持想办法解决
3	想办法自己解决问题	有较强的内心承受能力，遇到事情不慌张，能够按照自己的想法尝试解决问题，必要时请家长或老师帮助
4	敢于承认错误、接受批评	敢于承认错误，接受批评，不会推诿责任、逃避惩罚，能够反省自身的错误，主动做出改进
5	能很快摆脱消极情绪	虽然一开始会出现消极情绪，但能够控制自己不发脾气，不哭闹，能调节自己的情绪，让自己从消极情绪中摆脱出来

思考与练习

1. 判断题

家长对幼儿要求过高可能是幼儿抗挫折能力弱的原因。　　(　　)

2. 单选题

(1)果果多次因训练失败而难过，家长应该积极关注幼儿的情绪，提醒幼儿每个人都会遇到各种各样的挫折和困难，重要的是我们要找到克服困难的方法，而不是一味地难过哭泣。这体现了家长在引导幼儿抗挫折能力方面，采用(　　)。

A. 环境熏陶法　　B. 暗示提醒法　　C. 活动探索法　　D. 榜样示范法

(2)很多幼儿喜欢自己的励志偶像，家长需要搜集一些关于孩子偶像生活中抗挫折的故事讲给孩子听，并且当孩子行为出现问题时，将孩子的行为和偶像的行为进行类比，增加孩子对励志偶像行为的认可，同时引导幼儿向偶像学习。这体现了家长在引导幼儿抗挫折能力方面，采用(　　)。

A. 环境熏陶法　　B. 暗示提醒法　　C. 活动探索法　　D. 榜样示范法

(3)下列不是幼儿抗挫折能力强的表现的是(　　)。

A. 遇到问题哭闹　　B. 遇到问题不妥协

C. 想办法自己解决问题　　D. 敢于承认错误、接受批评

3. 简答题

简述幼儿具有良好的自信心的表现。

拓展延伸

幼儿拥有良好自信心的表现

1. 勇于承认错误

孩子不愿意承认自己不小心弄坏了其他小朋友的玩具，这种行为，实则都是不自信的体现。犯错和认错本身就是生活中的普通事件，而且所有人都会犯错。如果不能正确面对犯错，就不能坦然认错。这实则是对自己的一种否定，不能接受自己的不完美。而真正有自信的人，会有很强的自我意识，当不小心犯错时可以谦虚和坦率地承认。

2. 主动寻求帮助

寻求帮助实则也是接纳自我的一部分，它说明一个人对自己的认知是具体、可靠和清晰的，能够承认自己的不足。在某些情景下感到自己力不从心是很正常的，没有人能够在所有领域都非常出色。有一些幼儿，他们要求自己在什么方面都做得很好。他们会担心，如果自己不能踏平前方所有的路，那么自己是失败的或是不招人喜欢的。其实，一个自信的人会专注于“我可以成为谁”，而不是“我注定要成为谁”并为了那个注定要成为的人，而陷入困难不能自拔。

当你主动寻求他人的帮助，意味着你接受了自己在某些领域的不足甚至一无所知，但你想要成长，而不仅仅是完成短期目标。

3. 坦然面对自己曾经的错误

解决错误和因为错误而带来的后悔，是让一个人比较纠结的：一面不想否认自己犯下的错误；另一方面，自己并不想要沉迷在“悔不该当初”中迷失自己。所以，如何平衡这两者，实则是自信心足够强和自尊水平的体现。当我们可以反思自己过去的错误，并且不会沉浸在后悔情绪中时，意味着我们情感上的成熟和自我意识的强大。

4. 靠理智做决定而非情感

幼儿下决心做某件事的原因，也能够体现出他的自信程度。如果能够情绪稳定地做事情，说明对自己的思维是自信的。虽然也许决定下了之后也会有问题、遇到困难或是产生失误，那么他们也会做好准备。如果下决定往往是通过直觉或是他人的情感因素，这往往是一种被动式的决定。一旦出了问题，还可以归咎于直觉或是可以说，自己至少满足了他人的情感需求。

任务六　培养幼儿做事的计划性

一、问题引入

案例：

丁丁是小三班的一名幼儿，平时做事粗心和马虎，经常会丢失家的钥匙，丢失自己的零用钱，丢失喜欢的玩具等；爸爸妈妈嘱咐他的话，他也总是记不住。在幼儿园中，他也经常出笑话，有一次要离园时，老师让大家整理自己的衣物和书桌，就在大家都穿戴整齐的时候，丁丁焦头烂额地在找东西,急得一头汗,李老师走到丁丁身边,询问他在找什么,他带着哭腔说:“我的小球找不到了,这是茗茗姐姐给我的,我最喜欢的,我不能丢,要不妈妈会批评我的……”李老师了解情况后问:“你把小球放到哪里了?”丁丁说:“不知道。”之后在丁丁的床上找到了,原来中午休息的时候,丁丁把小球带到卧室,和红红分享了自己的小球,但是他却忘了。

做事粗心、缺乏计划性的毛病,如果在幼儿时期得不到纠正,将对日后的学习及生活形成制约,幼儿做事缺乏计划性的表现有:做事丢三落四,没有条理,总比其他小朋友容易出错;玩具玩完就随便丢在那里,又去做别的事,不能物归原位;自己的东西总是在需要的时候找不到,不知道上次使用完放在了哪里;早上睡觉起来,总是找不到袜子、外套等,在家里到处找,耽误宝贵的时间。如何培养幼儿做事有条理、有计划的良好品质呢?

二、问题分析

幼儿做事缺乏条理和计划,不能按照步骤完成,原因主要有以下几个方面。

(一)家庭因素的影响

1. 家庭环境不利于孩子计划性发展

任何幼儿存在的问题都可以在家庭环境中找到影子,居室是否干净整洁?家中的物品摆放是否整齐有序?家长是否也存在丢三落四、找不到物品的行为?家长对幼儿的计划是否提过要求或进行过训练?都会影响到孩子做事的风格。

2. 家长的示范作用

父母做事是否有条理和计划性,日常讲话是否有逻辑性,都会对幼儿起着示范作用。如果家长对幼儿的提问有逻辑性,也会认真有条理地进行回应,家长做事能够提前规划、步骤清晰,家庭生活有条不紊不忙乱,幼儿看在眼里也会模仿。当幼儿看家长整理有序时,幼儿整理自己的书包时,也会琢磨怎么能够放整齐。

(二)幼儿园因素的影响

教师做事是否有条理和计划也会影响幼儿。例如,教师为了完成教学目标,将活动安排得太紧凑,不能切实考虑到每位幼儿的兴趣和接受能力,整个过程忙乱无序,幼儿就会认识忙乱是正常现象。如果教师对幼儿没有提出明确要求或对幼儿有意进行训练,幼儿对计划性就缺乏认识,不知道做事还要事前计划。

(三)幼儿自身因素的影响

1. 幼儿自我生理发展不完善

幼儿大脑神经发育不完善,往往出现神经系统的兴奋导致计划性不强,需要家长注意引导并进行训练,帮助幼儿制定目标、梳理做事的步骤,训练孩子做事的逻辑性。如果幼儿发育过程中出现营养不平衡或者身体缺少微量元素,也会导致丢三落四的毛病。

2. 幼儿自我控制能力不足

幼儿做事计划性差,也与外界干扰有关。如果幼儿在做事的时候,被别的事物吸引,可能忘记了自己正在做的事情,或者急于做完手头的事情,就容易形成丢三落四的毛病。或者幼儿正在按照自己的节奏做事情,教师或家长认为孩子做得慢强行打乱原有的程序和节奏,孩子反而不知道应该怎样做,形成认知混乱。

三、幼儿教师教育策略

（一）查找问题原因

做事的计划性是幼儿深层次的学习品质，不容易被识别，教师要细心且长时间观察，并与家长深度沟通，查找原因。例如，教师通过细心观察和家访，发现本任务案例中丁丁缺乏条理性的主要原因有：

1. 与幼儿的兴趣有关

丁丁并不是所有事情都马马虎虎，在做自己感兴趣的事情时非常认真专注，有条理、有计划，而在自己没兴趣、不关心或者家长要求的事情上，存在严重的敷衍现象，不用心去做事。

2. 外在环境影响

丁丁活泼好动，容易受外在环境的影响。例如，有的时候在收拾玩具，突然被零食诱惑，就回去吃零食，忘记收拾玩具这件事。

3. 任务太多

家长给丁丁安排了太多的活动，每件事都没有留给孩子足够的时间，丁丁经常是这件事没做好就急着做下一件事，经常处于匆忙的状态。

4. 家长包办让孩子缺乏规划的意识

丁丁玩完的玩具总有奶奶跟在后面收拾，习惯了把玩具直接扔在那里。上幼儿园之前，每天早晨是妈妈找衣服给丁丁穿好，丁丁没有形成自己整理衣服的习惯和意志。家长认为丁丁上了幼儿园就长大了，应该自己整理物品，但没有对丁丁进行过训练，没有给孩子适应期。

（二）制定针对性策略

1. 利用集体教学活动进行专题训练

教师以培养幼儿做事的计划性为主题，创设系列教学活动。如利用绘本《不穿靴子的猫》《不慌张，有计划地做》开展社会领域教学活动，或者布置《慢慢做》的游戏场景，引导幼儿在活动中学会说话做事的逻辑，让幼儿知道做事要有条理和计划，帮助幼儿学会如何做到有条理和有计划。

2. 采用暗示提醒法和鼓励法

教师要引导幼儿做事讲求计划，当幼儿做不到时要及时提醒，幼儿取得进步要及时表扬。如在组织观察活动前，组织幼儿制定观察计划，给幼儿明确要观察什么，怎么观察，并通过语言引导："请小朋友们认真观察和思考，第一步应该怎样做，接下来应该如何做"等。

（三）与家长形成教育共同体

有些家长采取强硬手段，用严厉的态度、责骂等办法强迫孩子"按照计划做事"，这样会适得其反，孩子会产生抵触心理。做事的计划性是有一定难度的深层次品质，不是一朝一夕就能做到的，需要一个培养强化并形成习惯的过程。需要家园携手，共同制定策略、共同实施、共同监督，坚持不懈地培养和强化，直至幼儿形成习惯。

四、家庭教育指导策略

（一）更新家长的教养观念

要让家长充分认识到培养幼儿做事计划性的重要意义，通过微信公众号、家长会等方式，向家长介绍相关知识和培育技巧。也可以让家长自主查询计划性培养的知识：计划性不好的幼儿会怎样，计划性的培养对幼儿发展的影响。让家长掌握先进育人理念,能够科学指导自己的亲子教育实践。

(二)指导家长科学育儿

1. 环境熏陶法——营造良好的家庭环境

家长要营造一个良好的家庭环境,居室干净整洁,物品摆放有序,常用的物品放在固定的地方,居室布置井井有条。家长也要有意识地在孩子面前展示做事的计划性,例如与幼儿共同讨论出游计划、作息计划等。

2. 活动探索法——固定的整理程序

在日常活动中强化幼儿思维的逻辑性和做事的条理性,固定的程序就是一直重复,这样可以加深记忆,最终成为自己的习惯。每天晚上都在规定的时间写作业,在把作业完成以后,整理好自己的玩具、衣服等,坚持一段时间就会形成习惯。

3. 暗示提醒法——列清单提醒孩子

在孩子经常看到的地方贴上清单,在清单上面写明每天要用的东西和要做的事情。也可以在家门口贴一个清单,让孩子在出门之前思考一下,是不是把所有的东西都带齐了?

4. 榜样示范法——给物品固定位置

家长需要树立良好的榜样,把东西分门别类地放好,把同一种物品放入相同的位置,也可以购买一些可以加标签的收纳盒,方便物品取用。

5. 及时鼓励法——正向强化

幼儿的成长离不开家长的及时鼓励,尤其是幼儿计划性养成更需要家长给予积极的情感关爱和鼓励,在日常生活中,当幼儿有条理、有计划地完成任务时,家长就要及时鼓励,强化幼儿的良好行为。

6. 适当惩罚法——丢物品承担责任

让孩子承担粗心的后果,加深孩子的记忆。比如,上幼儿园遗忘了必须的物品,家长不帮忙送,让孩子体验到丢落物品的不方便;文具不见了,让孩子自己攒零花钱买新的。尴尬的经历能够强化孩子记忆,帮助幼儿改正缺点。

五、教育评价标准

做事有条理、有计划以及细心沉稳是促进幼儿成长的优秀品质,对于幼儿来说,什么是良好的计划性习惯呢?请对照表1-2-6。

表1-2-6　计划性的纬度

序号	评价标准	具体表现
1	听觉有计划	听觉的逻辑顺序:先听见、再听清、再理解、再行动
2	视觉有计划	视觉的逻辑顺序:先看见、再看清、再思考、再行动
3	计划的持久性、稳定性	能坐得住,专注做事;能做得好,形成成果
4	计划的广度	不丢落物品,做不完、做错事情的现象少
5	计划的转移	能够自主转移注意力,做事注重重点,不分心
6	计划的分配	能够边听、边想、边看,能够多感官协同
7	情绪自控能力	情绪稳定,自控力强,能够有效调节自己的情绪

思考与练习

1. 单选题

(1)有些幼儿自己的东西总是在需要的时候找不到,有些幼儿早上睡觉起来,总是找不到袜子,外套,这主要体现幼儿缺乏(　　)。

A. 自信心　　B. 计划性　　C. 耐心性　　D. 坚持性

(2)先听见、再听清、再理解、再行动,是指幼儿(　　)方面的有计划。

A. 视觉　　B. 计划的广度　　C. 听觉　　D. 计划的深度

(3)不丢、不落、不错,是指幼儿(　　)方面的有计划。

A. 视觉　　B. 计划的广度　　C. 听觉　　D. 计划的深度

2. 判断题

(1)先看见、再看清、再思考、再行动,是指幼儿计划的深度。(　　)

(2)幼儿自我生理发展不完善和幼儿自身定力不够,容易受到环境的影响,这些都是造成幼儿计划性缺失的自身因素。(　　)

拓展延伸

做事具有计划性对儿童的影响

1. 活跃孩子的大脑思维,让孩子变得更聪明

孩子如果拥有计划性,在遇到生活中出现的任何问题时,孩子都能在脑海中罗列事情的起因、经过、结果,发展到现在这个地步的原因,解决的办法等等,这样就能够活跃孩子的大脑,调动孩子脑内思考能力。孩子罗列的缜密计划就可以让大脑飞速运转,让孩子更加聪颖。

2. 让孩子变得善于思考,能够举一反三

计划性强的孩子就比较擅长思考,通过细枝末节的判断,对话语的敏感性,抓住做事的规律性,就能够举一反三。

比如当孩子在做简单数学题的时候,数学的题目永远不止一种解法,逻辑思维能让孩子在题目的字眼间找到要点,提取需要的公式进行套用,通过拔丝抽茧,成功解题,解法还能更多。

3. 看待事物具有客观性

拥有计划性的孩子往往更加地理性,在有外物干扰的情况下,受情绪的影响比较小,也更能客观地处理遇到的问题。比如在遇到难以处理的坏事时,有些孩子只会迷茫无助,不知道怎么办,但计划性强的孩子就可以通过观察,思考解决的办法,而不是像只无头苍蝇。

任务七　培养幼儿的耐心

一、问题引入

案例:

丫丫马上四岁了,还总是好着急,做事经不起一分钟的等待,没有一点耐心。等公交车,她一遍遍问:“妈妈,公交车什么时候来啊?”在超市排队结账,她一遍遍催着问:“妈妈,什么时候轮到咱们啊?”烤面包的时候,她更是一分钟问三遍:“妈妈,面包烤好了吗?”。还没到饭点,丫丫嚷着饿了。我说煮两个鸡蛋给她吃。刚把鸡蛋放锅里,水还没烧开呢,她就蹭到我面前:“妈妈,鸡蛋好了吗?”我哭笑不得:“你以为咱家的锅是魔法锅呀,食物放进去,立马就煮熟啦!”。

有些幼儿脾气暴躁,是缺乏耐心的表现,只要遇到不喜欢的事情或者需求没有得到满足,也不听他人解释,就发脾气或者尖叫,甚至动手打人;有些幼儿表现出强烈的依赖性,稍微遇到一点困难,就马上求助于他人或者放弃,也是缺乏耐心的表现;有些幼儿做事不能长期坚持,做事有始无终,同样是缺乏耐心的表现。

耐心是人的优秀品质,培根曾经说过“若是失去耐心,便失去了灵魂”。如何培养幼儿的耐心呢?

二、问题分析

幼儿缺乏耐心受多方面因素影响,既与儿童自身的身体素质和幼儿心理发展的特点有关,也与家庭各方面的影响有关。幼儿缺乏耐心主要有以下几个原因。

(一)家庭因素的影响

家庭方面的影响因素较多,包括家庭环境、家庭结构、父母的教养方式等。如果家长就是急性子,做什么事情容易发脾气,不喜欢等待,孩子也会受到感染。

(二)幼儿园因素的影响

有些教师因为工作任务重,会产生急躁情绪,难以心平气和地回应幼儿的需求。特别是面对突发任务时,教师不断地催促幼儿,或者表现出急躁、不耐烦,都会对幼儿产生影响。

(三)幼儿自身因素的影响

1. 生理方面的影响因素

有的幼儿(比如早产儿)身体生来就羸弱,加上父母又没有给予及时恰当的锻炼,这些孩子对周围的事物缺少必要的热情,容易产生疲劳感,干什么事情都不能坚持很长时间,缺乏耐心。

2. 心理发展方面的影响因素

研究表明,3~6岁幼儿以无意注意为主,自觉性比较差,意志的自制性品质和坚持性发展水平较低,这就使得他们在做事情时没有耐心,这不仅与他们的神经系统内抑制功能发展不完善有关,还与缺乏必要的训练有关。例如,3~4岁的幼儿往往是自己想得到什么马上就要得到,一刻也不能等,要求得不到满足就大哭大闹;5~6岁的幼儿在做事情的过程中,一旦遇到困难,就比较容易放弃,缺乏耐心和坚持。

三、幼儿教师教育策略

(一)查找问题原因

教师要和家长有效沟通,结合平时观察,找出幼儿存在问题的主要原因。例如,本任务案例中,教师通过观察和与家长沟通,发现丫丫缺乏耐心的主要原因有三个方面:一是家庭日常生活环境的影响,例如,丫丫在玩玩具的时候,奶奶爷爷就在旁边,一会催促喝水,一会催促上厕所,家长不停地催丫丫,丫丫也不停地催家长;二是丫丫缺乏自信心和安全感,总是担心自己做不好,想要的东西得不到。

(二)制定针对性策略

1. 利用集体教学活动开展专题教育

耐心是幼儿的深层次品质,幼儿对耐心的认识不足,教师可以有针对性地开展主题活动,让幼儿认识到耐心的重要性,教给孩子培养耐心的方法。还可以有意识地对幼儿进行训练,比如多米诺骨牌、叠叠乐等。玩多米诺骨牌时,鼓励幼儿有耐心地一个个拼摆,让幼儿体验最后一刻的胜利喜悦,感受到耐心做事带来的快乐。

2. 给幼儿提供耐心做事的机会

教师要有目的、有计划地培养幼儿的耐心,利用区域活动等形式给幼儿创设耐心做事的机会,幼儿有进步时多鼓励,幼儿失去耐心时及时提醒和帮助。

(三)与家长形成教育共同体

教师要与家长达成一致,共同引导幼儿耐心做事,取得进步时表扬,发现幼儿缺乏耐心时,及时沟通,及时引导纠正,协同培养幼儿的良好品质。

四、家庭教育指导策略

(一)更新家长的教养观念

要引导家长丰富幼儿教养知识,更新理念,改变传统教养方式中不利于幼儿成长的做法,学会如何正确表达对孩子的爱,不要把爱误用为干涉和打扰。给孩子提供安静舒适的家庭环境,在孩子独自做事情的时候,不要过度干涉和打扰。做好观察者,当孩子寻求帮助的时候,再出面和孩子一起思考。给孩子思考的时间,不轻易把答案交给孩子,让幼儿经历探索的过程。

(二)指导家长科学育儿

1. 环境熏陶法——创设良好的家庭环境

耐心需要从小培养,持之以恒地培养。家长要有意识地改掉自己身上缺乏耐心的行为,特别是对待孩子要有耐心,为幼儿树立榜样。还要在家里有意识地训练幼儿的耐心,让孩子做力所能及的家务或者设置一些有一定难度的任务,让孩子专心做、克服困难去做,完成之后及时鼓励,在生活中完成优秀品质的培养。

2. 兴趣诱导法——利用孩子的兴趣

兴趣是最好的老师,孩子会对自己喜欢的事情持续投入,可以从幼儿的兴趣入手,采用游戏化方式培养孩子的耐心。例如,幼儿喜欢游戏拼图,家长可以买一套稍微有难度的拼图,让孩子安静地坐下来。色彩斑斓、有故事画面的游戏拼图引起了孩子的兴趣,孩子迫不及待地根据拼图资料提供的故事情节一个个地拼起来。时间不知不觉就过去了,整套拼图终于被孩子拼完了,孩子从中也体验到了耐心带来的快乐和成就感。

3. 活动探索法——通过活动培养幼儿的耐心

幼儿只有在丰富多彩的活动中,才能够表现出积极性、耐心和坚持。家长可以与孩子开展有一定难度的亲子游戏活动,陪幼儿做一些烦琐枯燥的事情,让孩子静下心来、忍住烦躁、磨炼性情,在活动中培养幼儿的耐心。比如,有一位家长和孩子每天晚上 8 点都坚持运动半小时,当幼儿出现厌烦情绪时,家长就变换运动内容,还通过比赛的方式提高孩子兴趣,使孩子长期坚持下来。

4. 暗示提醒法——帮助幼儿度过疲劳期

幼儿神经系统的耐受力较差,长时间处于紧张状态或从事单调活动,便会引起疲劳,降低觉醒水平,使注意力涣散。家长应该及时发现幼儿在活动中出现有注意力不集中的问题,并及时提醒幼儿,允许幼儿休息一下,避免过度劳累。如果父母因为孩子缺少耐心,注意力不集中而强迫孩子一再的坚持,不仅使孩子易疲劳,还会使孩子产生逆反情绪,不利于耐心的培养。

5. 及时鼓励法——让孩子学会主动培养耐心

孩子的需求家长可以延迟满足，让孩子体验“等待”的感受。孩子若是安静等待，家长就要适时赞扬他；孩子若是不能安静等待，家长也不能妥协，要转移注意力，鼓励孩子坚持，让幼儿明白培养耐心的重要性，能够主动配合。在孩子遇到困难时，父母一定要坚持和孩子一起解决困难，耐心地引导孩子把事情认真做完，让孩子明白坚持的重要性。

五、教育评价标准

如何判断幼儿的耐心培养水平呢？请对照表 1-2-7。

表 1-2-7　良好的耐心状态评价标准

序号	评价标准	具体表现
1	积极控制自己的状态	给自己积极的暗示，不说自己做不到，不用“我就是没耐心，这是我的本性，改不了的”当作借口，对自己有信心
2	做事不匆忙，愿意花费时间	做事不匆忙、不纠结，能够花费时间完成事情，能够享受长时间专注做事的乐趣
3	能够认真做事	具有良好的耐心状态，能够认真做一件事，并且能够完成，完成的效果良好
4	能够控制自己的情绪	遇到困难、烦琐、重复的事不急躁、不发脾气、不放弃，能够坚持完成
5	能够想办法解决困难	遇到困难能够尝试多种解决方法，必要时求助他人，不放弃

思考与练习

1. 单选题

(1) 幼儿一般比较散漫，自控力弱，做事有始无终；玩玩具时也是看看这个，抓一抓那个，这体现幼儿缺乏(　　)。

A. 自信心　　B. 计划性　　C. 耐心性　　D. 坚持性

(2) 做好观察者，当孩子寻求帮助的时候，再出面和孩子一起思考。这体现幼儿家长制定了(　　)措施。

A. 玩有针对性的游戏　　B. 玩互换游戏

C. 不过度干涉和打扰孩子　　D. 鼓励多一些

(3) 幼儿喜欢游戏拼图，家长就利用游戏拼图培养幼儿的耐心，使他安静地坐下来。这体现家长运用了(　　)。

A. 环境熏陶法　　B. 兴趣诱导法

C. 暗示提醒法　　D. 活动探索法

(4) 下列哪些行为不是孩子缺乏耐心的表现？(　　)。

A. 摔玩具　　B. 注意力集中

C. 比较容易哭　　D. 吃饭不专心

2. 判断题

做事不匆忙愿意花费时间认真完成，是幼儿良好的耐心状态。　　(　　)

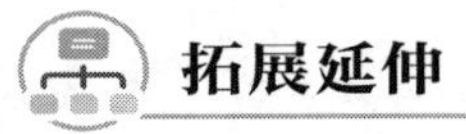

拓展延伸

孩子缺乏耐心的表现

1. 摔玩具

玩具是孩子最喜欢的东西，他们摔玩具了就说明急躁、没耐心了。孩子遇到自己不愿做的事或得不到想要的东西，若是尖叫、骂人或打人，家长要注意及时劝导孩子从善。

2. 注意力难集中

缺乏耐心的孩子注意力难以集中，做事散漫且较难坚持。他们玩玩具喜欢看这个、拿那个，兴趣广泛却难以专攻，家长要细心留意。

3. 比较容易哭

耐心较差的孩子喜欢哭闹、凡事依赖别人，遇到困难动辄求助旁人。长时间这样会使孩子丧失独自解决问题的能力，孩子的意志力慢慢变得薄弱。

4. 其他一些生活细节

从日常生活的细节，也可以看出孩子做事有没有耐心。吃饭时不专心、看电视跑来跑去、和别的孩子玩乐只关心自己……缺乏耐心的孩子表现敏感而脆弱。

孩子不是天生就具有耐心的，需要培养和训练，家长们要予以足够重视，采用适宜的方式训练培养孩子的耐心。

项目三　处事交往指导

人类是群居生活，社会性交往是幼儿成长的精神需要，也是促进幼儿社会性发展的重要途径。婴儿时期，幼儿的主要交往对象是成人，3 岁左右，随着语言、动作的发展，交往范围扩大，幼儿有寻找同伴友谊的渴望。同时，3 岁左右的幼儿也有能力接受社会化教育，需要在与同伴交往中适应集体生活，认识自己与他人、与社会的关系，为进一步融入社会奠定基础。儿童不是生来就会交往，需要成人引导和训练，掌握处事交往规则，会与他人和谐相处。如何帮助幼儿处理好与同伴的关系，提高幼儿的人际交往能力呢?

任务一　帮助幼儿管理自己的情绪

一、问题引入

案例 1:

一则新闻报道:广州的一个小女孩，不顾妈妈的劝阻，跑到大马路上，发生了不幸。她的妈妈也因为拉着她，导致脚部被碾压，面临截肢风险。后来孩子的父亲向警察还原了当时的事发过程，周末他带着妻子和 3 岁的小女儿到广州的亲戚家做客，逛街的时候，小孩突然发脾气跑到马路上，导致了惨剧。至于发脾气的原因，孩子的父亲不记得了，无非就是一些小事。

案例2：

中班的男孩欢欢也是一个容易发脾气的孩子，自己做事情、玩玩具的时候不喜欢被别人打扰，如果被打扰就会大发脾气，在幼儿园经常与小朋友发生冲突，大喊大叫，小朋友们都不喜欢与欢欢玩。

幼儿的情绪起伏很大，容易受到环境和他人的感染，可能会不明原因地跟着其他人一起兴奋，也可能会莫名其妙地跟着别人哭；有些幼儿会大喊大叫摔东西发脾气，面对家人的询问安慰不予理睬；有些幼儿因需求得不到满足就发脾气乃至打人，他们都是在用最直接的行为来表达自己的心情。

儿童发泄情绪往往有两种方式：一种是用物品或者对他人宣泄；一种是对自己宣泄。两种方式中都要避免儿童的暴力倾向和极端行为，前者容易伤害他人，后者容易产生心理问题。

良好的情绪是身心健康的必要保障，也是与他人和谐相处的前提，如何教育幼儿管理好自己的情绪呢？

二、问题分析

孩子发脾气是每个家庭都存在的现象，发脾气看似小事，却能造成非常严重的后果。造成幼儿不良情绪主要有以下几个原因。

（一）家庭因素的影响

1. 父母不理解幼儿

许多家长经常对孩子发号施令，不照顾孩子的感受，不与孩子有效沟通，孩子就会发脾气。或者某位家长脾气暴躁，孩子也容易形成易怒人格。

2. 家长过分溺爱

发脾气是有惯性的，经常发脾气的小孩更敏感更易被激怒。如果父母过度溺爱，有求必应，一旦某些需求得不到满足，也许是很小一件事，孩子心理受不了就会发脾气。特别是孩子看到发脾气能达到目的时，会利用家长的弱点实现自己的愿望，久而久之形成了脆弱、敏感、易怒人格。

（二）幼儿园因素的影响

幼儿的情绪会受到环境、教师、同伴的情绪影响，甚至容易模仿其他人的情绪。有一种说法是情绪会传染，当教师情绪不佳幼儿也会情绪低落，班里有一个幼儿哭闹，其他幼儿也会哭，当幼儿发生冲突时，如果一方情绪激烈，另一方情绪也会很激烈。

（三）幼儿自身因素的影响

1. 自身要求没有实现

发脾气是孩子对自身情绪的直接表达，一般不会无缘无故发脾气，如果自身需求得不到满足或者认为不被别人理解，都会使幼儿感觉到委屈、愤怒，有的幼儿能够自我控制和调节，表现得不激烈，自我控制和调节能力差的幼儿表现会很激烈。

2. 自身的挫败感

挫败感也是孩子发脾气的原因之一，随着年龄增长，孩子认为自己长大了，会有非常强烈的想要自立、想要掌控事情的愿望，如果被成人限制或自身能力有限无法实现，就会感到气愤，想要宣泄情绪。

3. 想要达到目的

孩子发脾气往往是需求得不到满足，但家长一般见孩子发脾气就会妥协。有了这样的经历后,孩子就会发现发脾气可以达成目的,会把发脾气作为达成目的的一种手段,如果家长没有及时发现并坚决制止,发脾气就会形成习惯。

三、幼儿园教师教育策略

(一)查找问题原因

发脾气可能是一时现象,直接诱发原因可能会轻易找到,但现象背后隐藏的大问题应引起教师和家长的特别关注,防微杜渐,有针对性地施教。比如本任务案例 2 中,教师通过观察和与家长幼儿沟通,发现欢欢容易情绪失控的主要原因有:

1. 欢欢感觉自己被忽视

欢欢是一个自主意识很强的孩子,但是也很敏感,很多事情想自己做但得不到家长的支持,自己做的事常常被家长忽视。例如,有一次欢欢很生气的时候,妈妈却不以为意,以为欢欢在搞恶作剧,欢欢很难过,觉得自己的情绪并没有被照顾到。

2. 家庭氛围紧张

不和睦的家庭氛围会给孩子带来严重影响,欢欢的父母关系紧张,爸爸脾气比较暴躁,父母之间经常争吵,造成欢欢情绪波动比较大,情绪也会经常性失控。

3. 受不了批评

欢欢接受不了别人的批评,当做错事时,欢欢虽然知道自己错了,但只要爸爸妈妈批评就会情绪失控。

4. 情绪控制能力较差

幼儿自控能力较差,缺乏情绪控制能力,欢欢又比较敏感,情绪波动比普通的孩子更大,导致经常出现情绪失控的现象。

(二)制定针对性策略

1. 利用教学活动进行专题教育

情绪管理是一门学问,需要掌握专业知识和技能,幼儿的情绪管理需要专门训练。教师可以通过社会领域教学活动对幼儿进行引导和训练。教师可利用绘本《我的情绪小怪兽》《再见了,坏脾气》,让孩子明白坏情绪的坏处,能够主动控制自己的不良情绪。还可以运用绘本《我来好好说话》《我会控制我的情绪》创设场景,让幼儿知道情绪的多样性,学会控制情绪的方法。

2. 允许孩子用适宜的方式发泄情绪

宣泄不良情绪是人的正常需求和生理现象,不良情绪长期得不到抒发,淤积在心里,会造成身体和心理疾病。当幼儿情绪失控时教师不能立即严厉制止,要允许孩子把个人情绪抒发出来,要密切关注幼儿避免极端行为,等情绪缓和后再去引导。

3. 善于利用奖惩手段

教师在一日生活和教学、游戏活动中,要善于观察并发现幼儿情绪的体验和变化,用游戏和集体活动派发良好情绪,对幼儿的良好情绪进行表扬和鼓励,对幼儿主动控制不良情绪的行为进行奖励,培养幼儿的乐观心态和宽容善良的品格,能够与他人和谐相处。对于动不动就大喊大叫、情绪失控的幼儿,要密切关注,积极教育,必要时予以惩罚,让幼儿知敬畏、守规则。当幼儿能够积极改进时也要及时鼓励,帮助其与他人建立良好关系,使其能够融入集体生活。

（三）与家长形成教育共同体

情绪伴随人的一生，情绪管理每个人都要学习的一项生活性技能，可能时时处处发生。幼儿的情绪管理教育需要幼儿园、家庭、社会的全方位协同，教师、家长以及其他社会成员既是教育者也是受教育者，能够自我教育，管理好自己的情绪，在面对幼儿时也要承担教育者职能，帮助幼儿走好社会化的每一步，成长为合格的社会成员。

四、家庭教育指导策略

（一）更新家长的教养观念

家长要树立正确的价值观，能够客观看待世界和自己的得失，管理好自己的情绪，家长要深刻认识情绪失控对幼儿健康成长的危害，特别关注幼儿的情绪管理教育，把幼儿视为一个独立社会个体，平等对待幼儿、尊重幼儿，爱幼儿但不迁就纵容，让幼儿认识到情绪管理的重要性，承担情绪失控带来的后果，使幼儿能够主动控制自己、约束自己，学会调节不良情绪。

（二）指导家长科学育儿

1. 环境熏陶法——创设良好的家庭氛围

家庭环境是幼儿成长的第一环境，家庭成员要管理好自己的情绪，构建和谐的家庭关系，尤其是父母之间要相亲相爱，让幼儿感受到家庭的温暖、关爱和平等。父母想让孩子有一个好脾气和性格，就应该给孩子创造一个相对轻松的成长环境，而不是强迫孩子做每件事，在民主氛围中成长起来的幼儿，心态更平和、更阳光，更容易与他人建立良好关系“再闹，就给我试试看！”“不乖就把你赶出门”之类的严惩、恐吓和威胁话语，不但会扼杀孩子的自尊心和安全感，还会让孩子采取破坏和攻击行为作为报复。

2. 兴趣诱导法——从兴趣出发培养良好情绪

家长需要认真观察幼儿的兴趣和特点，在培养幼儿情绪的过程中，需要不断探究幼儿兴趣和需求，通过幼儿感兴趣的话题，增强快乐、幸福等良好情绪体验。当幼儿产生消极情绪的时候，家长可以用幼儿感兴趣的事物，转移幼儿的消极情绪。还可以利用幼儿感兴趣的事物，对幼儿进行情绪控制引导训练，例如，可以与孩子讨论：“你最喜欢的小猪佩奇，如果生气了，它会怎么做呢？”帮助幼儿主动认识自身情绪，学会主动管理自己的情绪。

3. 暗示提醒法——正确归因

当孩子遇到挫折，产生消极情绪时，家长为了安抚孩子情绪而归咎外界环境的做法会让孩子学会推卸责任，失去从错误中反省学习的机会，养成遇到挫折“只会怪别人”的不良习惯，形成事事想推卸责任的心理。要与孩子客观分析，提醒引导孩子查找不良情绪产生的根源，分析该不该、值不值得生气发脾气，探讨问题怎样解决，把幼儿的注意力由生气发脾气引导到想办法解决问题和困难上来。

4. 活动探索法——提高幼儿的调控能力

遇到情绪容易失控的幼儿，家长要予以特别关注，多抽出时间和精力陪伴孩子，想办法引导教育。可以多开展亲子游戏或户外活动，丰富幼儿多样的情绪体验，让幼儿感受到拥有良好情绪的快乐，能够主动远离坏脾气。在幼儿情绪失控时，教孩子一些实用的办法，让幼儿学会如何自我疏导、自我控制、自我调节，相信孩子会受益终生。

5. 榜样示范法——要引导孩子用积极的心态解决问题

父母要能够与孩子共情，协助孩子觉察、认清自己的情绪，例如：“看你哭得这么伤心，一定很难过,对不对?”协助孩子正确表达情绪。等孩子情绪缓和下来,帮助孩子查找情绪产生的原因,引导孩子如何解决,例如:“玩具被同学不小心弄坏了,你觉得很生气。但是你打人没办法让玩具恢复原状。我们一起想想看有没有更好的方法,好不好?”。

6. 及时鼓励法——利用时间的力量

好脾气和坏脾气都不是一天形成的,情绪波动是人生常态,当孩子情绪不好时,家长及时安慰幼儿,当孩子情绪表现良好时,家长及时鼓励肯定,在日积月累的生活化教育中,让孩子能够管理好、调节好自己的情绪。

五、教育评价标准

对于幼儿来说,什么才是良好的情绪状态呢?请对照表1-3-1。

表1-3-1　幼儿良好的情绪状态评价标准

序号	评价标准	具体表现
1	情出有因	任何情绪、情感的产生与发展必须由一定的原因引起。可喜的现象引起欢乐的情绪;不幸的事件引起悲哀的情绪;挫折引起沮丧的情绪等等。无缘无故的喜、怒、哀、乐,莫名其妙的悲伤、恐惧,不是情绪健康的表现
2	表现恰当	一定的刺激会引起一定的情绪反应,反应和刺激应该相互吻合,例如因成功而喜悦,因失败而痛苦,该高兴就高兴,该悲哀就悲哀。假如失去亲人还哈哈大笑,或者受到挫折反而高兴,受到尊敬反而愤怒,则是情绪不健康的表现
3	反应适度	情绪表现的持续时间和强烈程度都应适当,不能无休无止,也不能过分强烈或过于冷漠。刺激强度越大,情绪反应就越强烈;反之,情绪反应也就越弱。如果微弱的刺激引起强烈的情绪反应,则是情绪不健康的表现
4	情绪稳定	情绪稳定表明一个人的中枢神经系统活动处于相对平衡状态,也反映了中枢神经系统活动的协调。一般来说,情绪反应开始时比较强烈,随着时间的推移,反应逐渐减弱。如果反应时强时弱,变化莫测,经常处于不稳定状态,则是情绪不健康的表现
5	心情愉快	以愉快的心境为主,积极情绪多于消极情绪。如果一个人经常情绪低落,愁眉苦脸,心情郁闷,则是心理不健康的表现
6	能自我控制	健康的情绪是受自我调节和控制的。情绪健康的人是情绪的主人,可把消极的情绪转化为积极的情绪,也可把激情转化为冷静

思考与练习

1. 单选题

(1)有些幼儿会大喊大叫摔东西发脾气,面对家人的询问安慰不予理睬。这体现幼儿缺乏(　　)。

A. 情绪控制能力　　B. 自信心　　C. 坚持性　　D. 专注力

(2)幼儿认为只要哭闹就可解决需求,这是因为父母(　　),造成孩子爱发脾气。

A. 情绪控制能力　　B. 过分溺爱　　C. 过分严格　　D. 过分要求

(3)以下(　　)行为不是幼儿情绪失控的原因。

A. 情绪或者个体被忽视　　B. 家庭氛围紧张

C. 受不了批评　　D. 孩子的情绪控制能力很强

(4)下列哪些行为不是幼儿的良好情绪状态?(　　)。

A.情出有因　　B.表现恰当　　C.反应适度　　D.情绪不稳定

2.判断题

幼儿情绪表现良好时,家长需要及时肯定,只有积极的强化能够帮助幼儿培养良好情绪。(　　)

拓展延伸

幼儿情绪调节的小游戏

1.心情表演

玩法:尝试让孩子表演出不同的情绪,不论是用面部表情还是肢体语言都可以,也可以发展成一个"表情九连拍"的游戏。

2.猜我怎么了

玩法:表演一种情感,让孩子猜一猜你在表演什么。

3.角色扮演

玩法:让爸爸妈妈扮演孩子,让孩子来扮演父母。学学孩子平时调皮时的表现,比如让孩子讲故事给你听,比如吵着要看电视等等,看看作为"父母"的孩子会怎么解决。

4.聚光灯30秒

玩法:想一些家庭话题,比如兴趣爱好、运动、假期、家庭传统、家庭回忆。轮流给每一位家庭成员30秒发言时间,让他们根据某一个话题谈谈自己的感受。

5.排解负能量:在大自然中发泄情绪

玩法:孩子的负面情绪,可以合理地安排一些游戏方法,让他们有效地宣泄情绪,这样负面情绪才能够真正疏导。当然,发泄过后,爸爸妈妈不要忘记和孩子倾谈,特别是一些正面及美好的事物,以平衡他(她)的心理。

任务二　培养幼儿与人交往的礼仪

一、问题引入

案例1:

周六晚上,妈妈和婷婷一起去了附近的游乐场玩,带她坐了摩天轮,玩了碰碰车,还有旋转迪斯科……她整个晚上都在开心地笑。

妈妈问她:"今天过得满意吗?"她脱口而出:"××!今天太开心了"!

"你说什么?"妈妈意识到婷婷刚才用了一个不文雅的词。

她也察觉到了,连忙说:"对不起,妈妈,我刚才说错了,我今天好开心啊。"

妈妈当时还觉得特别的惊讶,婷婷怎么看都是不像那种说话粗鲁的人,没想到,今天竟然亲耳听到了。

案例2:

小雨小朋友是一个很乖巧、淘气并且爱动的小女孩。在老师不在的情况下,她做什么事情都很大胆,老师来了她喜欢告状,最让老师头疼的就是上课的时候,她总爱搞小动作。平时小朋友已经摆好的小椅子，她想要那个椅子，就趁小朋友喝水或如厕的时候，悄悄地将小朋友的椅子换走。老师也和她单独谈了几次，但她总是点点头，说自己知道了。在学习知识上、能力上，她表现得也很好，模仿能力很强。所以老师相信在老师、家长和孩子的共同努力下，她一定是最棒的。

进入幼儿园之前，孩子交往的主要对象是成人，成人都会以宽容爱护的态度与幼儿互动，进入幼儿园后，幼儿的社会发展水平基本相当，谁也不会让着谁，幼儿只有遵守人际交往规则才能建立和谐的人际关系。

礼仪是道德的一种外在表现形式，是对社会成员言行提出的约束和规范，如果一个人不能规范自己的行为举止，待人接物缺少应有的尊重和敬意，那么他就很难得到别人的认可，长此以往，不仅影响其个人的生活质量，也不利于构建和谐的社会氛围。有礼貌、讲礼仪是最基本的人际交往规则，如何培养幼儿的礼貌礼仪呢？

二、问题分析

幼儿的认知来源于前期经验，礼貌礼仪是需要后天教育才能形成的品质，影响幼儿礼仪礼貌形成的因素主要有几下几点：

（一）家庭因素的影响

1. 家长的溺爱

当今社会，每一个家庭都会对孩子进行礼仪礼貌教育，但由于家长的重视程度、教育能力不同，教育的效果存在差异。很多情况下，家长虽然都有着美好的愿望，但是由于疼爱而不能严格要求，孩子知道怎样做但做不到的现象十分普遍。

2. 家庭成员的不良行为

部分家长缺乏礼仪意识，认为在自己家不必客客气气的，没必要讲究礼仪，幼儿的礼仪意识也自然淡薄。还有部分家长只注重言传不重视身教，家长会给幼儿讲礼仪故事或者口头告诉幼儿日常中如何与同伴交往，交往中该如何注意礼仪，但自己却做不到，成为了负面榜样。

3. 不良动画或媒体的影响

幼儿与动画片已经形成了非常亲密的“伙伴”关系。动画片蕴含着丰富的情感，英雄主义、惩恶扬善，相对简单的价值观念，符合孩子善恶分明的年龄特点，在潜移默化地影响着他们对这个世界的认识。不可否认，媒体产品良莠不齐，也给幼儿带来严重的负面影响。幼儿是在模仿中学习的，动画片中一些不文明、不礼貌的语言和行为，会成为幼儿模仿的内容。

（二）幼儿园因素的影响

行为礼仪是幼儿园教育的重要内容，各幼儿园都非常重视，开展了许多活动，取得了良好效果，但仍然存在重形式忽视内容教育、家园难以协同统一、缺乏立体化教育环境等问题。例如，礼仪教育以灌输为主，存在幼儿能说不能做的现象，缺乏有效的评价强化手段。环境建设缺少礼仪教育的物化内容，大部分幼儿园走廊里仅有几幅以礼仪为主题的砂纸画。

（三）幼儿自身因素的影响

1. 幼儿有限的认知水平

3 ~6 岁的幼儿大脑皮层的额叶在迅速增长，大脑皮层活动的兴奋过程和抑制过程发展不平衡，兴奋过程强度大于抑制过程，因此，幼儿的行为往往容易引起兴奋过程，幼儿玩得太尽兴了就忽视了礼仪，幼儿对礼仪的遵守有极大的不稳定性。当前，我国家庭处于少子女状态，幼儿与社会的接触面较狭窄，孩子对礼仪的认知程度肤浅，没有真正意识到礼仪的重要性。

2. 幼儿自控力低

幼儿控制自己行为的能力是随着年龄的增长而发展的，幼儿初期的自我控制能力比较弱，年龄越小的幼儿礼仪保持能力越差。自控力差的孩子情绪经常失控，在情绪失控的情况下，言行不经大脑思考，完全不计后果，即使在跟家人相处的时候，也会缺乏礼貌，乱发脾气，做起事来也只考虑自己的感受。

三、幼儿教师教育策略

（一）查找问题原因

教师要与家长和幼儿有效沟通，结合平时观察，首先判断幼儿的不礼貌行为是偶然出现的，还是已经形成习惯，以便有针对性地制定教育策略。比如：本任务案例 1 中，教师发现婷婷说脏话主要有两个原因：一是对家庭成员不良行为的模仿。婷婷说的这句话是模仿爷爷，爷爷在与人聊天时或者激动时时常把这句话挂在嘴边，已经成为习惯，婷婷并不能判断这句话的好坏，只是在激动时脱口而出；二是幼儿的是非判断能力弱。幼儿还不能深刻感知礼仪的重要性，有时在需求得不到满足时用说脏话的方式来发泄心中的情绪，有时出于好奇才会说出脏话。婷婷就是出于好奇，不知道会带来什么后果。

（二）制定针对性策略

幼儿日常行为礼仪的养成是一项长期的工作，需从日常生活入手，给予稳定、持续的指导。

1. 持续开展主题教学活动

日常行为礼仪的养成需要经过“礼仪认知—礼仪行为—礼仪习惯—礼仪品格”的过程，认知是学习日常行为礼仪的第一步，也是最重要的一步。完善幼儿对于日常行为礼仪的整体认知，需要通过集体主题教学活动的方式实现，构建日常行为礼仪课程体系、明确日常行为礼仪规范标准、建立科学的评价机制，让礼仪学习进课表、进教材、进头脑、进行动，最终形成良好的日常行为礼仪品格。

2. 创设良好的交往环境

幼儿的交往能力需要在良好的环境和交往实践中得到锻炼。如刚入园的幼儿面对陌生的环境和陌生的人，往往产生不安、焦虑情绪。为帮助幼儿尽快适应幼儿园的生活，老师可以请大年龄班的幼儿到班里为小朋友表演节目、讲故事、交朋友，跟他们做游戏，在和哥哥姐姐交往中，消除幼儿孤独、害怕的情绪，爱上幼儿园。高年龄班与低年龄班的幼儿在活动中都学会了友爱、互助、尊重，收获了友谊。

3. 利用环境进行暗示提醒

由于幼儿的思维容易被外界所影响，可以通过环境创设对幼儿进行暗示教育，潜移默化地提高幼儿的礼仪品格。在班级创设礼仪教育主题墙，张贴礼仪的基本内容，例如文明礼貌用语的使用、国学诵读的部分内容等。可以用班级小朋友的照片张贴于墙上，进行“礼仪好宝宝”的表扬，引起幼儿更多的关注，大家都向知礼懂礼的幼儿学习。

4. 丰富礼仪教育教学形式

采取多样的教学形式，使礼仪教育更有趣味性，幼儿易接受、能遵循。可以采用的教学形式有：动画欣赏，即通过播放相关小视频让幼儿习得礼仪规范；儿歌记忆，通过儿歌的形式让幼儿熟练记忆日常行为礼仪规范的要点；故事启迪，通过讲故事的形式让幼儿明白某种礼仪行为的重要性以及规范做法，便于幼儿理解，加深印象；情景表演，活泼的表演形式既能够强化练习礼仪行为又备受幼儿青睐；实践练习，通过实践的方式在行动中加深理解，规范行为；科学实验，通过实验让幼儿明白某种礼仪的重要性，从而强化礼仪行为产生的动机。

5.持续不断地监督强化

知礼守礼是人的内在修养和优秀品格，需要终身学习，幼儿时期礼仪教育主要是让幼儿做到文明礼貌、遵守人际交往的规则。与人交往是每天都会发生的行为，任何人都难以做到事事、时时做好，特别对于自控能力比较弱的幼儿，需要及时监督提醒并不断强化，直至成为习惯。建议幼儿园每学期都要开展行为礼仪主题活动，以保证礼仪教育系统性、连贯性。每月或每周进行一次集体评价，总结幼儿在日常行为礼仪方面的进步与不足。

（三）与家长形成教育共同体

3～6岁幼儿的可塑性最强，进行“规矩”和礼仪教育对其后续发展会打下良好基础。家庭、幼儿园要相互配合，构建统一的立体化教育环境，不能出现家庭学校“两张皮”，或教师辛苦训练一周，过一个周末立即回到原点的现象。让幼儿从小将知礼守仪融入自己的日常生活中，成为下意识的语言行为习惯。

四、家庭教育指导策略

（一）更新家长的教养观念

父母是孩子的第一任教师，孩子从出生开始就接受父母言行举止的熏陶。家长要加强自身的礼仪修养，在对幼儿进行礼仪教育的同时要先检查自己的行为，做到言行一致，要求幼儿做到的家长自己也应该做到，让礼仪教育成为生活的一部分。家长也要打破传统观念的束缚，礼仪教育要融入时时、处处、事事，让孩子认识到，无论与小伙伴交往还是与成人交往都要讲礼貌礼仪。

（二）指导家长科学育儿

1.环境熏陶法——创设文明的家庭环境

给孩子创设一个良好的家庭教育环境，家庭成员与人说话时要注意礼仪礼貌，给孩子树立一个良好的榜样。孩子们现在接触到的网络环境，作为家长一定要帮幼儿进行筛选，一些对幼儿有不良影响的动画片、宣传片等尽量不要让幼儿观看。

2.心理引导法——耐心倾听并正确引导

在前期的调查中了解到，很多家长都在有意识地培养幼儿的文明守礼习惯，但孩子的守礼行为却差强人意，这就要求家长提升教育策略。

要了解幼儿心理动态，通过阅读、观察等了解幼儿在某个年龄段的行为特点和心理需求，找到适合与幼儿沟通的方式。例如，对于小班的幼儿，太深奥的道理还听不懂，当幼儿哭闹不止时先采用转移注意力的方法，等幼儿情绪平稳后以最简单正面的话给幼儿建立行为规范，如“不可以踩椅子，椅子是用来坐的。”。对于中班的幼儿，可以适当询问幼儿的想法，当幼儿不知如何表达时，用“我来猜猜你是怎么想的，……是这样吗？”的方式表示理解幼儿的想法，然后再告诉幼儿应该怎样做。对于大班的幼儿，由于有了一定的行为模式和规则认知，语言能力增强，常常会用大人教育他的话来反驳大人，要注意疏导幼儿情绪，公正地评价事情本身，引导幼儿换位思考。

3. 适当惩罚法——适当惩罚强化记忆

当孩子出现不文明、不礼貌的行为后，家长可以让孩子帮忙做家务，相信很多家长都尝试过这个方法，但是最终的结果却让孩子越来越讨厌做家务了。出现这种情况，很有可能是家长用错了方法，正确的方法应该是平时就让孩子多帮忙做家务。这样一旦孩子犯错误，就可以顺理成章地增加孩子做家务的任务量，让孩子明白自己给家长带来的辛苦，也让孩子从小养成良好的卫生习惯。

五、教育评价标准

幼儿良好的人际交往礼仪包括哪些内容呢？请对照表 1-3-2。

表 1-3-2　幼儿人际交往礼仪评价标准

类别	项目	评价标准
基本礼仪	基本动作	正确的走、坐、站姿；进他人房间先敲门，得到允许后进入；双手递接物品；咳嗽、打喷嚏、打哈欠等遮住口鼻
	礼貌用语	使用您好、再见、谢谢、不客气/不用谢、对不起、没关系、请等文明用语
	个人礼仪	不当众擤鼻涕，讲究个人卫生，经常洗脸、洗手、梳头、漱口、刷牙、洗脚、洗澡、擦汗等；衣服整洁，文明使用洗手间等
	基本交往	遵守打招呼、自我介绍、介绍他人、接打电话、问路、交谈、捡起物品、有借有还等规范，学会原谅、学会信任、学会讲信用、礼貌拒绝、不随便拿别人的东西、尊重他人的民族信仰等
家庭礼仪	尊敬长辈	称呼长辈需要用尊称、听从长辈教导、体贴照顾长辈、及时回应长辈、回到家和离开家要打招呼、言行要一致，用餐、乘车时请长辈先、帮助爸妈做力所能及的事、关心爱护家长、对周围的人学会感恩等
	行为习惯	和他人说话时要看着对方的眼睛、自己的玩具自己收拾、物归原位、爱惜物品、不浪费物品、能够关爱他人、会处理自己的情绪、主动饲养动物等
	客人来访	见到客人要握手、把客人引进门、请客人坐下、对客人彬彬有礼、收到客人礼物要感谢、给客人端茶倒水等
	拜访做客	会正确敲门、拜访客人要带礼物，等等

思考与练习

1. 单选题

(　　)是人类的必然伴侣，它既是人的需要也是社会对人的要求。

A. 交往　　B. 能力　　C. 家长　　D. 运动

2. 多选题

提高幼儿社会适应和交往能力，需要培养幼儿积极乐观的(　　)、活泼开朗的(　　)和良好的(　　)。

A. 生活态度　　B. 性格　　C. 社会品德　　D. 综合素质

3. 判断题

(1) 要引导幼儿乐意与人交往、礼貌、对人友好，能按基本的社会行为规则行动。　(　　)

(2) 幼儿的生活习惯、语言、技能、思想、态度情绪，都要在幼儿期 0～6 岁打下一个基础。　(　　)

4. 简答题

对“教育观念差异”引发的交往问题，教师可采取哪些策略？

拓展延伸

重视幼儿文明用语的学习和运用

语言是贯穿孩子一生发展的重要基石，只有当孩子有交往的需要时，他们才会主动地搜寻记忆里的词汇和句子，并尝试着进行表述。为此，我们要充分运用语言这一特性，给孩子提供一些适合的读物，让孩子通过自己的观察，用自己的语言讲述故事中人物之间发生了什么样的事情，你认为是对的还是错的。同时我们也应看到，同伴也是孩子观察学习的榜样，孩子有与人交往的愿望，但是由于交往的方式方法不当，使交往无法继续，甚至出现打架等不良行为，因此，我们要教幼儿用语言与他人交流，如：“谢谢”“不客气”“对不起”“没关系”“请坐”“您好”“你先玩，我后玩”“我们一起玩”这些神奇的话很有效。其次教幼儿学会等待、轮流、分享，在交往中待人热情、主动，遇到困难、矛盾试着自己解决。教师对能较好地与同伴交往的幼儿，及时地给予肯定、鼓励，用赞许的目光、肯定的语言、微笑的面容，以及轻抚孩子的肩膀、对孩子亲切点头等，强化幼儿的良好行为。

任务三　培养幼儿学会与他人分享

一、问题导入

案例：

妞妞是个内向文静的小女孩儿，话语不多，喜欢一个人玩。上了幼儿园以后，刚开始她经常会同时拿很多玩具，或用裙子兜着，或放在自己的周围，她常常大声“警告”企图拿她玩具的小孩，“这些都是我的，你不能拿走！”。如果其他小朋友拿走了她的玩具，她就会追在后面，直到把玩具抢回来，时间长了，小朋友都不喜欢和妞妞玩了。“这些都是我的”“你们不准碰”“你不能和别人玩，只能陪我一个人玩”，总是“独霸”她所喜欢的东西。

当孩子开始认识到“我”“我的东西”“我要”的时候，我们会发现很难从他手中拿走东西，他会把食物或者玩具紧紧地攥在自己手里，眼睛非常警惕地盯着你，如果你试图忽视他的独占欲，他会大哭以示抗议，弄得你不知所措。分享是亲社会的表现之一，是人际交往的一种方式，指幼儿将自己所拥有的物品、感情与其他小朋友一同分享的倾向，包括实物分享倾向、经验分享倾向、情感情绪分享倾向。如何让幼儿学会与他人分享呢？

二、问题分析

幼儿认知不足，缺乏合作、分享、谦让、奉献等集体生活经验，造成幼儿“独吃独占”现象的原因主要有以下几个方面。

（一）家庭因素的影响

1. 家长的宠爱

我国目前的家庭一般是少子女家庭，孩子比较娇贵，家长宁愿自己不吃也要让孩子吃，只要孩子想要的一般都得到满足。特别是老人带出来的孩子，“不用管我，你吃吧”，这样的语言在日常生活中挂在老人的嘴边，导致孩子形成了以自我为中心的观念，形成了自私自利的人格。

2. 家长的威胁

曾见过一个小男孩，随手把自己的小汽车放到地上，就去玩别的。妈妈就吓唬他："你的小汽车不要了？别的小朋友捡到了就不给你了啊？干脆把它送给别人算了。"说着，妈妈故意举着小车，像是要送给某个过路的孩子。这时，小男孩吓得大叫着扑向妈妈："不给不给！那是我的。"一把从妈妈手中抢过汽车，紧紧地抱在怀里。生怕一松手，汽车就真的成了别人的。

生活中，有家长也这样逗引孩子，会让孩子误以为，东西与人分享出去，就永远失去了，对分享有了恐慌感。

3. 家长的拒绝

当孩子想与家长分享他的饼干时，如果家长说："谢谢宝贝，你吃吧，大人不吃，全都留给你，吃了好长大。"这听似对孩子无限宠爱的温情话语，在大人看来是一种无私的奉献。但孩子接收的信息却是：噢，我是小孩子，我有特权，最好的东西都是属于我的。孩子就在家长的拒绝分享中，不知不觉养成了独占的思想。

4. 家长的敷衍

还有一种家长，对孩子的话总是不当回事，当孩子想聊天，说说他喜欢的玩具，分享他的小欢乐时，家长忙于手头的事，敷衍应付或者直接把孩子打发走。家长的冷漠回应一点点浇灭了孩子分享的意愿，渐渐失去分享的兴趣。

（二）幼儿园因素的影响

教师的指导方式也是影响幼儿分享行为的重要因素。当前，教师普遍具有培养幼儿分享行为的意识，并能根据不同的情境采用不同的教育方法来指导。但如果教师指导不到位，幼儿会认为教师不喜欢自己，或者在教师面前能做到分享，离开教师的监督时又恢复常态。

（三）幼儿自身因素的影响

儿童的分享观念是其分享行为的认知基础。孩子的心理、生理和环境因素都是影响分享行为发展的重要因素，但最关键的因素还是与儿童的认知水平有关。

从幼儿的心理发展特点来看，幼儿最初对外界的认识，都是从自我出发，以自我为中心认知外界事物。专家分析，大约两三岁以后，随着社会活动范围的扩大和交往经验的积累，幼儿才逐渐在主观上产生你我的区别，并能逐步从客观角度看待自己。在幼儿心理发展的早期阶段，如果缺乏正确的教育和引导，孩子很容易形成自私的问题行为。

三、幼儿教师教育策略

（一）查找问题原因

幼儿的分享行为与后天的培养密切相关，产生和发展会受到多种因素的影响。本任务案例中，教师发现妞妞不愿意分享的原因在于缺乏分享意识，没有分享观念，这就造成了她容易出现脱离集体，为了争抢东西而发生纠纷的现象。培养幼儿的分享观念，提升幼儿的分享意识，派发幼儿的分享行为，是对妞妞进行教育的关键。

（二）制定针对性策略

1. 提高幼儿分享意识

要对幼儿进行分享观念的教育，提高幼儿的分享意识，让幼儿懂得不能自己独占，与他人分享才会收获友谊的道理。比如,在玩具区或自由活动区经常出现抢夺玩具的情况,教师就要及时与幼儿沟通,了解双方为何要争抢玩具,告诉幼儿玩具是大家的,可以轮流分享使用。教师在与幼儿沟通的过程中要控制好自己的情绪,不能过多地表现出强迫或责怪的态度,不要让幼儿觉得教师在批评自己,产生不良情绪。教师要注重肢体语言的沟通,利用眼神、动作、表情等肯定幼儿的分享行为,提升幼儿的分享意识,增加幼儿分享行为的快乐体验。

2. 制定规则培养分享行为

幼儿争抢行为最易发生在日常活动和区角活动中,这些活动也是培养幼儿分享行为,养成规则意识的最好时机。教师需要建立起合理的规则,让幼儿逐渐养成规则意识。具体的规则有:一是平等分享原则。平等分享意识的形成,对幼儿来说确实不易,因为该阶段的幼儿交友更多地由利益来决定。在分享过程中幼儿往往会有选择地与部分人分享,如经常会听到幼儿说“我不想给你,因为你不是我的好朋友”,这时教师可以告知幼儿,分享就是平等地和大家一起分享,不能只和喜欢的小朋友分享。二是轮流分享原则。在不同的日常活动或区角活动中让幼儿形成轮流分享的意识,减少幼儿争执的发生。当幼儿同时对一件物品感兴趣时,教师应当让他们有秩序概念,使他们学会轮流使用某件物品,而不能单独霸占物品。

3. 创设环境强化分享行为

当幼儿有了分享的意识,并初步树立了分享的观念后,教师就要为幼儿创造良好的环境,让幼儿在实际情境中体验分享的快乐。一方面,教师创设适宜的物质环境。如在教室设立分享区、分享墙等,设置分享日,为幼儿提供相应的分享平台,增加幼儿与他人分享的实践经验,充分体验到分享的乐趣。另一方面,教师应创设和谐的心理环境。幼儿在与他人分享时,内心需要很大的安全感,幼儿教师应该为幼儿营造一个亲密、宽松、和谐的氛围。在幼儿之间、师生之间建立信赖和亲密的感情,还可以让幼儿走出自己的教室,与其他班级的幼儿形成友好和谐的氛围,有利于分享行为的发生。

4. 树立积极的分享榜样

在幼儿的成长过程中,榜样起到很大的作用,同伴的榜样作用比教师的作用要大许多。当幼儿出现分享行为时教师要及时表扬并给予肯定,引导其他幼儿向榜样学习。教师的榜样作用也不容忽视,由于3~6岁的幼儿心理上有明显的“向师性”,教师在日常教学中时刻注意自己的言行,注重提高自身的修养,以身作则为幼儿做好榜样。

5. 引导幼儿体验分享的快乐

分享不仅仅是一种行为,更是个人认知与情感的结合。教师要有意识地组织分享活动,让幼儿感受分享的快乐,增强幼儿分享的主动性。比如,大一班幼儿珂珂很喜欢带零食到幼儿园,但是他不愿意和小朋友一起分享。教师目睹这一情况后,组织了“我和大家分享美食”的活动,邀请小朋友都来分享自己喜欢的美食。在活动中珂珂模仿着同伴分享起了自己的零食,得到了同伴的欢迎,珂珂也得到了其他小朋友分享的美食。活动之后珂珂多次表现出主动分享零食的行为。在这一案例中,教师让珂珂切身体验了分享的乐趣,改变了珂珂不愿分享的意识与想法,学会了主动分享。

(三)注意与家长沟通,保持教育一致

学前期的幼儿与同伴的交往越来越多,不仅有幼儿园的同伴还会有家庭生活中的同伴,家庭和幼儿园要形成一致策略,巩固分享教育的成果。家庭中也要建立分享氛围,让幼儿不仅与幼儿园的同伴分享，还要与家庭生活中的同伴分享，还要与家长分享，使幼儿形成积极的心态和良好的人际关系。

四、家庭教育指导策略

（一）更新家长的教养观念

家长要转变思想观念，不仅重视幼儿知识教育，而且要重视幼儿良好社会关系的培养，更要重视幼儿全面发展人格的培养。幼儿园可以定期开展相关内容的家长讨论，利用家长园地向家长宣传“怎样培养孩子关心他人”“幼儿分享品质养成”的重要性，让家长更新传统观念，重视分享教育。家长要认识到，分享不仅关系着幼儿与同伴的关系，也关系到幼儿家庭责任感的培养，要鼓励幼儿与家人分享，特别是与老人分享，培养幼儿尊老敬老的意识。只有家长的思想认识提高了，才能真正将先进的教育观念落实到行为中，促进其行为的转变。

（二）指导家长科学育儿

1. 环境熏陶法——创设分享环境

分享其实是一种相互行为，有来有往才能让孩子体验分享的快乐。家长和孩子可以玩一些能同时参与的游戏，也可以让孩子参与到其他小朋友的游戏当中，比如一起拼图、一起画画等。家长和孩子、孩子与孩子之间的互动，让幼儿体验分享与被分享的感受，当这种相互行为让孩子体验到了乐趣，孩子就能接受分享，主动分享。此外，要扩大孩子的同伴交往范围，同伴范围有限，幼儿就很难学会与人分享，也体验不到合作和分享带来的快乐和成长。因此，爸爸妈妈应该给孩子创造更多的机会，让孩子与其他小朋友们一起玩，减少孩子在交往中的不安全感。

2. 亲子共情法——尊重孩子意愿

在分享教育中，家长要学会站在孩子的角度考虑问题，尊重孩子的想法，在希望孩子分享的时候，问问孩子的意愿。如果不顾孩子的感受，强迫孩子分享，或者责骂孩子，都会让孩子产生逆反心理。强制分享还很容易造成一个误区，就是让孩子认为只要自己想要的，哪怕别人不愿意，也可以通过家长抢过来，因为自己心爱的东西就是被强行分享了出去。因此，家长应该尊重孩子的感受，引导而不强迫，让孩子有安全感。有了安全感的孩子才会变得自信，才愿意与他人分享。

3. 暗示提醒法——促进分享行为的发生

在分享教育中，家长也可以多用心，根据幼儿的心理采用适宜的策略。针对幼儿缺乏安全感，怕分享后自己得不到的问题，家长可多准备一些物品，如给孩子的书包或是多功能餐盒里装一些便于分享的食物，像葡萄干、花生豆之类数量较多易于分享的食物，一般孩子们在自己食物多的时候就愿意分享给别人。还可以用语言再提醒一下，增强孩子的分享意识。

4. 活动探索法——体验分享的快乐

分享不仅仅是饮食和物品，还可以是共同的劳动、共同合作完成一件事情，家长可以加深分享教育的内涵，从分享中学会与他人合作和互帮互助。例如，几个家庭相约带孩子到小农场采摘，到田野里观察农民伯伯是怎样播种、耕地、浇水和铺草的，分享劳动和劳动成果，不仅进行了分享教育，还使幼儿体会到劳动的快乐，产生劳动的愿望。

5. 及时鼓励法——进行正面强化

当幼儿分享行为发生时，教师和家长要及时对幼儿进行正面强化，而当幼儿独占一件东西不愿与人分享，或是与其他孩子发生争抢时，要及时制止耐心教育，促进幼儿协商，必要的时候让幼儿亲身经历一点挫折，让幼儿体验被拒绝分享的失落感，对幼儿分享意识的培养也是有好处的。

五、教育评价标准

怎样判断幼儿的分享是积极的有意义的，而不是被动不情愿的呢？请对照表1-3-3。

表1-3-3　幼儿分享能力评价标准

序号	评价项目	评价标准
1	分享意识	能够体察和关心别人的思想和感情，主动愉快地分享，而不是在被要求的情况下才分享
2	分享情感	分享过程中与同伴有交流沟通，能够交换感受，而不是整个过程闷闷不乐、一言不发
3	分享能力	1. 能够将自己的玩具、食物等物品与其他幼儿一起分享，不担心被拿走。 2. 愿意将自己的故事、玩游戏的经验讲给大家或者与其他幼儿一起游戏。 3. 愿意把自己的快乐或感受传递给其他幼儿

思考与练习

1. 单选题

幼儿自我中心指儿童在前运算阶段(2～7岁)从自己的立场与观点去认识事物。这是哪位心理学家提出来的？(　　)。

A. 皮亚杰　　B. 弗洛伊德　　C. 陈鹤琴　　D. 斯金纳

2. 多选题

自我意识包括了三种形式，分别是(　　)。

A. 自我学习　　B. 自我认识　　C. 自我评价　　D. 自我调节

3. 判断题

(1)幼儿教养的过程中，父母的方式不会影响儿童的行为。　(　　)

(2)教师要具有培养幼儿分享行为的意识，并能根据不同的情境采用不同的教育方法来指导。　(　　)

4. 简答题

造成幼儿没有分享欲望的家庭影响因素有哪些？

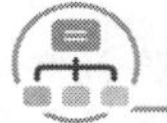

拓展延伸

不要强迫幼儿分享

分享行为对于幼儿的身心发展具有非常重要的作用，关注幼儿分享行为的培养要顺应幼儿的身心发展规律，有意识、有目的、有针对性地进行适当的引导和教育。不可采用强迫的手段让孩子分享，否则，孩子非但不会感受到分享的快乐，反而觉得自己的利益受损，再也不会产生分享的想法，慢慢就会形成自私自利的人格。

自愿做的事情再苦再累也会带来相应的快乐，被强迫做事情会让人感受到苦恼，哪怕这件事情本来是一个很美好的享受过程，分享也是如此。如果自愿和其他人分享，比如生活中美好点滴、自己的零食、各种纪念品、手工作业等等，分享的过程以及别人的夸奖会让分享者感到快乐，内心得到极大的满足，彼此的友谊也会更进一步。

在家庭中，与父母分享生活方面的乐趣，父母听着会感到很开心，一家人其乐融融。在面临挫折的时候，分享自己的苦恼，父母会给予相应的鼓励，让我们能够勇敢地战胜挫折，摆脱自己心中的负面情绪，这些分享都是积极的向上的。

当孩子有自己的秘密或隐私不愿意分享的时候，父母强行要求分享，就是一种强迫、一种命令，孩子会认为他的秘密守不住了，失去了安全感，对于父母的各种命令就会充满了敌意，和父母的关系也会更加难以和谐相处。

因此，父母在要求孩子分享的时候，要尊重孩子的意愿，千万不能强迫，每个人都有自己的秘密，允许孩子有自己的隐私空间，尊重孩子才能让孩子更愿意同父母分享。

任务四　培养幼儿自我保护能力

一、问题引入

案例1：

2022年3月18日，重庆市高新区龙荫小区一位3岁左右的女童被人贩子拐走，事发后，辖区的民警、社区工作人员以及热心的市民连夜帮忙寻找，最终成功在3月19日凌晨，在另一个区找到孩子，同时也将一名女性的嫌疑人抓捕归案。此时的孩子衣服已经被换了，头发也被剪了。

案例2：

一天中午进餐时，李想的奶奶急匆匆赶到幼儿园，说李想小朋友因身体不适，暂时不能吃鸡蛋。我顿时着急起来，因为小朋友的午餐正好有西红柿炒蛋。当我们走到李想身边时松了一口气，因为李想只吃了肉炒蒜薹和几口西红柿，鸡蛋被李想挑选出来，放在餐盘的一边，根本没吃。这件事使我惊讶于李想所具有的自我保护能力。

有些事情不是靠家长和老师保护就能保护得了的，必须靠幼儿自身所具有的自我保护能力。李想的奶奶知道李想不能吃鸡蛋，可她不在李想身边，老师在李想身边，可老师不知道这一细节，根本无法对他实施保护。李想小朋友记住了医生的话，增强了自我保护能力，自觉不吃鸡蛋，既保证了自己的身体健康，又使家长和老师都很放心，真是个好孩子。

案例3：

真真和丽丽，是幼儿园的两个小女孩，真真相对安静不太爱说话，丽丽比较健谈也比较活泼。有一天，要去操场做早操，丽丽觉得真真在她前面走得太慢，便伸手推了真真几把，真真一脸的不开心，但是也没有向老师反映。后来，丽丽又有几次在老师不在场的时候欺负真真。

幼儿生活经验比较少，对于危险的辨别能力有限，一旦有不怀好意的陌生人设计拐骗幼儿，幼儿很容易上当。幼儿对于一些危险的环境和事物不够敏感，容易受到伤害。每个父母都希望孩子在自己的保护下平安健康地长大成人。所以未雨绸缪，对孩子进行自我保护教育还是很有必要的。如何培养幼儿的自我保护能力呢?

二、问题分析

孩子总有离开父母庇护走向社会的一天，不可能一直在家长的羽翼保护下，培养幼儿的自我保护能力至关重要。影响幼儿自我保护能力的因素主要有以下几个方面。

（一）家庭因素的影响

1. 受教养方式的影响

幼儿家长普遍重视孩子的智力发展，缺乏安全教育的正确理念和策略，部分家长过度给孩子灌输少惹事、多忍让的思想，或者用小孩被拐卖的案例吓唬孩子，让孩子变得胆小怕事。有的家长当孩子受伤时，只关注孩子受伤程度与受伤的原因，忽视对孩子开展安全教育，使家长缺少预防的知识。

2. 受隔代抚养的影响

祖辈抚养往往过度关注孩子的安全，为避免伤害对孩子采取全方位的保护，事事包办代替。过度保护限制孩子的活动，剥夺了孩子可以通过实践锻炼来提高自我保护能力的机会，结果只会降低孩子的自我保护意识，缺乏基本的危险防范能力。

（二）幼儿园因素的影响

1. 幼儿园没有专门的安全教育课程

真正为家长宣传、指导安全教育方面的内容较少。在安全教育方面缺乏长远和系统的目标，比较零碎、随机。

2. 教师对幼儿缺乏自我保护技能的训练

很多幼儿园缺乏对幼儿自我保护技能的专门训练，幼儿缺乏自我保护的经验和技能。

（三）幼儿自身因素的影响

1. 幼儿能力和体力有限

身体的协调性和灵敏性较低，缺乏安全意识和合理的安全尺度，意识不到可能对自身造成的危害，不能预见自己行为的后果。比如，幼儿在走楼梯时喜欢顺着扶手往下滑或者往下跳等。幼儿缺乏生活经验，对危险不能做出准确的判断，当处于危险之中时，也缺乏自我保护的能力，容易受到伤害。

2. 幼儿性格软弱

有的孩子胆子小，性格太软弱，受到欺负不敢告诉家长和老师，但是一再忍让往往并不能换来对方的罢手，而是让自己受到更大的伤害。

三、幼儿教师教育策略

（一）查找问题原因

教师要细心观察幼儿的情绪，提高对陷害的预见性，对自我保护能力弱的幼儿要特别关注，查找原因。本任务案例 3 中，丽丽自我保护能力较弱的主要原因是家长“卑微”式思想形成了丽丽的懦弱性格。丽丽妈妈经常会跟孩子说：“我们家条件不好，也没有什么本事。你在外面就不要出头露面了，少惹事。”孩子在这种意识的灌输下，觉得自己不如人，遇事也不敢出头，潜意识里就有强烈的自卑感，丽丽从小性格较为内向，不擅长与人交往，与同伴发生冲突，都尽量忍让对方，进而形成了懦弱的性格。

（二）制定针对性策略

1. 运用环境创设提高幼儿自我保护意识

著名教育家布罗菲、古德和内勒为幼儿园环境设计提出了 11 个目标，其中有“能关注幼儿的健康和安全”，“有积极的情绪氛围，促进幼儿自信心发展”等。因此，首先精心创设相应的物质环境，对幼儿进行生动、直观、形象而又综合性的教育是尤为重要的。如在幼儿园的楼梯口或转角都贴上安全标志，时刻提醒幼儿注意安全；在图书室贴上图片，内容是正确看图书的标志，目的是时刻提醒幼儿养成正确的看书姿势，注意保护视力；在每天的晨间谈话和"每周表扬"中老师还可将自我保护的内容编成小故事讲给小朋友听。其次，创设良好的心理环境，以民主、平等的态度对幼儿，给幼儿以安全感和信任感。

2. 通过教学活动教幼儿学会自我保护的方法和技能

幼儿园可以开发系列安全教育课程，对幼儿进行系统教育。例如，设计"手指划破了怎么办"主题活动，让幼儿讨论"手指为什么会划破？手受伤了会给我们的生活带来哪些不方便？手受伤后该怎么办？"然后让幼儿实践操作，学会正确使用剪刀、游戏棒等尖锐物的方法。

还可以围绕自我保护的学习内容开发游戏活动，使幼儿在轻松、愉快的气氛中掌握安全技能。如：利用表演游戏《乘公共汽车》，使幼儿懂得"上下车不拥挤，不把头、手伸出窗外，不在车内乱跑"等乘车常识；通过游戏《找娃娃》《我家住在哪儿》，教育幼儿不要随便离开集体，要和大家在一起。如果万一走失，要记住父母的姓名、工作单位、电话号码、家庭住址及周围明显的建筑物特征。要胆大、积极寻找脱险自救的方法，提高自我保护的能力。

3. 培养生活中的自我保护技能

良好的生活习惯与自我保护教育是紧密结合、相辅相成的。例如，热汤热水吹一吹再喝能避免烫伤，吃鱼把鱼刺挑干净能免受咽刺之痛，吃饭不嬉笑打闹避免气管进异物，正确有序地穿衣服能保护身体，鞋带系得牢固可避免跌倒摔伤。教师除了提出要求和教给幼儿方法外，还要注意督促和检查，经常提醒，让孩子知道怎样做并能够做到。给幼儿多提供实践的机会，不包办代替，让幼儿在劳动实践中掌握生活技能，提高自我保护能力。

（三）与家长形成教育共同体

安全教育中，家园要一体设计、分工实施、各负其责。幼儿园要起到组织作用，召开家长会或通过网络手段，建立家园的密切联系，向家长详细介绍培养幼儿自我保护能力的意义、目标及计划和需要家长配合的事项。让幼儿在父母的帮助下，逐渐掌握在家庭中需要学习的自我保护技能。家庭教育与幼儿园教育形成合力是培养幼儿自我保护能力的关键，还要把幼儿纳入教育共同体，让幼儿认识到安全的重要性，能够主动配合教师和家长，主动获取知识学习技能，实现自我教育。

四、家庭教育指导策略

（一）更新家长的教养观念

"千般爱护，莫过自护"，家长常把盯牢孩子不出危险看作主要任务，却忽视了"孩子遇到危险怎么办"的预防性教育，忽视了对孩子自我保护能力的培养。家长要转变观念，不仅教育孩子避免危险、远离伤害，还要引导幼儿建立自我保护意识，教其自我保护的方法，提高其自我保护的能力，使幼儿在伤害发生时能够积极自救。

（二）指导家长科学育儿

1. 环境熏陶法——让幼儿把安全意识融入生活

家庭生活中，家长首先要帮助幼儿建立安全防范的意识。比如，当幼儿很小的时候，我们告诉幼儿这杯水很烫，喝了会烫伤，要等晾温了再喝；在家玩的时候要注意类似桌角这样尖锐的硬物，碰上了可能会受伤；等孩子大一点，我们带他在马路上行走，要注意交通安全；当孩子会说话，让孩子早早地背熟家长的电话号码、家长姓名、家庭住址信息等，越早越好。

2. 兴趣诱导法——用幼儿喜闻乐见的方式教授安全知识

可以根据幼儿喜欢听故事、看动画片的特点，通过故事或动画片让幼儿了解自我保护的知识。比如通过绘本《我不跟你走》，让幼儿明白要防范陌生人，避免被坏人诱拐；比如绘本《汤姆走丢了》，让幼儿明白，万一和家长走散了，应该怎么做。

3. 暗示提醒法——让幼儿时刻有安全意识

虽然家长和教师对幼儿进行了许多的安全教育，但是幼儿有时候玩起来就忘了，需要家长不时地暗示或提醒。

4. 活动探索法——教幼儿掌握安全技能

在室外活动时，要让孩子知道躲避汽车，不要在马路中间玩，过马路要走斑马线。通过真实的活动，教会幼儿保护自己的方法。比如，当汽车过来时，妈妈不要只想着急忙抱起孩子，最好是牵着孩子的手，避到近侧的路边，让孩子能亲身体验到怎么办。过路口时，要让孩子记住走人行道，看红绿灯。

5. 及时鼓励法——提高幼儿学习的动机

幼儿每一次的进步，家长一定给予孩子及时的肯定和鼓励。比如幼儿从不会背家长的电话号码直至努力背熟，家长开心地抱抱孩子或者让幼儿再背一遍试试，都是对幼儿的鼓励。幼儿可以带着家长过马路，孩子可以自己挑鱼刺了，幼儿学会了游泳等等，都是提高了自我保护的能力，都应该予以鼓励。家长的鼓励能够让幼儿对安全知识和技能更有兴趣。

五、教育评价标准

幼儿的自我保护能力需要达到哪些标准呢？请对照表 1-3-4。

表 1-3-4　幼儿自我保护能力评价标准

序号	评价项目	评 价 标 准
1	家庭安全	具有防火、防水、防气、防盗意识。如懂得玩火、玩电、玩水的危害。不从楼梯扶手往下滑，不做爬窗、扒窗、跳楼梯、玩门、从高处往下跳等危险的动作
2	学校安全	在体育活动中注意安全，做好准备活动；对同伴的欺负、侮辱行为勇敢地向对方说“不”，机智地拒绝暴力、反抗暴力，及时寻求家长教师的帮助。不要让他人触碰自己背心和短裤覆盖的身体部分，有这种情况及时告知家长和老师
3	社会安全	严格遵守交通规则；发现险情，要量力而行；对陌生人有警惕心，能够识别骗子的骗术，避免受骗上当。面对陌生人的伤害，勇敢地、机智地求助他人，积极想办法逃脱险境，必要时记住不法分子的相貌特征和去向，事后及时报案，拨打 110 电话报警

思考与练习

1. 单选题

热汤热水吹一吹再喝能避免烫伤，鞋带系得牢固可避免跌倒摔伤。以上案例说明培养幼儿良好的(　　)，可促进自我保护能力的发展。

A. 生活习惯　　B. 作息习惯　　C. 教养方式　　D. 品格

2. 多选题

下面哪些原因会造成幼儿自我保护能力差？（　　）。

A. 教师忽略与家长的沟通　　B. 家长过度保护

C. 生活环境过于单纯　　D. 家长过度宠爱

3. 判断题

（1）将自我保护的学习内容融入游戏之中，能使幼儿在轻松、愉快的气氛中巩固自我保护技能。（　　）

（2）解决幼儿自我保护能力弱的问题，教师可以不必与家长沟通，可自行解决。（　　）

4. 简答题

采用哪些策略可提高幼儿的自我保护能力？

拓展延伸

不要为了教育孩子而吓唬孩子

之前看过一篇文章《假扮人贩子吓唬孩子，却不料孩子真的不见了》，程女士想教育孩子，想找一个朋友假扮“人贩子”去吓吓孩子，让孩子长记性。

没想到“假戏”还没上演，程女士的手机恰好没电了，朋友联系不到她，独自在街上等候的孩子却真的不见了。心急如焚的程女士不得不求助警方。就在警方四处寻找时，有市民报警说在附近一个地下车库，发现了一个没有大人陪伴的小男孩。警方立即赶往现场，经确认，孩子就是程女士的儿子。

妈妈教育孩子的本意我们可以理解，但孩子不是成人，应急能力和其他能力都比成人弱很多，找不到父母更多的是慌乱、恐惧、不知所措，在这样的情况下，孩子是容易走失、发生意外的。

所以，想要锻炼孩子防走失、自我保护的能力没有错，但是贸然就来一个“实地演练”是不可取的。

任务五　正确引导幼儿攀比行为

一、问题引入

案例 1：

“哼，我才不稀罕玩这些玩具呢，我家里的玩具比这些贵多了。”“我的玩具是爸爸从国外带回来的，比你的更高级。”“玩具算什么，我家还有小轿车、小别墅呢！”“我家……”两个孩子之间的较量，比的不是有礼貌、乖巧、懂事等良好品质，而是大到洋房轿车，小到玩具书包等用金钱衡量的物品，面对孩子之间的攀比，老师既无奈又不解。

案例 2：

麦兜上幼儿园中班的一天，放学回来的路上突然跟我说“妈妈，我们班××的爸爸是局长！”闻听此言我愣了一下，我 4 岁多的儿子居然把这样一个事实抛给我，我该如何回答呢？“哦，这样，那局长是干什么的，你知道吗？”我觉得在我还没想好怎么回答他的时候，不妨先把问题抛给他。“我不知道啊，但是好像很厉害的样子！”原来这个家伙根本不知道同学炫耀的是什么，只是盲目地听从了小朋友的话而已。“妈妈，我跟他说我的爸爸也很厉害！”看着小家伙一本正经的样子，我很释然地笑了。

看到别的小朋友有新衣服、新书包，孩子回家也嚷嚷着让爸爸妈妈买；看着别的小朋友开生日会，自己吵闹着也要办；有的孩子甚至比“官职”，当班长、组长就觉得自己能力强，在同学面前很得意、很有面子，凡此种种。幼儿的攀比动机并不可怕，关键在于家长的教育，首先要搞清楚攀比背后的“始作俑者”。其实，这个年纪的孩子并不是真的虚荣心在作祟，而是处在一个自我意识的敏感期，他们喜欢互相模仿，用各种方式证明自己是与众不同的，很容易出现在成人眼里的“炫耀”“攀比”行为。面对幼儿的“炫耀”“攀比”应该怎样引导呢？

二、问题分析

幼儿的“炫耀”“攀比”行为，出现的原因主要有以下几个方面：

（一）家庭因素的影响

1. 家庭环境的影响

社会生活中每个家庭各异，家庭经济水平、父母、家庭关系、教养方法等各不相同，幼儿不能正确认识这些差异，就产生了所谓的“攀比”现象。幼儿一般以自我认知为中心，别人有的自己也要有，自己有的别人没有，自己有的比别人好，这些都会让幼儿的心理得到满足。

2. 家长的影响

家庭对孩子的影响是潜移默化的，家长或其他成人日常的谈话，幼儿都像一架留声机，如果谈话中有相互夸赞、自我夸赞或者攀比的内容，幼儿就自然有样学样。很多家长也会拿自己孩子与别人的孩子进行比较，经常说别人家的孩子怎样好，幼儿心理是不服气的，就会处处证明自己比别人优秀，产生了“炫耀”行为。

（二）幼儿园因素的影响

幼儿都具有“向师性”，教师在幼儿心中有很高的地位，教师对幼儿的表扬和奖励，如果运用不当也会成为幼儿“攀比”的根源，有的幼儿得到了老师奖励的小红花，忍不住向其他小朋友“炫耀”，其他小朋友不服气，就会引起“攀比”现象。教师不恰当的言行也将导致幼儿产生攀比心理，如“今天谁穿得最漂亮？”“今天谁带来的玩具最好玩？”等。

不可否认，有些幼儿园教师存在功利现象，对家庭条件好的、父母社会地位高的或者是自己喜欢的孩子给予特别的照顾，甚至在闲暇聊天时谈论孩子的家庭条件和家长职务等，教师这些不恰当的言语耳濡目染地影响了幼儿。

（三）幼儿自身因素的影响

1. 渴望得到更多的关注

3 ~ 6 岁的幼儿渴望得到父母、老师和同伴的关注和赞扬，当他感觉自己被忽略或者想得到别人的关注时，就可能产生“炫耀”行为。在幼儿园中经常发现，幼儿为了得到教师的赞扬而努力做事。如为了得到教师的表扬幼儿努力吃完饭菜，在教学活动中积极踊跃地回答问题等，都说明幼儿渴望得到外界的关注和认同，当幼儿这种渴望被教师和家长忽略时，就会通过外在的比较来满足自己的心理需求。

2. 内心缺乏力量和自信

学前阶段的幼儿具有一定的自尊心和自信心。一方面，幼儿在活动中逐渐学会与同伴交往和分享，并获得了领导同伴和服从同伴的经验；另一方面，他们也开始有了嫉妒心，能感受到强烈的愤怒与挫折,他们还喜欢炫耀自己所拥有的东西。在幼儿园中,小朋友们会经常讨论自己当天所穿的衣服是什么品牌、多少钱买的,他们甚至会比较爸爸开什么车、爸爸妈妈的职业等。有些幼儿会因自己拥有的没别人的多,或者没有别人的好而产生自卑心理,就会采用各种方式让父母满足自己在物质方面的需求,以此来增强自己的自尊心和自信心。

三、幼儿教师教育策略

(一)查找问题原因

教师要细心观察,与幼儿和家长沟通,了解"炫耀""攀比"行为是偶然的、无意的还是已经形成了幼儿的常态,查找产生的原因,有针对性地引导,培养幼儿正确的价值观。例如,本任务案例1中的两名幼儿,家庭条件较好,家长日常对孩子十分宠爱,在经济和物质上从不吝啬,孩子要什么就给买什么,孩子的妈妈平时也非常注重穿着打扮,两个孩子的妈妈也相识。

(二)制定针对性策略

1. 平等对待每一位幼儿

在幼儿园中,教师不能根据幼儿的外貌、穿着、家庭背景、智力等因素区别对待,要尊重幼儿,维护幼儿的自尊心和自信心。教师要关注每个幼儿的进步,让每个孩子都能感受到来自教师的关心,尽量不要让幼儿感觉到老师对别的幼儿很疼爱,对自己很冷漠。作为幼儿教师要不断提高自身的专业素养,严守职业道德,始终对每个幼儿的身心健康发展负责。

2. 一日生活注重美德教育

教师应加强对幼儿的德育,在一日生活和教学活动中,通过游戏、绘本、实践活动或组织参观活动等方法,引导幼儿树立正确的价值观,让幼儿懂得节约、不能浪费,在活动中强化他们的道德意识和道德行为。比如:在幼儿用餐的环节,教师就可以给幼儿讲一些关于农民辛苦劳作的故事,让幼儿从比较具体的事例中懂得粮食的来之不易,从而逐渐培养幼儿节约意识。

3. 正确引导幼儿的攀比方向

教师要规范自己的言行,在鼓励、表扬、奖励某一位幼儿时,要照顾到其他幼儿的情绪,让幼儿向表现好的幼儿学习,要能够接受别人某件事做得好,能够真心为同伴的进步高兴、鼓掌,把嫉妒心、虚荣心消灭在萌芽状态。还可以利用幼儿渴望表现的心理,形成积极的竞争,比如:和其他小朋友比谁在家里帮助大人做家务,比谁对待他人有礼貌,比谁吃饭不挑食等。引导幼儿比学习、比守规则、比养成好习惯,形成积极向上的班级氛围。

(三)与家长形成教育共同体

"幼儿是富有个性的个体,因此单靠幼儿园教育难以实现个体的全面发展,所以幼儿园、家必须协同教育"。幼儿园要积极争取家长的支持,让家长认识到不良的攀比行为如果得不到正确引导,会导致儿童的心理问题,使幼儿养成嫉妒、虚荣、贪婪等不良品质,要重视幼儿不良的攀比行为,消除不良的攀比心理。引导家长从自身做起,形成榜样示范作用,正确引导幼儿的心理发展。

四、家庭教育指导策略

(一)更新家长的教养观念

1. 引导家长重视幼儿的攀比行为

有的家庭经济条件比较好,家长本身优越感比较强,有了孩子之后,继续在孩子身上延续自己的优越感，并且通过各种外在条件的攀比体现出来，觉得这样是为孩子好，是爱孩子的表现，是创造条件让孩子赢在起跑线上。教师要引导家长认识到，家长的小问题会在孩子身上夸大十倍百倍，外在的物质追求和名利向往，对培养幼儿纯洁的童心、高雅的内涵都会造成不良影响，影响幼儿形成正确的价值观和人生观。家长的行为会给幼儿传递错误的信号，严重的会导致心理问题，孩子接受不了别人比自己好，只要别人稍微比自己好，就会生气、沮丧、发脾气，产生自卑、嫉妒甚至报复心理。

2. 引导家长以平常心态对待幼儿

幼儿是一个独立的发展个体，而不是家长的愿望载体。每个幼儿都有自己的性格特点、兴趣爱好、发展能力和身体条件，每一个家庭也有自己的具体情况，这种差异性决定了幼儿之间没有绝对的可比性，家长应该克服自己心理和性格方面的弱点，尽可能避免把自己的想法和做法强加于别人或者是幼儿。应该认识到幼儿不可能承担弥补家长心理失衡的重负。家长要特别注意调整自己对幼儿过高的期望值，以一颗平常心，给孩子尊重、鼓励、信任和帮助，让孩子在积极宽松的环境下成长。

3. 号召家长共建积极向上的班风

有时候，幼儿及家长的攀比是在无意中形成的，起源或许是家长一番好意。例如，家长在孩子过生日时买一个大蛋糕送到幼儿园，希望小朋友共享生日的快乐。家长的初衷是善意的，但是其他小朋友不自觉地就想模仿，还会在一起讨论谁家的蛋糕大，谁家的蛋糕更好吃些。教师要有敏锐的察觉能力，杜绝幼儿物质上的攀比之心，号召家长共建朴实平易的班风，引导家长用合理的方式为班级建设出力。

4. 提醒家长不要流露攀比的言行

家长是幼儿的第一任教师，幼儿喜欢简单地重复成人的话，喜欢模仿成人的语气和态度。教师应提醒家长不要表露攀比的言行，不要随意在幼儿面前抬高自己贬低别人。要让幼儿学会尊重他人、接纳他人。家长应该懂得丰富的物质条件可以让幼儿拥有，却不能让幼儿炫耀，要引导幼儿在好习惯、好品质、好修养方面攀比，把竞争作为激励自己学习的动力。

（二）指导家长科学育儿

1. 环境熏陶法——营造良好的环境

很多的父母由于工作的原因，没有时间陪伴自己的孩子，会在物质上尽量弥补孩子，使幼儿在心理上比较重视物质生活。家长要为幼儿营造一个积极向上的家庭环境，在物质条件上适度满足，量力而行，不要给孩子买超出家庭经济负担的任何东西。对孩子提出的要求，家长应严格把握适度的原则，对幼儿提出的过分要求坚决不予以满足，不过分溺爱。父母在平时应该多抽时间陪伴幼儿，和孩子一起阅读、一起做游戏、带孩子外出游玩等，这在一定程度上能满足幼儿心理上对爱的需求。古时“孟母三迁”，为的就是让孩子“近朱者赤”。如果孩子周围的同伴都乐于学习，并且相互交流学习，那么孩子自然也会为了融入其中，进而专心学习。

2. 兴趣诱导法——引导孩子做有意义的事情

家长要通过幼儿喜闻乐见的方式，让幼儿理解人与人之间的差异性，每个人都是独立的个体，每个人都有自己的优势和劣势，让幼儿正确对待自己的缺点和他人的长处，知道“尺有所短，寸有所长”的道理。帮助孩子在一些有意义的事情上获得成功，让孩子意识到自己不需要通过攀比来满足虚荣心，引导孩子把注意力集中到自己和发展和有意义的事情上，在精神上有较高追求的孩子就不容易沉湎于物质感官享受。

五、教育评价标准

你身边的幼儿是否有“攀比”行为，处于什么状态呢？请参考表1-3-5。

表1-3-5　幼儿的“攀比”行为评价标准

序号	评价项目	评 价 标 准
1	正性攀比	具有积极作用的攀比是正性攀比。这样的攀比能够让幼儿产生积极向上的正当竞争，解决问题时持有主动乐观的态度。例如一次学习成绩不好，下一次会赶上；如果拿了奖品后，也不会骄傲，想着下次还要拿奖品等等，这些都是正性的攀比心理。正性攀比两个特点：一是正面的比较中，促使自我提升和完善；二是拥有正性攀比心理的孩子，学习比较主动，总洋溢着热情
2	负性攀比	产生负能量的攀比是负性攀比，具有三个特性：暗示性、炫耀性和外在性。总是想着拥有比别人好的生活用品，夸大别人没有的条件，例如家里有怎样的豪车，爸爸是什么职位之类的等等。这样的攀比会导致孩子自卑消极，不会将心思用在学习上，做事缺乏理性的分析，陷入负面的“泥淖”中，形成巨大的精神压力。拥有负性攀比心理的孩子，容易出现模糊的金钱观、不良的炫富心态，甚至出现与同学打架、偷窃等不良行为

思考与练习

1. 多选题

(1)导致幼儿出现攀比行为的家庭因素包括(　　)。

A. 家长存在攀比　　B. 幼儿园环境

C. 教师教育方法不当　　D. 家长教育方法不当

(2)当幼儿出现攀比行为时，教师应该(　　)。

A. 批评幼儿　　B. 注重日常生活教育

C. 与家长沟通合作　　D. 什么都不做

2. 判断题

(1)发现幼儿出现攀比行为时成人无须干预或制止。(　　)

(2)内心缺乏力量和自信可能导致幼儿攀比。(　　)

3. 简答题

如何引导幼儿的攀比行为？

拓展延伸

绘本《爱攀比的小熊》

小熊是出了名的爱攀比，其他小动物有什么，它也一定要拥有。这不，又跟长颈鹿露露比起来了。几天没见，露露的个子又长高了许多，它不用踩石头就可以吃到树上的叶子了。小熊看到这些，心里不服气了，露露可以有那么长的脖子和那么高的个头，我为什么就不可以拥有？于是，它气冲冲地跑回家，找来了绳子和椅子，又气冲冲地回森林找到露露，对露露说："你有什么了不起的，我也可以有长长的脖子，高高的个头。"说着，只见小熊用绳子在树枝上系了个圈，然后踩着椅子将脖子放入圈中，对着露露喊道："只要我稍加努力，马上就可以拥有你那长长的脖子啦！"还没等露露出声，小熊就踢翻了踩在脚下的椅子。只见它晃晃悠悠地挂在树枝上，喉咙里发出哼哼的声音，挥动着双手，拼命挣扎。露露赶紧跑到小熊下面，努力伸长自己的脖子，让小熊踩在它的头上，就这样，慢慢地将小熊放到了地上。气喘吁吁的小熊在地上躺了好长时间，才慢慢恢复过来。这时，露露忍不住对它说："小熊，我的长脖子并不是用你那样的办法抻出来的，我天生就是长脖子、高个子。就如同你天生力气大一样。我们各有各的优点，为什么要一味攀比呢？"只见小熊羞愧地低下了头，对露露说道："露露，对不起，我知道错了，爱攀比是不对的，我以后一定改正。"

任务六　正确引导幼儿攻击性行为

一、问题引入

案例1：

乐乐，今年三岁，长得挺壮实，人也很机灵，在家是独子，父母平时很疼爱他。最近乐乐又被幼儿园退学了。这已经是第三次被退学，乐乐的父亲很恼火，因为儿子攻击性很强，喜欢打人、抢东西。在家脾气很大，动不动就要打人。

案例2：

明明，今年4岁，喜欢模仿奥特曼。当小朋友议论奥特曼的时候，他会毫无顾忌地模仿奥特曼的打斗动作。列队做操时，会故意推前面的小朋友，或者是碰后面的小朋友。户外体育活动时，和小伙伴打闹一团，经常有孩子告他的状。

案例3：

浩浩，3岁，抬手就打不喜欢的小朋友，随意性大。在做游戏的过程中，经常和小朋友发生争抢玩具的现象。只要是自己喜欢的玩具，就一定要抢过来，打人或者是咬人。当不能得到自己喜欢的玩具时，会放声大哭。

攻击性行为是一种使他人受到伤害或引起痛楚的行为。攻击是宣泄紧张、不满情绪的消极方式。这种伤害包括打人、骂人、嘲笑人、说坏话、造谣污蔑等等。有伤害他人意图但未造成后果的攻击性行为。攻击行为可分为敌意性攻击和工具性攻击两类。有伤害他人的行为是敌意攻击，而达到一定的非攻击性目的而伤害他人的行为是工具性的攻击①。例如，在幼儿园里，一个男孩故意打一个女孩，惹她哭，这是敌意性攻击，但如果男孩只是为了争夺女孩手中的玩具而打她，则属于工具性攻击。

攻击性行为是常见的幼儿问题行为，面对有攻击性行为的幼儿应该如何引导呢？

二、问题分析

幼儿爱动手打人、攻击别人的原因有很多，一般受家庭、幼儿园、大众媒体等外部因素和幼儿自身等内部因素的影响。

---

① 陈敏.关于有攻击性行为的幼儿教育建议[J].中国校外教育(中旬),2013(20):148.

（一）家庭因素的影响

1. 家长对幼儿的过度宠爱或溺爱

很多父母忙于工作，将孩子交给爷爷奶奶，隔辈人更加宠爱孩子，对孩子百依百顺，无原则满足孩子的任何要求，甚至“遮丑护短”，“隔辈亲”演变成了“隔辈溺”，养成孩子独占、独霸的习惯，以及自私、任性、懒惰、骄横等不良行为。到了幼儿园，当幼儿不能再享受家里的待遇，得不到自己想要的东西时或要求得不到满足时，幼儿不知道如何解决，就会采用简单的打、抢的方式去解决问题。

2. 家长对幼儿的错误榜样示范

心理研究发现，很多脾气暴躁的孩子，其父母或身边的人中往往有脾气不好的人存在。小孩子喜欢打人，有可能是家人中有打人（或以轻打屁股来逗着孩子玩）的行为。孩子在耳濡目染中学会这些行为，并把这些行为运用到别人身上。

（二）幼儿园因素的影响

在幼儿园，幼儿受到同伴行为的影响。当同伴出现攻击性行为时，由于幼儿没有分辨能力，会进行学习和模仿，特别当同伴用攻击性行为达成了目的后，幼儿的模仿会加重。

（三）社会环境因素的影响

电视、手机等传媒方式已经进入千家万户，很多家长想让孩子“安静”“听话”，让幼儿把更多的时间给了电视和手机，部分电影、电视、游戏中的暴力环节和画面对幼儿产生了负面影响。有些动画片有暴力的动作，而且使用暴力动作的都是孩子们心中的“英雄”，幼儿会竞相模仿。特别是男孩子对动作片和暴力片感兴趣，经常会看到男孩子模仿武打片中的形象，在班上也尝试和小朋友过过招，如果老师不及时加以引导，很可能由开始的好玩发展成为一场真正的打斗。

（四）幼儿自身因素的影响

1. 缺乏安全感和信任感

爱打人的幼儿一般缺乏安全感和信任感，对别的孩子心存戒备，当感觉受到威胁时就会主动进攻。孩子安全感的建立与亲子依恋有关。如果亲子关系良好，孩子便能建立良好的安全感和信任感。家长要建立良好的亲子关系，多开展亲子活动，帮助孩子交一些同龄的好朋友。

2. 没有学会正确的解决问题方式

很多孩子并没有意识到“打人”是对他人身体的一种侵犯和伤害，而是把这种行为当作自己的一种解决问题和情感表达方式。孩子并不是天生就爱打人，而是没有掌握与其他孩子沟通的方式。

三、幼儿教师教育策略

（一）查找问题原因

幼儿出现攻击性行为时，教师应及时制止，先查找原因，再采用科学合理的方式去帮助幼儿解决问题，纠正问题行为。例如，本任务案例 1 中乐乐经常打人的原因主要有两个方面：一是长辈的过度溺爱。乐乐平时由爷爷奶奶照顾，乐乐的爸妈为了弥补孩子，经常买大量的玩具来“补偿”乐乐，乐乐的爷爷奶奶对孩子百依百顺，要什么就买什么。乐乐稍不称心就会哭闹，甚至动手打人，就连乐乐的爷爷奶奶也不能幸免；二是幼儿形成了严重的自我中心意识。由于家长的过度迁就，导致乐乐形成了较为严重的自我中心意识，想要什么就要什么，想拿什么就拿什么，看到别人的东西只要自己想要，动手就抢，一不顺心就动手打人，导致小朋友们都不敢靠近他。

（二）制定针对性策略

1. 公平公正地解决问题

在幼儿园中，教师应眼观六路，耳听八方，对于经常打人的幼儿应给予更多的关注。当幼儿即将发生或已经发生暴力行为时，教师应及时制止，语气眼神坚定地告诉幼儿："打人是不对的，会对他人造成伤害"。然后查明冲突产生的原因，公平公正地解决，让双方幼儿都感受到自己得到了平等对待。事后要对当事人进行深入教育，引导幼儿明确认识到自己的错误，能够积极改正。

2. 营造和谐温馨的环境

安静有序的环境能够让人缓解不良情绪，降低暴力倾向。教师可以从环境入手，营造温馨、安全、和谐、愉悦的班级氛围，提供较为宽敞、温馨的活动空间，注意各活动区内的材料配置，在教室里提供充足玩教具、书籍等活动材料，避免嘈杂的环境、幼儿无序流动以及有攻击倾向的玩具（如玩具枪、刀等）。

3. 开展主题教学活动进行专题教育

教师可以专门针对幼儿攻击性行为组织主题教学活动，如《不动手打人》《生气的时候》等，让幼儿明确认识打人是错误行为，学会采用正确的方式方法来解决矛盾，学会合理宣泄自己的情绪情感；也可以给幼儿讲有关谦让合作的故事，比如《小蝌蚪找妈妈》《团结就是力量》等，让幼儿学会协商。

4. 通过游戏教会幼儿互助合作

教师要善于利用游戏活动的教育职能，比如常见的表演游戏、角色游戏等，让幼儿通过情景表演、角色扮演的方式，学会谦让、关心、分享、互助、合作等正向积极的品质，减少打人等负面行为的发生。

5. 合理运用表扬鼓励和适度惩罚

教师在日常生活中，应注意使用鼓励性的语言，多表扬能够合作的幼儿，例如，"×××，你做得真好，帮助 xx 解决了个大麻烦，真是个好孩子！"。对于脾气暴躁爱打人的幼儿要特别关注，坚持引导，帮助幼儿约束自己的行为，幼儿取得进步也要及时鼓励，巩固效果。

（三）家园合作

当幼儿出现打人现象，一定要及时与家长取得联系，如果被打的幼儿受伤，一定要做好家长和幼儿的安抚工作，帮助双方进行协商。教师要联合家长共同教育幼儿，共同探讨科学的育儿方式，提供相应的指导，可以为家长推荐幼儿教育方面的绘本、书籍、期刊，如《幼儿教育》《父母必读》《早期教育》等，共同纠正幼儿的暴力倾向，促进幼儿健康成长。

四、家长教育指导策略

（一）更新家长的教养观念

教师应向家长介绍科学的育儿观念，特别针对存在攻击性行为的幼儿家长，引导家长树立正确的育儿理念，掌握纠正幼儿攻击性行为的应对方法，定期通过网络平台发布相关内容推送，让家长了解并意识到不能过分溺爱孩子，教会孩子采用合理的方式表达自己的意愿和情感，不能采用攻击的手段去解决问题。

（二）指导家长科学育儿

1. 环境熏陶法——营造温馨和谐的家庭教育环境

在家庭教育中，家长首先应为幼儿营造温馨和谐、无攻击性的环境，家庭成员之间要构建融洽的家庭关系，注意家长与孩子的互动方式，尽量避免吼叫、打骂、争吵等现象。当幼儿出现打人行为时，先告诉孩子："我们生气的时候不能打人，这样做是不对的。"沟通时要尽量保持内心平静，既不要急躁，也不要软弱，眼神要坚定又温和。向孩子表明你了解的经过，比如"我知道你想吃糖，妈妈不给你吃，所以你很生气，但打人是不对的"，排除家庭中的攻击性因素。

2. 兴趣诱导法——教给孩子正确的表达方式

可以结合故事和游戏去引导孩子，掌握正确的人际交往方法及解决问题的方式，帮助孩子掌控情绪，做自己情绪的主人，同时学会移情。例如，我是好孩子系列故事《小手不是用来打人的》《小脚不是用来踢人的》《为什么不可以打架》等进行兴趣引导。家长要重视发展孩子的语言能力，教孩子用语言表达思想，用协商去解决问题。

3. 暗示提醒法——进行适当的语言提示

例如，当孩子为了得到某样东西情绪开始暴躁即将出现攻击行为时，家长可以这样说："宝贝，之前你是怎么和妈妈说的?""拿别人的东西首先要征得他人的同意，不能大喊大叫，这样是解决不了问题的!"，之后可以接着问孩子："下次生气的时候你会怎么办?"父母可以引导孩子，帮助他们思考，最后让孩子总结出来，打人这种行为是不可以的。

4. 活动探索法——在社会实践体验快乐

我们可以带孩子参加社会实践活动，比如当小小志愿者，帮助清洁工清清理街道、帮助路人提东西、去福利院慰问老人、将玩具捐给山区需要帮助的小朋友等，或者在家庭中开展"我是爸妈的小帮手"活动，让孩子去体验帮助别人的快乐，间接明白打人会给他人带来伤害，让孩子学会换位思考。

5. 榜样示范法——以身作则

幼儿的模仿性较强，因此家长应以身作则，为幼儿树立榜样。作为孩子的第一任老师，家长应充分发挥榜样示范作用，在遇到问题时，要注意解决处理问题的方式和方法，部分家长采用暴力的方式解决问题，也鼓励孩子用拳头解决问题，为孩子造成了错误的示范。因此家长首先要做到遇事冷静，耐心处理，拒绝暴力。

6. 及时鼓励法——强化幼儿的正面行为

当孩子出现亲社会行为包括合作、分享、关心、安慰等，或者能够把控自己的情绪情感而减少打人频率的情况下，家长应对孩子的正面行为及进步及时给予鼓励与表扬，增强孩子的自信心，对减少及杜绝幼儿的打人行为是有很大帮助的。

7. 适当惩罚法——商定适宜的惩罚办法

我们这里所说的惩罚当然不是打骂、体罚，更不是讽刺、挖苦。采用惩罚法的目的也是为了减少孩子的攻击性行为。因此，家长要掌握尺度，惩罚过重不利幼儿的身心发展，可能还会让孩子产生抵触情绪，造成不良后果；也不能蜻蜓点水、轻描淡写，这样会失去意义。家长可以邀请幼儿共同制定惩罚规则，让幼儿也成为规则的制定者，这样孩子也更愿意去遵守规则，而不是感到规则是强加给自己的。例如，规定好一年内或一个月内买玩具的数量、去游乐场的次数、吃零食的机会，如果打人一次就减少一次，让幼儿知道打人是需要承担后果的。

五、教育评价标准

幼儿打人的原因有多种，例如，自控能力低、自我中心意识强、不会解决问题等，那么，幼儿良好的解决问题能力有哪些呢？请对照表1-3-6。

表1-3-6 幼儿良好的解决问题能力评价标准

序号	评价标准
1	能克制自己的感情，控制好自己的情绪
2	不惧怕陌生环境，能够很快适应新环境，不会焦虑和恐惧
3	能够与小伙伴相处和谐，能在各项活动和游戏中合作互助
4	有独立能力，不喜欢依赖别人
5	善于和乐于帮助他人，能够关心他人并能谦让
6	触碰别人的东西时，能够主动询问，寻求他人的同意
7	遇到问题时，能够用积极的沟通方式去解决问题，不攻击别人
8	有组织能力，在游戏和学习中能起到“小领袖”的带头作用，并为伙伴们所喜爱
9	能理解成人的意图并能按成人的意愿去办事，能提出自己新的观点和建议
10	在公开场合中，能聪明、机智、不卑不亢地表示自己的想法和建议
11	热情开朗，与人交往中充满尊重和信任

思考与练习

1. 多选题

导致幼儿出现攻击性行为的原因可能是(　　)。

A. 家长对幼儿的溺爱　　B. 家长的错误示范

C. 幼儿没有掌握正确的情绪表达方式　　D. 大众媒体的不良影响

2. 单选题

幼儿攻击行为的正确分类是(　　)。

A. 工具型攻击和故意性攻击　　B. 工具性攻击和敌意性攻击

C. 敌意性攻击和无意性攻击　　D. 敌意性攻击和言语性攻击

3. 判断题

(1) 当幼儿出现攻击行为时，家长要根据具体原因和幼儿性格特点对幼儿进行教育。(　　)

(2) 对于经常出现攻击行为的幼儿，教师应该劝其退学。(　　)

4. 简答题

从幼儿自身角度分析，出现打人行为的原因包括哪些方面？

拓展延伸

正确认识幼儿攻击性行为

1. 攻击行为类型

幼儿打人行为属于攻击性行为，研究者根据行为方式将攻击性行为大致分为言语攻击、身体攻击和关系攻击等类型。我们可以根据孩子的具体表现去判定其攻击行为。

言语攻击,指对他人进行辱骂、起绰号、嘲讽等言语攻击。

身体攻击,是指通过身体动作,如推、拉、踢、打等对他人造成身体伤害的攻击。打人行为属于身体攻击,出现推拉踢打就可以判定为身体攻击。

关系攻击,是指通过有目的地损害或操纵他人人际关系,而伤害他人的攻击性行为,如散播谣言、排斥在群体游戏之外等,关系攻击会对幼儿的心理造成严重的伤害。①

2. 幼儿打人时的应对方法

1)攻击小朋友

正确态度:及时制止孩子,郑重告诉他"不能打人""打人是不好的行为"。不要用商量的口吻制止,如"我们不打小朋友了,好吗?"这会让他觉得打人是可以商量的。

查明原因:孩子打人的起因通常有9种,如不恰当地表达自己的喜爱之情、争抢他人的物品、保护自己的物品、争夺空间、帮助好朋友或受人唆使、游戏或其他活动的纠纷、他人违反纪律和行为规则、无故挑衅或欺负他人、报复还击。

教育引导:表明你对他打人的态度,给他讲道理。如果孩子用错误方式向小朋友表示友好,就应告诉他,"你喜欢他,可以和他拉拉手","告诉小朋友'我喜欢和你玩'"。也可以教宝宝跟别人分享玩具、食物;如果是因为其他小朋友不对,应该用其他的方法解决问题,例如,"别的小朋友先打你,你要告诉他:'请不要碰我!'或者用力地推开他,还可以告诉大人。"如果孩子情绪十分激动,听不进去道理,可以暂时"冷处理",等他冷静后再说。

2)攻击大人

正确态度:坚决制止并进行批评。但不要用过激的反应强化孩子打人的意识,如他在玩闹中打了爷爷,火冒三丈的爸爸一巴掌下去,"看你下次还敢打人!"

查明原因:孩子打大人的原因与打小朋友的原因不同,更多的是出于模仿、受人指使、学习强化。

教育引导:家长首先检讨自身。孩子的打人行为实际与你的影响有很大关系,有的家庭夫妻争吵,相互谩骂,大打出手,这些都是孩子最直接的负面教材;有的爸爸习惯用体罚方式惩罚孩子,孩子就容易模仿攻击人的行为,认为这是解决问题的最好方法。

所以,当孩子打大人时,家长应以身作则,不用暴力解决问题,而是耐心讲道理,给孩子提出希望,告诉他今后努力的方向。当孩子的打人行为有所反复的时候,家长要保持一颗宽容的、善待孩子的爱心,允许其反复,不操之过急。

俗话说:没有不好的娃娃,只有不好的教育方法。只要成人坚持正确的教育方法并不怕烦琐,相信孩子就一定会改掉打人的毛病。

任务七　正确引导幼儿偷拿行为

一、问题导入

案例1:

倩倩是个非常乖巧懂事的女孩子,可她有个不好的行为习惯。没有经过他人的同意,会随意

① 吴珊. 幼儿攻击性行为的现状研究[J]. 河南教育(幼教),2018(7):7-11.

拿别人的东西。一天,游游刚从越南旅游回来,给大家带来了葡萄干,老师也分给孩子们吃。当午餐过后,倩倩在没有人注意到的情况下又去拿葡萄干吃了。

案例2:

星期一早上,明明满脸笑容地拿着漂亮的铅笔盒对我说:"老师,妈妈昨天给我买的铅笔盒",我回答说:"你的铅笔盒真好看!",说完他笑眯眯地找同伴玩去了。吃完午餐后,明明哭着向我跑来说自己的铅笔盒不见了。我问了所有的小朋友都说没看见,睡了午觉起来后我看见涛涛手里拿着一个和明明一样的铅笔盒。我把他叫过来说:"你哪儿来的铅笔盒呀?"他没有回答。

看到自己喜欢的东西,不经过主人允许就拿走,是低龄幼儿的一种常见现象,针对幼儿的这种偷拿行为应该如何教育引导呢?

二、问题分析

幼儿拿别人东西的原因主要有以下三个方面:

(一)家庭因素的影响

1. 家长的迁就和娇惯

有些家长对孩子的要求都盲目满足,孩子认为自己想要什么就可以得到什么,养成了以自己为中心、不顾及他人的不良习性。别人的东西我现在没有,但我想要就拿了;别人带了好吃的我想吃,于是就给吃了;他的玩具好玩我喜欢,就放进自己的书包里带回家了。

2. 家长或同伴的不良影响

如果家长有爱贪小便宜、随便拿单位东西的现象,幼儿就可能会受到不良影响。或者幼儿结交了一些有偷拿行为的小伙伴,看到小伙伴可以随便拿别人的东西,认为自己也可以这样做。

(二)幼儿自身因素的影响

1. 幼儿的自我中心意识

幼儿年龄小,"别人的东西不能拿"的概念尚未形成。著名儿童心理学家皮亚杰的"三山实验"表明:幼儿思维的基本特征是自我思维模式。皮亚杰把儿童的心理发展分为四个阶段,2~7岁的儿童处于前运算阶段,此阶段主要的特点是自我中心。这个阶段的孩子常认为整个世界是围绕着他转的,分不清"你的""我的""他的"。他们没有"物有权"概念,也不知道什么东西是自己的,什么是别人的,只要喜欢的就是自己的,在幼儿心理只有"拿"而没有"偷"的概念。

2. 好奇心强

这个年龄段的孩子爱玩,好奇心强,见到新奇的、喜欢的东西总是爱不释手。加上孩子们的思维总被想象所左右,不能够清楚地区分"自己的"和"别人的"这两种概念,一不小心就会把别人的东西拿过来据为己有。

3. 幼儿自我控制能力差

幼儿自控能力还很差,尤其看到新颖的东西,总想亲自触摸一下,看看里面到底有什么好玩的。对于没玩够的自然想带回家去,不会考虑这种行为的对错,不由自主地放进了自己的书包。

(三)幼儿园因素

幼儿新入园时,看到幼儿园中的玩具可以随便玩,在缺乏前期经验的情况下,会错误地认为在幼儿园中物品是可以随便玩的,分不清哪些是幼儿园的哪些是别的幼儿的,不知道拿他人的物品需要得到主人的允许。幼儿之间也会互相模仿,如果其他幼儿未经允许拿过别人的物品,教师也没有批评,自己也可以这样做。

三、幼儿教师教育策略

(一)查找问题原因

要正确认识幼儿拿他人物品的行为,不能灌上“偷”这个头衔。教师要首先通过沟通,了解幼儿行为产生的原因。例如,本案例1中倩倩来自一个大家庭,父母兄弟姐妹多,平时到各位亲戚家吃喝玩用都很随意,自然认为食物是可以随意取用的,不用经过他人同意。

(二)制定适当的教育策略

1. 采用适当的方式处理问题

当幼儿拿别人东西时,教师应及时制止,要告诉幼儿拿别人的东西前征求主人意见,未经允许不能随便拿他人物品。如果物品丢失找不到是谁拿的,切不可大张旗鼓地对幼儿进行搜查,先安抚好丢失物品幼儿的情绪,再慢慢调查,找到物品后不能当全班幼儿的面批评犯错的幼儿或大声训斥。

2. 利用主题教学活动对幼儿进行正面教育

可以开展主题教育活动,丰富幼儿的认知,帮助幼儿建立“物权”概念,告诉幼儿想得到物品需要经过正规的渠道,使用别人的物品需要先经过主人的允许。帮助幼儿建立正确的价值观,对幼儿进行品德教育。

3. 结合趣味游戏帮助幼儿形成正确的是非观

用简单、生动的故事让幼儿明白对错,也可通过故事表演、角色游戏等形式让幼儿在情境中受启发,使他们明辨是非,分清好坏。例如,通过故事告诉孩子,幼儿园就是玩具的家,玩具被小朋友带回自己的家后,会非常想自己的妈妈,让幼儿认识到不能随便把幼儿园的玩具带回家;通过情景游戏,让孩子体验小主人公丢失东西后着急的心情,感受给别人造成的麻烦和痛苦,帮助幼儿强化认识;还可组织幼儿讨论:“能不能随便拿他人的东西?”引导孩子们认识到不能随意拿别人东西的道理,如果太喜欢别人的玩具,可以商量拿自己的玩具和小朋友换;还可以通过谈话告诉孩子们:做错了事情,只要敢于承认并改正错误,老师和小朋友都会喜欢你,给幼儿改正错误的机会。

4. 教师以身作则,为幼儿树立良好的榜样

在幼儿园一日活动中,教师应以身作则,为幼儿树立学习的榜样,包括教师和教师之间的互动交往以及教师与幼儿间的交往,都应注意细节问题,例如:“明明,你今天带的书老师和小伙伴们都好想看啊,你可以把它借给老师和小朋友们一起阅读吗?”而不是不经同意直接拿过去使用。

(三)加强家园沟通合作

当幼儿出现问题行为时,教师应及时与家长取得联系。把孩子的具体情况如实向家长反映,让家长及时掌握情况便于采用适宜的家庭教育策略。要特别提醒家长建立防微杜渐的意识,不能抱无所谓的态度,也不能小题大做,骂孩子是小偷,甚至用打骂惩罚等方式,要允许幼儿犯错误,帮助幼儿改正错误,不能损伤幼儿的自尊心。

四、家庭教育指导策略

(一)正确看待幼儿的“偷拿”行为

家长对待幼儿的偷拿行为往往出现两个极端:一类家长会深恶痛绝,把孩子暴揍一顿,引发孩

子的逆反和报复心理;另一类家长则是无所谓态度,轻描淡写地批评几句,认为不是什么大事,孩子大了就好了。家长的放纵会加重幼儿的不良行为,如果发展成为偷窃行为,后果不堪设想。出现上述情况的原因在于,家长缺乏对幼儿身心发展规律的正确认识,教育孩子是家长的第一责任,家长要丰富自身育儿经验,形成科学的育儿观念,在尊重幼儿的基础上,采用正面鼓励、言语提示、适当惩罚等方法去纠正幼儿的偷拿行为。

(二)引导家长科学育儿

1. 环境熏陶法——让幼儿养成良好习惯

当幼儿出现偷拿行为时,家长首先要稳定情绪,不能方寸大乱、情绪失控、大吼大叫,在尊重幼儿的基础上与幼儿充分沟通,采用适宜方法对孩子进行教育。同时,家长也要端正自己的行为,即使在家庭成员之间使用或拿别人的东西前也要征得同意,营造正面的家庭教育环境。

2. 兴趣诱导法——运用故事移情教育

利用绘本故事或动画影片让孩子体验丢失东西后着急的心情,感受不经同意随便偷拿东西给别人造成的麻烦和痛苦,以提高孩子分辨是非的能力,掌握正确的行为。帮助幼儿辨别什么是对什么是不对,既坚持严格要求又要保护孩子的自尊心。无论是何种情况都要教育孩子将拿走的东西物归原主,并向对方道歉。

3. 活动探索法——教育融入生活

家长要抓住生活中的教育契机,利用一日生活中的各项活动进行随机教育,例如,家长上街买菜或到超市买东西时也可以带上孩子,要付钱时不妨给孩子机会,让他体验"以钱换物"的过程,让孩子知道"不是买来的东西不可以拿回家"的实际体验。

如果家庭条件允许,要为孩子准备他专属的东西,如毛巾、拖鞋等,不要和其他人混用,帮助他建立"我的"的观念。给孩子一个属于自己的小房间,房间内让他放自己的物品,如果要拿他的东西,也要征求他的同意。帮助他建立这样的观念:每个人都有自己的空间,没有经过他人同意,不可以随意乱拿乱翻。只有孩子的所有权被尊重,他才能学会尊重别人的所有权。如此,"爱拿东西"的事情也将不会发生。①

4. 榜样示范法——科学引导

树立家长榜样作用,家长要严于律己,不占小便宜,不随便拿别人的东西,给孩子做个好榜样。当发现孩子把别人的东西拿回家时,应晓之以理、动之以情地教育,及时地带着孩子将东西送还主人,让孩子从父母的言行中学会如何做一个诚实的人。

5. 适当奖惩法——强化幼儿的道德认知

对幼儿正向积极的行为要及时进行强化和鼓励,出现了错误的行为适当惩罚,建立适当的惩罚机制。要对孩子进行道德启蒙教育,明确是非观念,让孩子明白错误和不足是不同的概念,明白错误的轻重,不足可以改进,但错误不能再犯,否则要承担严重后果。例如,每天不能按时睡觉是不足,可以一点点改进,但打人、未经同意私拿别人物品就是错误,如果重复犯错,惩罚将一次比一次加重。

---

① 高崎. 对待孩子的不良行为[J]. 生活与健康, 2013(2):48-49.

五、教育评价标准

怎样让幼儿建立良好的“物权”观念呢？请参照表1-3-7。

表1-3-7　幼儿“物权”观念评价标准

序号	评价标准	具体要求
1	未经主人允许不使用他人的东西	在没有得到允许时，不触碰或使用他人的东西，即使是微不足道的物品或玩具，经主人同意后方可使用
2	懂得借物礼仪，能够使用礼貌用语	借用他人物品时能说“你好，请问你可不可以把某某东西借给我？”之类的语言
3	能够妥善保管他人物品，做到完好无损	能够爱护并保护好他人的物品，不损坏、不乱扔、不乱放
4	能够按时归还他人物品，不拖延	借来的东西一定按照约定好的时间及时归还，不找理由推迟拖延
5	物归原主时，能够及时表示感谢	在归还物品时，能够对主人表示感谢，懂礼貌、讲礼仪，能使用“×××，谢谢你把你的宝贝借给我！”之类的语言

思考与练习

1. 多选题

(1)导致幼儿出现偷拿行为的家庭因素包括(　　)。

A. 家长的过度迁就和娇惯　　B. 幼儿园的影响

C. 孩子的需求没有得到满足　　D. 家长的不良影响

(2)当幼儿出现偷拿行为时，教师的做法主要包括(　　)。

A. 苛责惩罚　　B. 故事引导

C. 榜样示范　　D. 开展主题教育活动

2. 单选题

当幼儿出现偷拿行为时，家长的正确做法不包括(　　)。

A. 兴趣诱导法　　B. 环境熏陶法

C. 表扬赞美法　　D. 适当惩罚法

3. 判断题

(1)当幼儿出现偷拿行为时，教师应与家长协同教育。(　　)

(2)针对有偷拿行为的幼儿，教师在集体面前批评，会有效纠正幼儿的偷拿行为。(　　)

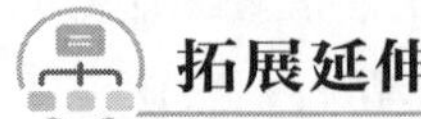

拓展延伸

如何对待幼儿的“偷拿”行为

1. 冷静及时地向孩子询问原因

当教育者发现幼儿有“偷拿”行为时，首先应该听听孩子对事情的解释，了解孩子行为产生的原因。在询问孩子原因时应本着严肃而温和的态度,切忌以责骂的方式询问。因为责骂的态度只会吓坏孩子,而且可能引发孩子用谎言应对成人的问题。

2. 向孩子讲明"偷拿"行为的性质并教给孩子所有权的概念

成人应郑重地向孩子讲明不经别人允许而拿用别人的物品是错误的行为,并向孩子解释所有权的含义,帮助孩子区分物品的所有权。家长和教师可以通过"换位思考"的方式帮助孩子理解这些高于他们心理发展水平的概念。例如,可以和孩子讨论如果别人没有得到他的允许就把他的物品拿走了,他会有什么样的感受等等。

3. 陪同孩子归还所拿物品

除了向孩子讲明"偷拿"行为的害处,教育者还应明确无论物品的价值大小,孩子都必须归还所拿物品。在孩子归还所拿物品之前,教育者可以先和失主沟通,使双方保持一致的教育态度,之后教育者应陪同孩子归还所拿物品,并向失主道歉。这样既可以使孩子受到教育,又可以使孩子免受羞辱,使孩子既认识到自己的错误,又能积极地去改正错误。

4. 避免再次发生

对于有过"偷拿"行为的幼儿,教育者应采取留心观察与支持信任相结合的态度,留心观察幼儿是否有再犯的行为或倾向,及时采取相应的对策。还应对儿童采取支持信任的态度,帮助幼儿建立初步道德认知。信任是心理健康的一剂良药,而毫无根据的怀疑只会伤害幼儿的脆弱心灵,使幼儿产生逆反心理,甚至走上与教育者期望相反的道路。对于屡教不改,尤其是年龄较大的幼儿,教育者要引起足够的注意,要考虑到已经上升为偷窃,或者已经形成习惯,单纯的说服教育或是惩罚可能都已经失效。此时可以考虑借助专业的心理和行为矫正治疗来帮助幼儿戒除偷窃行为。

项目四　异常行为指导

儿童行为问题是指童年期出现的在严重程度和持续时间上都超过了相应年龄所允许正常范围的异常行为,如认知障碍、孤僻自闭等。儿童在生长发育期,家长及幼儿园教师除了要注意孩子身体的发育,更要注重孩子的心理教育,及时发现问题行为并有效干预至关重要。面对幼儿异常行为,应该如何应对呢?

任务一　正确引导幼儿性别认知障碍行为

一、问题引入

案例:

涛涛,男,4岁半,长着娃娃脸,活泼可爱,家长和老师都特别喜欢他。但是,让人感到不安的是,最近,家长发现涛涛不喜欢和男孩子一起玩,总是和女孩子在一起,喜欢抱洋娃娃等。涛涛的父母说,从小他就很喜欢妈妈的化妆品和衣服,总是涂妈妈的口红、戴妈妈的围巾或穿妈妈的衣服。父母起初也没有在意,还逗他说:"涛涛真漂亮,像个女孩子,要不咱们变成女孩子吧?"但涛涛女性化的倾向越来越明显,父母才感到问题的严重性。经测评,涛涛被诊断为有儿童性别认同障碍。

性别认知障碍(Gender Identity Disorder)是自我意识障碍的一种,是幼儿 3 岁以后至青春期前对自身性别的认识和行为与自己真实的解剖特征相矛盾的症状①。表现为着异性服装,行为像异性,或持续否认自己身体具有男性或女性的解剖特征。生活习惯方面喜欢穿异性的服装,与异性在一起玩耍,不喜欢和同性在一起,经常表现出异性的声音、姿态等。幼儿虽然能意识到自己是男孩儿还是女孩儿,但是对男女之间的差异还很模糊。比如,幼小的男童看到同龄女孩子穿着漂亮的裙子,也要尝试穿着。学龄前的男童看到母亲使用化妆品,也要求给自己打上腮红,女孩子喜欢与男孩子一起玩骑马打仗的游戏等。面对幼儿性别认知障碍行为,应该如何应对呢?

二、问题分析

(一)家庭因素的影响

有的父母很喜欢女孩,但生的却是男孩,于是就总喜欢把自己的儿子打扮成女孩儿的样子,给他留长头发,穿花裙子。幼儿还没有明确符合自己性别角色的认知,时间长了,自然就会在性别认同上出现问题。还有的父母看到孩子做出了异性的举动,觉得很好玩,不仅没有阻止还表现出很高兴的样子,强化了孩子的不当行为。

(二)幼儿园因素的影响

在幼儿园时期,绝大多数幼儿能够分清自己的性别,在行为上正确体现自己的性别。仅少部分幼儿未能清楚地认识自己的性别,存在异于自己性别的思想和行为,不能形成正确的性别认同。

小班阶段是幼儿形成性别认同的重要时期,一般幼儿在小班下学期已能够分清楚男女,他们虽然说不出来,但心里面知道女孩要穿裙子、扎辫子,男孩要站着小便。幼儿在小班阶段逐渐有了初步的性别意识,尽管这种意识可能是浅显的,但他们对自己是男孩还是女孩有了一定的认识。

(三)幼儿自身因素的影响

儿童出现性别认同障碍与解剖生理异常、天生的素质和教养环境有关。先天任何一个与性别发育有关的生理因素(性染色体、性腺、性激素、生殖器)出了问题,都可能造成性别认同障碍,如异性的性激素水平较高,女孩睾丸激素水平高则男子气较重。②

三、幼儿教师教育策略

(一)重视幼儿性别教育

幼儿园时期,教师对幼儿起着重要的影响,幼儿能否形成正确的性别认同观,与教师的教育有很大的关系。教师对幼儿性别教育的态度不一样,也是影响幼儿性别认同的一个很大的因素,因此,教师需要提高专业素养,认识到幼儿性别认同的重要性,重视幼儿的性别认同教育,增强性别教育意识。

(二)抓住机会适时适当教育

在一日生活中,教师要有性别教育敏感,在生活习惯的养成和日常活动中,抓住机会进行及时教育,在潜移默化中加强幼儿对自己性别的认同。要注意观察幼儿的行为,发现明显的异常现象或者比较严重的性别偏差,要进行重点教育。幼儿的好奇心重,看到新奇或者异于自己的行为就

---

① SHAFFER D R. Developmental Psychology[M]. 6th ed. Wadsworth: Wadsworth Publishing,2001:472-505.

② 丛中笑. 浅析现代幼儿性别教育的基本问题[J]. 中华女子学院学报,2005(4):74-79.

喜欢模仿，模仿成为影响幼儿性别认同的重要因素，当幼儿模仿异性行为时，要适时制止并进行适当教育。

（三）重视家园合作

当教师发现幼儿出现了性别认同偏差的时候，应尽快与家长沟通，与家长建立统一认识，制定个性化教育策略，同步实施。要引导家长认识到家庭环境是重要影响因素，家长应该提高对性别教育的认知，有意识地引导教育幼儿正确的性别观。

四、家庭教育指导策略

（一）适当强化幼儿的正确性别行为

在社会生活中，传统的生活习俗对不同性别有不同的认知和评价标准，如穿着打扮、行为举止等。家长发现幼儿有比较明显的性别差异行为要适时制止，如涛涛穿妈妈的衣服时，家长要严肃地告诉他，这么做是不对的，男孩要穿男孩的衣服。当他做出符合其性别特征的行为时，要用语言、眼神、肢体动作等方式表扬，强化幼儿的性别认同。如果家庭中长期缺少同性模仿对象时，就要找亲友或熟悉的人来代替，与孩子建立良好的关系，成为其模仿的对象。还可以给孩子多创造一些与同性别幼儿接触、玩耍的机会。如鼓励涛涛多参加体育活动，与男孩子多接触，并在游戏的过程中有意识地称赞他："你真棒，像个小男子汉，你太勇敢了"。

（二）为幼儿提供良好的性别认同环境

家庭是幼儿成长的第一环境，日常生活中的点点滴滴对幼儿性别认同起着浸润作用。如 3 岁以后，异性家长在穿脱衣服时要回避幼儿，幼儿洗澡、上厕所、睡觉等，异性家长也要回避。家长在日常语言交谈、行为等方面也尽量不要出现异性化的行为，以免成为幼儿模仿的对象。

五、教育评价标准

如何判断幼儿性别认同是否符合年龄特点呢？请对照表 1-4-1。

表 1-4-1　婴幼儿性别认同各年龄段评价标准

序号	年龄段	行为特征
1	2 岁左右	婴幼儿的性别认同一般出现在 1 岁 6 个月至 2 岁之间，一些孩子在 2 岁左右已经能正确分辨出照片上人的性别，但仍然不能确定自己的性别。幼儿的性别偏爱往往最早出现于对待玩具上，约 14 ~ 22 个月时，男孩常常喜欢小汽车类的玩具，而女孩则喜欢洋娃娃等
2	3 岁左右	3 岁左右时，多数孩子可以说出自己是男孩还是女孩，但无法明白性别难以改变的这个道理
3	3 岁以后	3 岁以后直至学龄前，孩子便慢慢地对性别产生了坚定的概念，可以明白自我的性别以及他人的性别是不变的。在活动中多偏向于与性别相符合的活动或中性活动，如爱分男、女不同组别进行活动

思考与练习

1. 多选题

关于性别认同的描述，以下哪几项是正确的？（　　）

A. 在性认识上保持生物学、心理学、社会学上一致

B. 男孩女性化是性心理认同相一致

C. 大班阶段是幼儿形成性别认同的重要时期

D. 给男孩取女孩名字，穿女孩衣服，容易出现“性别认同”困难

2. 判断题

(1)性别认同形成的表现是幼儿能意识到自己和他人是男孩或女孩。 (　　)

(2)社会教化对儿童性别意识的形成有重要作用。 (　　)

3. 单选题

(1)幼儿开始对性别产生坚定的概念，懂得自我以及他人的性别是不变的，这种意识大概是(　　)岁以后逐步形成的？

A. 一岁　　B. 三岁　　C. 六岁　　D. 十岁

(2)儿童选择同性别伙伴的倾向日益明显约在(　　)。

A. 2 岁以后　　B. 3 岁以后　　C. 4 岁以后　　D. 5 岁以后

拓展延伸

幼儿性别认同的主要影响因素

学龄前儿童性别意识刚刚萌芽，任何外界的因素都或多或少影响幼儿性别形成，最重要的影响莫过于来自幼儿生活成长的两大环境——家庭和幼儿园。根据对幼儿的观察，我们认为以下几种因素是影响幼儿性别认同形成的主要因素。①

1. 厕所的安排设计

关于幼儿园厕所的设计，如今在家长中引发了不小的言论，目前我国许多幼儿园都存在男女共用一个卫生间的情况，有的幼儿园会在蹲位与蹲位之间设计挡板，但大多数幼儿园没有此项措施，有的幼儿园虽然没有采取挡板遮挡厕所蹲位，但是会安排幼儿在不同的时间蹲厕，但通常“防不胜防”，男孩女孩同时如厕并互相打量、观察的现象较多。

2. 玩具和书籍

儿童在早期时候就已经发展出符合玩具性别的玩具偏好，一般来说儿童在一岁半左右出现性别偏好，女孩和男孩会接受不同的玩具。观察幼儿园男女幼儿选择和使用玩具的情况很容易发现：男孩通常选择比较男性化(在社会文化中看起来更适合男性的)的玩具，比如车子、积木以及球类等，选择拼图也是倾向于选择带有汽车、枪炮、轮船等图案的拼图；女孩通常选择洋娃娃、小动物等。选择书籍时同样如此，最突出的是女孩都喜欢听公主与王子的故事。

3. 角色游戏

男女孩的游戏是未来生活的缩影，尤其是角色游戏，是为未来适应社会做准备，男孩当司机、做建筑师，女孩子玩过家家，养育孩子……成人社会以及家庭的男女分工及性格行为差异都会在儿童游戏中有不同程度的体现。

---

① 彭燕，杜学元. 对当前幼儿园性别教育的几点思考[J]. 伊犁教育学院学报，2004(1)：140-142，155.

任务二　正确引导幼儿孤僻自闭行为

一、问题引入

案例：

小王今年3岁2个月了，被确诊为孤独症。不会说话，只会简单的发音，比如爸爸、妈妈、爷爷、奶奶之类的，叫他也不会理你，不爱与家人们亲近，喜欢独处，不跟别的小朋友玩。一个人拿个瓶盖可以玩上大半天，脾气不好，一旦不满足他的要求，就大喊大叫，生气就用手打自己的头。北京、上海的儿童医院都去过了，被诊断为"孤独症"。康复训练、心理干预、药物、营养剂等各种方法都试过了，效果都不理想。

儿童孤独症是一种儿童广泛性地发育障碍性疾病。往往在3岁以前起病，主要表现为在语言、社会互动、沟通交流以及兴趣行为等多方面的缺陷。在4到5岁时症状最为明显，男女发病比例约为5∶1。大约3/4的患儿合并有精神发育迟滞，半数左右的患儿在青春期可能合并癫痫发作。儿童孤独症的特征是交流受到抑制，患儿在社会交往、沟通，尤其是行为方面存在严重的障碍，表现出与他们的年龄不相称的行为，不仅减少了语言交流，而且无法识别或了解面部表情、手势或不同的语调。面对幼儿孤僻自闭行为，应该如何应对呢？

二、问题分析

（一）家庭因素的影响

孤独症的教育训练并不完全是医学问题，家庭的社会经济状况以及父母心态、环境或社会的支持均对孩子的后天发育产生影响。及时得到综合性教育和训练，孤独症儿童可以得到显著改善，相当一部分儿童可以获得独立生活、学习和工作的能力。①

（二）幼儿园因素的影响

普通幼儿园对孤独症儿童的认识不足、专业准备不足。普通幼儿园的老师常常会认为孤独症儿童的表现是脾气古怪、不合群或发育迟缓。有些幼儿园的老师甚至会在家长咨询时直截了当地拒绝："您的孩子不适合上幼儿园"，导致部分家长为了让孤独症的孩子能够顺利入园而隐瞒孩子的真实情况。有的幼儿园老师虽然听说过孤独症，但缺乏系统的培训，面对孤独症儿童出现的种种状况缺乏适当的应对策略，不知道如何在组织活动时对孤独症儿童进行个别化教育。

（三）幼儿自身因素的影响

虽然孤独症的病因还不完全清楚，但目前的研究表明，某些危险因素可能同孤独症的发病相关。引起孤独症的危险因素可以归纳为：遗传、感染与免疫和孕期理化因子刺激。②

1.遗传因素

双生子研究显示，孤独症在单卵双生子中的共患病率高达61%～90%，而异卵双生子则未见明显的共患病情况。在兄弟姊妹之间的患病率，估计在4%～5%。这些现象提示孤独症存在遗传

---

①　休厄德.特殊需要儿童教育导论［M］.肖非，等译.北京：中国轻工业出版社，2007.

②　黄伟合，陈夏尧，李丹.关键性技能训练法：ABA应用于自闭症儿童教育干预的新方向［J］.中国特殊教育，2010(10)：63-68.

倾向性。

2. 感染与免疫因素

早在20世纪70年代末就有研究发现，孕妇患病毒感染后，其子代患孤独症的概率增大。之后的多项研究均提示，孕期感染与孤独症发生可能有一定的关系。目前已知的相关病原体有：风疹病毒、巨细胞病毒、水痘——带状疱疹病毒、单纯疱疹病毒、梅毒螺旋体和弓形虫等。目前推测，这些病原体产生的抗体，由胎盘进入胎儿体内，与胎儿正在发育的神经系统发生交叉免疫反应，干扰了神经系统的正常发育，从而导致了孤独症的发生。

三、幼儿园教师教育策略

（一）培养兴趣，引起注意

兴趣是最好的老师。对于患有孤独症的孩子而言，要引起其注意必须先从其兴趣出发，先引起他的无意注意，然后将他的无意注意转为有意注意，服从教师的言语指令。但在训练过程中必须注意，孤独症幼儿的语言理解能力很差，教师给出的指令必须是简单的，而且要统一，变化尽可能少。例如，小王的老师上音乐课做了一些基本的上课动作，一个个同学点名，跟他们每人都打一声招呼，然后击掌，老师发现欢快的音乐能使小王兴奋，他对击掌很感兴趣。随着音乐响起有的孩子会跟着音乐的节奏动，小王也会跟着音乐、跟着大家动起来。老师发现了小王对音乐感兴趣，在他喊叫的时候就放音乐，在音乐声中小王会安静下来听老师讲话，久而久之改掉了喊叫的毛病。

（二）表扬鼓励、培养信心

每位幼儿都希望得到老师的表扬和鼓励，孤独症幼儿同样如此。老师认识到小王在封闭自己的同时会很自卑，为了给小王自信心，不放过他任何一个微小的动作，努力去挖掘、放大他的优点，只要是行为意义积极的，都及时口头肯定、鼓励“你真行”“你真棒”，有时还给以“小红花”等物质奖励。

（三）老师多关注、同伴多帮助

孩子在幼儿园期间接触最多的是其他伙伴。同伴之间的相互影响在某种意义上会超过老师。教师要有目的、有计划地为幼儿之间的交往创造机会，以利于发展良好的同伴关系。例如，小王的老师在班内开展“我来帮助你”的活动，鼓励引导幼儿一起来帮助、关心小王。幼儿都争着教小王如何穿鞋子、穿衣服，如何进行游戏等等，小王只要有困难就会得到同伴的帮助，邀请小王共同游戏，调动了他学习的积极性。

（四）创设游戏、提高能力

可以创设角色游戏，让孤独的幼儿扮演站在店门口的服务生，用一些简单的礼貌用语重复地和别人打招呼“你好”“请进”等。鼓励其他幼儿主动与他沟通，向他提一些简单的问题，帮助他做出简单回答。还可以创造一些情境，如他想玩别人的玩具时，鼓励他动脑筋、想办法，或者提醒他说：“请你”，或鼓励他求助老师说：“老师，我要。”在这样的情景中，幼儿迫切需要解决当前的问题，说话的欲望就比较强烈，说出来的话语与当前的场合比较吻合，能够刺激幼儿的表达需求，而且不再乱说话。

四、家庭教育指导策略

（一）坚持积极治疗

家长在医生给出“孩子有孤独症”的结论，或者其他如发育障碍、智力落后、全面发育障碍等这样的诊断时,还要进一步去做分型,去专业医院进行就诊。①

(二)进行超早期干预

研究者发现,孤独症是与生俱来的,1 岁时可能就有所表现。② 轻症患儿经过积极干预有可能痊愈。需要开展以家庭为中心的超早期干预,不要等到确诊为孤独症再来干预。即在怀疑孤独症时就开始干预。在特殊教育的领域里,不仅需要教师和专家的参与,更需要家长的参与,预见其发展障碍而进行干预会取得较好的效果。到了幼儿园时期,需要家长、教师在专家的指导下,共同制定教育对策和训练措施,发挥各自职能分工实施,逐步矫正孩子的缺陷,促进其早日康复。

五、教育评价标准

对于孤独症儿童,怎样测量其恢复状态呢?请参照表 1-4-2。

表 1-4-2　孤独症幼儿恢复状态评价标准③

序号	评价标准
1	交谈时目光能够注视社交对象
2	能够与熟悉的人在 3 米距离内有身体接触
3	能够与陌生人在 3 米距离内有身体接触
4	能够安静坐
5	能够认识镜子中的自己
6	能够认识自己的衣服
7	知道与能够回答出自己的年龄、父母的名字
8	能够执行“不准”的指令
9	能够用微笑回应照顾者,发出声音或微笑引发照顾者的反应,能微笑或伸手拥抱表达对照顾者的喜爱之情
10	能够与陌生人简单交谈
11	懂得分享
12	能够表达自己的意图并回应问候

思考与练习

1. 单选题

(1)日常生活中人们常称呼孤独症儿童为(　　)。

A. 狼孩　　B. 月亮之子　　C. 星星的孩子　　D. 唐氏综合征孩子

(2)孤独症谱系障碍儿童一般的障碍症状通常在 30 个月表现明显,但最早的出现时间是(　　)。

A. 3 个月　　B. 6 个月　　C. 10 个月　　D. 12 个月

---

① 胡晓毅. 美国自闭症幼儿早期综合干预研究[J]. 中国特殊教育,2013(7):20-27,34.

② 刘月余,王跑球. 儿童孤独症的早期干预[J]. 当代护士(学术版),2009(4):4-6.

③ 郭海燕,刘淑华,杜杨,等. 孤独症儿童 ABA 训练随访[J]. 中国儿童保健杂志(临床研究与分析),2006,14 (5):517-518.

(3)以下关于孤独症谱系障碍儿童语言沟通表述正确的是(　　)。

A. 会使用指向人的一些社会性言语,包括评论、展示、感谢听者、要求信息等

B. 能主动发起话题,主动发起交流

C. 发起话题能力差,很少主动发起交流

D. 用评价方式以传递信息

2. 判断题

(1)兴趣广泛且稳定符合孤独症谱系障碍儿童的兴趣特征。(　　)

(2)具有语言缺失或发育迟滞特征的儿童不一定属于孤独症谱系障碍儿童。(　　)

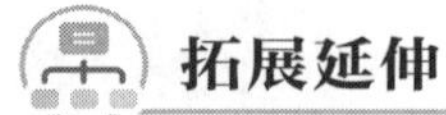

拓展延伸

孤独症治疗原则①

(1)早发现,早治疗。治疗年龄越早,改善程度越明显。

(2)促进家庭参与,让父母也成为治疗的合作者或参与者。患儿本人、儿童保健医生、患儿父母及老师、心理医生和社会应共同参与治疗过程,形成综合治疗团队。

(3)坚持以非药物治疗为主,药物治疗为辅,两者相互促进的综合化治疗培训方案。

(4)治疗方案应个体化、结构化和系统化。根据患儿病情因人而异地进行治疗,并依据治疗反应随时调整治疗方案。

(5)治疗、训练的同时要注意患儿的躯体健康,预防其他疾病。

(6)坚持治疗,持之以恒。

孤独症没有特效药物治疗。早期诊断、早期干预可以改善孤独症的预后,因此孤独症治疗一般认为是年龄越小,效果越好。

任务三　正确引导幼儿性意识觉醒行为

一、问题引入

案例:

妈妈A:我儿子老是揪生殖器官怎么办?有时候还拽得老长,不让他玩他还哭。

妈妈B:我家女儿两岁三个月,最近发现她每天晚上上床睡觉都拿条小毯子,把小毯子卷起来夹在腿中间蹭,怎么办啊?会不会性早熟啊?

妈妈C:我家男宝已经3岁了,还喜欢在洗澡和睡觉前玩他的生殖器,道理也讲了,骂也骂了,但是都没有用,要不要带去检查?

中国人谈“性”色变,对于幼儿性教育讳莫如深,成人的态度和处理方式将会对幼儿心理造成极大的影响。面对幼儿性意识觉醒行为,应该如何应对呢?

---

①　梁宝勇. 发展心理病理学[M]. 合肥:安徽教育出版社,2004.

二、问题分析

（一）家庭因素的影响

3～6岁的孩子是玩弄生殖器的高发期，许多家长对此行为很敏感，立即与“性”联系在一起，认为孩子做了什么见不得人的事，责骂、打孩子。其实，这个阶段的孩子还没有形成性意识，玩弄生殖器只是孩子对自己身体探索的一部分，在孩子认知中，生殖器与手脚等没有什么差别。也许有的孩子在探索自己身体时恰好发现抚摸生殖器可以带来身体愉悦感，并不是大人眼中的性行为。需要正确引导，当孩子的探索欲得到满足或对其他事情发生了兴趣，这种行为就会减少或者消失。

（二）幼儿园因素的影响

有调查显示，大多数的教师不了解儿童的性发展规律，也不清楚该怎么处理儿童玩生殖器的行为。有时教师注意到了这一现象，与家长沟通时遭到了家长的严词拒绝：“我们家孩子没有这些行为，不要污蔑我们家孩子。”教师就会退缩，认为多一事不如少一事，对幼儿的类似行为置之不理。

（三）幼儿自身因素的影响

1. 对自己身体的正常探索

婴幼儿的自我意识萌发后会开始了解自己的身体。幼儿探索身体包括：手脚、五官、肚脐、生殖器等多方面。比如有的宝宝有段时间会啃小脚丫，有的宝宝有段时间会吃手，这都是对身体的一种探索。宝宝触摸生殖器官所带来的感受，预示着性别意识的萌发，更主要的是出于好奇心。随着年龄的增长，这种行为一般会自然消失，家长不必过分紧张。

2. 其他原因

宝宝喜欢摸生殖器，也可能是因为内衣过紧、生殖器发炎、情绪紧张等其他因素造成的。如果宝宝经常被忽视、指责，容易情绪紧张，他们会通过抚摸生殖器来安慰自己、缓解焦虑。家长也要留心孩子的生殖器有没有病理现象，如果有及时就医。

三、幼儿教师教育策略

（一）用丰富有趣的活动转移幼儿注意力

教师可安排丰富多彩的户外活动和体育锻炼，引导这些孩子把精力投入到积极的活动中去，加强运动量，尽量不让孩子独处，或者多组织幼儿感兴趣的游戏，在游戏中个体行为受到群体的约束，就不会过多去注意自己的生殖器。午睡时教师可以蹲在孩子的床边，给他（她）们讲故事，转移其注意力，并要求他们每人手里拿着一样软的玩具，直到孩子睡着，教师才取走玩具并离开。

（二）正确正面教育引导

开展生理卫生常识教育活动，让孩子知道生殖器官的重要性。正确引导幼儿不能因为好奇、贪玩，而用手去摸、玩生殖器，无论是男孩子还是女孩子，每天晚上在睡觉前都要清洗外生殖器，保持外生殖器的卫生清洁。教师要理解和正视幼儿这种现象的存在，不要用恐吓和处罚的办法加以阻止，这样的惩罚只会适得其反，造成孩子焦虑和惊恐不安，形成怯懦、敏感、自卑、孤僻等性格，这样更会促使孩子从此行为中寻求安慰，次数会更加频繁。

（三）与家长达成教育的一致性

教师发现问题，要及时与家长取得联系，通过耐心的说服工作帮助家长建立正确认识，达成双方积极主动的合作,在教育引导幼儿策略上达成一致。

四、家庭教育指导策略

(一)家长要形成正确认识

家长要丰富相关知识,形成正确认识,既不要反应激烈,急于呵斥制止,也不能置之不理,如果形成习惯将会对孩子的身心健康造成不良影响,出现此行为一般是在幼儿独处或睡前睡后,行为的频繁出现导致幼儿休息不好,体质和精神状态会变差,容易感冒、发烧和过敏。家长要认识到这是孩子成长过程中的正常现象,需要进行教育引导。

(二)进行正确的引导和教育

一般此类行为的发生,一开始是因为幼儿感到无聊,或者精神紧张而寻求自我安慰。家长可以安排丰富的亲子活动,用孩子感兴趣的事情转移注意力,给宝宝一个新鲜好玩的玩具,和宝宝一起玩一些游戏,给宝宝读绘本讲故事等。若孩子有这样的习惯,家长在睡前应多陪伴孩子,可以读绘本,讲睡前故事,等孩子睡着再离开,或者带孩子到户外开展活动,增加日间的运动量,孩子累了很快就会入睡,孩子睡醒后也要求不能赖床,让幼儿养成良好的睡眠行为习惯。

如果孩子在公众场合下抚摸生殖器,家长可以假装无意间轻轻将宝宝的手拿开,递给他一个玩具、爱吃的食物,或者让宝宝帮忙拿东西、找东西等来转移他的注意力。① 对于已经懂事的孩子,要告诉孩子触摸生殖器是一件“私密的事情”,就和平时换衣服、洗澡、上厕所一样,不可以被别人看到,要保护自己的隐私,同时可以借此机会进行一定的性启蒙教育。

(三)采取正确的护理方法并关注宝宝心理健康

如果你发现宝宝不停地抚摸、触碰生殖器的话,请先观察宝宝的状态,如果是宝宝生殖器处不适或者情绪状态不佳,妈妈们可以这样处理:

(1)给宝宝穿比较宽松的内衣,不穿紧身裤。

(2)给宝宝做好生殖器的清洁卫生。如果有发炎、湿疹、红肿或细菌感染等情况,要及时带宝宝去医院治疗。

(3)关注宝宝的情绪变化,满足孩子的情感需求,给孩子高质量的陪伴,不要经常指责孩子,不要当着孩子的面争吵,要营造和谐的家庭环境,采用恰当的方式进行沟通,给孩子更多的安全感。

五、教育评价标准

对于有性意识觉醒行为的幼儿,如何评价教师、家长行为的适宜性呢?请对照表1-4-3。

表1-4-3 性意识觉醒行为应对策略评价标准

序号	评价标准
1	能够正确理解和认识,不反应激烈也不会置之不理
2	能够采用积极的策略,如转移幼儿注意力,不让幼儿精神过度紧张等
3	能够用幼儿接受的方式告诉他不能公共场合出现此类行为
4	能够关注幼儿生殖器生理卫生

① 秦骁婷.用“心”走进幼儿的世界[J].江苏教育研究,2013(5):73-74.

思考与练习

1. 多选题

(1)幼儿园性教育的评价对象是(　　)。

A. 家长　　B. 幼儿教师　　C. 幼儿　　D. 学校行政部门

(2)性教育启蒙教育包括(　　)。

A. 戴有色眼镜,一本正经地说教　　B. 教幼儿正确认知性别差异,传递正确的性价值观

C. 教会孩子学会保护自己　　D. 认识生殖器官

2. 判断题

(1)当幼儿在模仿异性的时候,应进行适当的教育和制止。(　　)

(2)低龄婴幼儿出现蹭、玩生殖器等行为现象,就是所谓的性早熟。(　　)

(3)关于婴幼儿性教育,应该强化性别刻板印象,并回避婴幼儿关于出生、怀孕的好奇。(　　)

拓展延伸

对幼儿进行适当性启蒙教育

生活中,家长尽量不要给宝宝穿开裆裤,这样可以减少孩子触摸隐私部位的机会。

要知道,孩子的世界是纯净的,不要站在成人的立场,戴着有色眼镜去看待他们。0~6岁的性发展是孩子一生性发展的重要时期,孩子会对生殖器产生好奇,因此,家长这个阶段要做好性启蒙教育工作。对于性启蒙,不是非要等到一定年纪一本正经地去教,而是要根据孩子的发育阶段随时开始,最好的方式是让孩子自己提出问题,家长采取恰当的方式,进行引导教育。

需要指出,性启蒙不只限于教孩子认识生殖器官,还包括正确认知性别差异,传递正确的性价值观,教会孩子学会保护自己,不让他人接触自己的隐私部位。温和的态度和正确的引导可以让宝宝认识和学会控制自己的身体,保护自己,建立正确的性观念。

模块二 家园突发问题指导

家园突发问题主要指在幼儿园突然发生的事件，包括幼儿突发疾病、家园突发矛盾、外力突发事件、幼儿突发异常行为等，面对突发事件，幼儿园教师和家长要提高应急处理能力，最大程度保障幼儿的身心健康和安全，减少家园矛盾，降低不良影响。

项目一　应对幼儿突发疾病

家庭和幼儿园是幼儿生活的主要场所，受自身健康、环境布置、操作不当等各种因素影响，可能引发幼儿突发疾病。如何应对幼儿的突发疾病，最大限度地保护幼儿身体健康呢？

任务一　科学应对自身因素导致的突发疾病

一、问题引入

案例：

丽丽今年5岁，父母对她特别疼爱，知道丽丽最近特别喜欢看动画片。周末丽丽拿着平板电脑整整看了两天，晚上很晚才睡觉。

周一，丽丽照常去了幼儿园上学，上午第二节美术课的时候，幼儿园李老师发现丽丽无精打采，一直打瞌睡，李老师过去询问。丽丽告诉李老师，自己周末一直在看动画片，没有好好休息，李老师上课对丽丽格外留意。5分钟后，丽丽突然晕倒地上，并出现两眼上翻、口吐白沫、意识不清、全身抽搐的症状。李老师见此情况，怀疑是羊角风（癫痫），立即将丽丽抱起，解开纽扣，平放到课桌上，不断地清洁丽丽口吐的白色泡沫，给丽丽口中放置一块压舌板咬住，防止丽丽咬伤自己舌头，随后拨打120，并通知了园长和家长。

陆园长赶到，让隔壁班的王老师将其余小朋友带走安排到了其他教室。10分钟后，丽丽的症状自然缓解，120救护人员赶到，综合专业诊断为作息紊乱劳累诱发癫痫，确定丽丽情况稳定后离开。

丽丽父母赶来幼儿园，李老师描述了丽丽在幼儿园癫痫发作和诊疗的经过。丽丽父母表示对丽丽自身患有癫痫不知情，依稀记得3年前丽丽出现过几秒类似的症状，因未引起重视非常懊悔。

受先天和遗传影响，幼儿自身可能患有隐形疾病，或者在其他致病因素作用下容易被诱导突然发作的疾病，以先天性疾病和遗传病常见。这种病可能出生后就表现出来，也可以生后长到一定年龄时才表现出来，或者在某种致病因素诱导下突发。如何应对这些突发疾病呢？

二、问题分析

（一）发作的原因分析

某些自身疾病比较隐匿，有的终生不发病，有的发病频繁，共同特点就是在因素诱发下突然发病。幼儿常见自身因素为主的突发疾病有先天性心脏病、哮喘、癫痫、贫血、小儿麻痹症等，致病因素有很多，如过度劳累、外伤、情绪波动、感冒、环境改变等。本案例中丽丽发病的根本原因是丽丽自身患有癫痫（羊角风），且父母没有约束丽丽作息，导致作息紊乱劳累发病。

（二）应急处置策略分析

遇到突发疾病，如果处理不当会给幼儿造成二次伤害，甚至危及幼儿的生命。幼儿园教师对丽丽癫痫发作的处理比较妥当，解开纽扣，有利于呼吸，清洁口腔中的异物，保持呼吸道通畅，使用压舌板防止咬到舌头，未引起比较严重的后果，同时拨打急救电话，第一时间送医。幼儿园教师虽然不是医护专业人员，但必须掌握常规幼儿自身常见突发病及基本处理方法，在送医之前采取适当措施，以保障生命健康为第一位，为专业医务人员的救护争取时间，危急时刻挽救孩子生命。

（三）家园日常照护分析

在幼儿园或者家庭中，老师和家长应该密切关注孩子的异常表现，千万不可遗漏排查孩子自身疾病，以免造成难以弥补的后果。很多家长对幼儿突发疾病缺乏基本认知，缺少提前察觉和预判能力，缺少致病因素及相关知识。例如，本案例中丽丽的家长对幼儿第一次出现症状未予以重视，对孩子患有隐性自身疾病不知情，没有对致病因素进行控制，导致了丽丽发病。幼儿处于生长发育的关键时期，必须保障足够的睡眠和休息，有的家长表面上关爱孩子，实则就是“甩手掌柜”，给孩子一些电子产品或者其他玩具就将孩子扔在一边。还有的家长一味纵容孩子，孩子一哭闹就马上妥协，没有帮助孩子建立规律作息和良好的生活习惯，为突发疾病的发作埋下了隐患。

三、幼儿园和教师应对策略

（一）预防为主

自身因素为主突发疾病根源在于幼儿自身患有先天性疾病或者遗传病，在诱因诱导下发作。幼儿园教师需要在幼儿入学时让家长配合做好幼儿健康信息采集工作，记录成册，对有自身疾病的特殊幼儿标注清楚，在幼儿园期间特别留意。了解幼儿在家期间的作息和身体状况，发现作息不规律和身体状况较差的幼儿，督促家长密切观察，避免诱发因素对幼儿的刺激，幼儿谨慎返园。

教师需要掌握一些幼儿常见疾病的特征，做到早发现、早预防、早治疗。例如，患有先天性心脏病的幼儿学爬行及端坐的时间比正常孩子晚，独立站立的时间也短，睡眠时喜欢侧卧位，同时胳膊和腿都弯曲着，像一只“大虾”；等年龄再大一些的时候，在跑、跳或游戏时，体力明显不如同龄儿童；有的患儿活动一会儿感到疲劳后，喜欢下蹲片刻再起来活动，医学上称之为“蹲踞现象”，这种姿势可以增加肺活量，有利于减轻心脏负担，改善缺氧状况；有的青紫型先天性心脏病患儿出生时并无青紫，长大后才逐渐出现，同时手指和脚趾的末端增粗呈鼓槌状，称为“杵状指”。

（二）从容应对

遇到幼儿自身突发疾病，幼儿园教师需要冷静应对。观察了解幼儿的身体状况，呼吸、脉搏、血压、意识等情况，若均比较正常，初步判断幼儿突发何种自身疾病，对症处理，一般都可自然缓解。

若呼吸、脉搏、血压、意识明显异常，此时应立即拨打120急救电话，联系保健医生和幼儿园同事帮助处理，将保障幼儿生命健康放在第一位。

幼儿教师应掌握一些幼儿常见突发疾病的应急处置技能，如幼儿贫血后晕倒急救方法：发现幼儿晕倒时要让患者平躺，不要用枕头之类的东西，让患者的头部比身体低，确保脑部的供血。如果幼儿是清醒的，可以给患者喝一些糖水，缓解一下症状。如果患者有呕吐物要进行清理。如果幼儿神志不清，可以用拇指捏压人中穴、合谷穴，可以帮助幼儿尽快地苏醒。等幼儿清醒后要将幼儿及时送医院进行治疗或回家休养。

（三）按照预案科学有序处理事件

幼儿园应制定幼儿自身突发疾病应急预案，主要包括报告制度、应急程序和工作要求，可参考如下：

幼儿自身突发疾病应急预案

为了进一步加强对幼儿自身突发疾病的应急处理工作，确保幼儿人身安全，有效处置各类突发事件，最大限度地降低突发疾病的危害，维护和确保幼儿园稳定，特制定本预案。

1. 报告制度

幼儿中出现突发疾病后，应按如下程序处理：

(1)知情人必须立即报告当日值班领导、保健医生。

(2)保健医生必须迅速赶到现场处理，对幼儿的疾病进行判断，并采取相应的简单急救措施。

(3)幼儿园领导必须迅速赶到现场安排相关事宜，如疾病有传染性，应马上安排人员采取隔离、消毒措施。

2. 应对方案

(1)凡园内学生突发疾病后，幼儿教师、当日值班领导应马上将其送保健医处诊治(情况严重者可以通知保健医前往幼儿处，保健医必须在接到通知后马上赶到)。

(2)病情严重者，主班老师和保健医须拨打“120”接诊，由主班教师和保健医送至医院救治，路途中要根据具体情况对幼儿进行照顾。

(3)幼儿教师应第一时间通知家长迅速到场(家长到达前，安排2～3名陪护)，如有需要并通知保险公司，办理理赔工作。

3. 工作要求

(1)一旦发生突发疾病事件，应立即采取行动，切实做到领导到位、措施到位、人员到位，决不能因为工作失误或麻痹大意而延误救治时机。

(2)对突发事件的知情报告是全园师生的责任和义务。凡知情迟报、漏报、瞒报、虚报的人员，园方将追究其责任。

(3)对临阵脱逃和获悉信息后而未及时赶赴现场或对在处置过程中工作不落实、行动迟缓、措施不当而延误工作的个人，园方将追究其责任。

(4)重大突发事件由当日行政值班人员迅速召集负责人、幼儿教师赶赴现场处置，同时向园领导汇报。

(5)在突发疾病的处理过程中，如有新闻媒体要求采访，必须报党总支组织宣传部门并经过园方领导审核同意，以避免报道失实。

4. 家长工作

幼儿在幼儿园突发疾病一定要第一时间告知家长。家长情绪必定波动,所以和家长沟通时注意安抚家长情绪,告诉家长已经做了哪些工作让家长不要太过担心,然后嘱咐家长赶到幼儿身边,路上注意安全等。和家长坦诚沟通,明确幼儿自身因素导致突发疾病,并及时采取了措施救治幼儿是减少家园矛盾与纠纷的重要环节。

与癫痫幼儿家长沟通示例:×××妈妈,您好!我是×××幼儿园老师。今天×××在幼儿园癫痫发作,我们采取了相应的急救措施并且拨打了120急救,目前情况稳定,请先不要过度担心。经医护人员分析,×××癫痫发作可能与过度劳累和休息不好有关。现在×××在幼儿园,请您到校一起照顾×××,并协助医护人员进行进一步治疗,途中请注意安全。

5. 经验总结、提升完善、举一反三

幼儿自身因素为主突发疾病虽以防为主,但突然发作也在所难免。幼儿教师应该具备基本的应对专业知识,掌握相应的护理和急救技能,如止血、包扎、骨折固定、心肺复苏、呼吸道异物排出等。在对幼儿自身因素为主突发疾病的处理过程中,不仅考验教师的心理素质、救护技能,同时还能检验幼儿园规章制度的完备性。所以每次经过幼儿突发疾病,我们应进行反思,经验总结,改进提高。

四、家庭教育指导策略

1. 熟悉常见突发疾病前兆

家长作为幼儿的监护人,应该对幼儿的身体和心理有比较全面的了解。尤其是有家庭病史或幼儿自身患有某些疾病,家长应该格外保持敏感,一旦发现疾病的征兆,应及时采取措施,避免疾病的发作。如果出现发热、疼痛、咳嗽咳痰、呼吸困难、心悸、发绀、恶心呕吐、黑便、腹泻、排尿障碍、意识障碍等前兆,家长应根据以往就医和孩子自身的情况,采取适当措施,避免发作,即使不能完全避免,也可提前做准备。

家长需要掌握一些幼儿常见突发疾病的早期症状,如幼儿癫痫发作的早期症状有①:

(1)哭笑无常。癫痫疾病会导致幼儿经常出现哭笑无常,在哭或者是笑一阵后就突然停止,然后就像任何事情没有发生过一样。很多父母会忽视这些事情,以为是孩子的正常表现,其实这是癫痫的早期症状之一。

(2)抽搐。抽搐是癫痫疾病最为明显的特征之一,有些幼儿在朗读书籍的时候,会出现嘴角抽搐的症状,若是朗读不停止,则抽搐就会越加明显,在抽搐特别严重后,小儿可能会出现突发性的跌倒,会损伤其他的身体部位。家长在发现孩子出现抽搐的情况后,应当第一时间送医院就诊。

(3)呕吐。癫痫疾病也会使幼儿出现不明原因的呕吐,会突然出现呕吐的症状,呕吐时间会持续2~3分钟。很多家长往往认为孩子的消化系统出现了疾病,但是去医院做检查时,也检查不出孩子的消化系统有问题,若是经常反复地出现这种情况,幼儿有可能患上了癫痫疾病。

2. 把救治幼儿放在第一位

一些家长接到幼儿突发疾病的通知时,马上就会因过分担心而情绪激动,着急问责,质问幼儿

---

① 杨桂红. 怎样识别癫痫早期症状?关键注意以下几点[J]. 医药界, 2020(5):188.

教师是怎么照顾的。家长需要保持头脑冷静，第一时间赶到幼儿身边，先救治幼儿而不是追责。在预判是幼儿自身因素的疾病发作或者之前有发病史的情况下，要第一时间把注意事项告知幼儿园教师，幼儿教师和保健医采取相应措施。

3. 给予幼儿陪伴和关爱

幼儿突发疾病是心理最脆弱的时期，最希望家长在身边。所以家长一定第一时间赶到幼儿所在地点陪伴幼儿，告诉幼儿自己就在身边，让幼儿有安全感。赶到现场后要联合幼儿园教师，配合保健医或医院医生的治疗。待病情好转，把幼儿接回家细心调养。

4. 规范幼儿日常生活行为

幼儿自身因素为主突发疾病都是有诱发因素的，据统计，不良的生活习惯占诱发因素的50%以上。家长应该规范幼儿的日常生活行为，帮助幼儿养成良好的生活习惯，尽量避免因不良的生活习惯而诱发疾病。

5. 家园保持交流畅通

家长及时向幼儿园反映幼儿在家中的身体及生活状况，也可以与教师讨论幼儿照护策略，便于幼儿园教师掌握幼儿情况，在返园后采取适宜的照护策略。

五、教育评价标准

面对幼儿自身因素导致的突发疾病，家长和幼儿园教师是否有效应对呢？请对照表2-1-1。

表2-1-1　幼儿自身因素导致的突发疾病应对策略评价标准

序号	评价内容	评价标准
1	预防意识	掌握幼儿常见自身因素导致的突发疾病症状和诱发因素，能够细心观察，能够识别并有效预防
2	应急措施	掌握幼儿常见自身因素导致的突发疾病应急处置技能，处置策略得当，让幼儿得到及时的救治，并减轻不良影响
3	家庭教育	了解幼儿自身因素导致的突发疾病相关知识，规范幼儿的日常生活行为，减少诱发因素
4	家园沟通	保持实时有效沟通，共同制定幼儿照护策略，避免引起家园矛盾，或者把矛盾顺利化解

思考与练习

1. 单选题

自身因素为主突发疾病大多数是(　　)。

A. 免疫性疾病　　B. 传染性疾病　　C. 病菌感染性疾病　　D. 先天性疾病或遗传病

2. 多选题

(1)诱发自身因素导致的突发疾病的常见因素有(　　)。

A. 过度劳累　　B. 摔倒　　C. 外伤　　D. 活动

(2)属于常见的自身因素为主突发疾病有(　　)。

A. 湿疹　　B. 先天性心脏病　　C. 鼻炎　　D. 哮喘

3. 判断题

癫痫发作处理最关键的点是保持呼吸通畅。　　　　　　　　　　　　　　　　（　　）

4. 简答题

如何预防幼儿自身因素为主的突发疾病？

拓展延伸

癫痫发作的急救措施

1. 应急处置策略

第一，把癫痫病患者移到平整的地方。最好是有床的地方，不要让患者的身体蜷缩在一起，及时解开癫痫病患者的纽扣，切记一定要让患者保持呼吸道顺畅。驱散身边的围观人群，因为人群过于密集同样会导致患者呼吸不畅，加重病情。癫痫病患者每时每刻都有可能出现危险，所以一定要有人陪伴在癫痫病患者的身边。

第二，癫痫病发作的时候最容易发生的意外就是容易咬到自己的舌头，要及时地给癫痫病患者一块压舌板（或者毛巾、筷子等）咬着，预防癫痫病患者咬伤自己。

第三，部分患者在病发的时候会出现口吐白沫的现象，这些排泄物如果反吞到气管当中很容易导致肺炎。应该尽可能地把癫痫病患者的排泄物清除出来。

最后，癫痫病作为一种危险性非常强的精神类疾病，病发时及时拨打120也是非常关键的。

2. 癫痫病人的照护策略

（1）情绪稳定：癫痫病人切记一定不要受到太大的刺激，避免诱发癫痫病的发作，建议平时一定要保持心情平稳，不要过喜过悲。

（2）饮食得当：不要吃太过刺激性的食物，不接触烟酒，避免中枢神经受到刺激。

（3）合理用药：服用抗癫痫药物治疗后，注意避免自行停服或漏服，否则可能诱发癫痫发作。

（4）良好习惯：避免疲劳、睡眠不足。

（5）择优工作：不要从事高空作业、驾驶、游泳、炉火旁和高压电机等精神压力大的工作，以免癫痫发作后意外事件。

任务二　科学应对环境因素导致的突发疾病

一、问题引入

案例：

暑假马上就到了，可是东东却感冒了，东东父母由于上班比较忙，见东东感冒基本上好了就将他送到了幼儿园。幼儿园王园长见东东精神状态恢复得比较好，只是比别的小朋友多穿了一件外套，就同意了东东回园上学。

午餐时间气温达到35℃，幼儿园张老师发现东东吃饭的时候出汗比较多，吃得越来越慢，随后趴在了饭桌上，也不说话。张老师急忙走过去，通过询问和观察症状判定东东中暑了，赶紧脱去了东东穿的外套，并将他移动到了通风的窗台下，用毛巾擦去他身上的汗液，给他喝了一小碗凉的白开水,过了一会儿东东的症状得到了缓解。

环境因素为主的突发疾病主要指由于生活环境发生改变,导致幼儿身体正常新陈代谢与新环境不适应,使幼儿突然发作的疾病,环境变化为主要致病因素。生活环境主要包括:温度、空气、水源、土地、动植物、家庭和幼儿园内部物质陈设环境等。幼儿常见环境因素为主的突发疾病有中暑、冻伤、磕碰伤、烫伤、哮喘或者其他过敏症等。面对环境因素为主的突发疾病,应该如何应对呢?

二、问题分析

(一)发作的原因分析

中暑是指在温度或湿度较高、不透风的环境下,因体温调节中枢功能障碍或汗腺功能衰竭,以及水、电解质丢失过多,从而发生的以中枢神经和(或)心血管功能障碍为主要表现的急性疾病。东东中暑主要原因一方面是夏季气温高,进餐时体温进一步增高;另一方面东东父母认为东东感冒未痊愈,给他多穿了一件外套,造成东东所处环境温度更高,最终致使东东中暑。

(二)应急处置策略分析

中暑的应急处置策略一般为,让患者迅速脱离高温、高湿环境,转移至通风阴凉处,将患者平卧并去除衣物,快速降温,一般轻症患者经救护后可以恢复正常。幼儿园张教师发现东东行为异常后,判断其中暑后,及时改善了东东所处的高温环境,脱去了多余衣物,并帮助其有效降温,应急处置策略得当。

(三)家园日常照护分析

本案例中,家长和幼儿园的日常照护存在不当。家长需要考虑到夏季的高温情况,即使东东感冒了也不应该过度保护,家长可以提醒东东,如果感到太热就脱去外套,或请教师帮助提醒。园长和张老师也缺乏相应意识,没有对东东进行特别提醒。

三、幼儿园策略

(一)预防为主

季节、天气、气温改变或者生活环境变动,都可能导致幼儿身体心理与新环境不适应,诱发幼儿环境因素为主疾病的发作①。教师要细心观察,及时关注每一位幼儿的精神状态,帮助幼儿适应和调整。

教师也需要掌握常见幼儿环境因素为主疾病的诱发因素,避免或尽量减少环境改变对幼儿产生的不良影响。如引发哮喘的常见因素有:气温、空气湿度、气压和风力等气候因素,特别是温差变化幅度较大是诱发哮喘的重要刺激因素。研究证明,吸入冷干空气可以导致气道高反应性而诱发哮喘发作,因此,哮喘幼儿从较高温度的室内到温度较低的室外应戴口罩。空气湿度的高低也可影响气道内湿度,当空气湿度太低时可导致气道干燥而诱发运动性哮喘,空气湿度太高除了可以引起呼吸加快、体表水分迅速蒸发外,还可以促进尘螨、霉菌等致敏生物的繁殖生长,也可以诱发哮喘发作。

(二)从容应对

环境变化不可避免,遇到此类情况,教师要保持冷静,妥当处理。环境因素为主突发疾病的处

---

① 高景宏,李丽萍,王君,等.气候变化对儿童健康影响的研究进展[J].中华流行病学杂志,2017,38(6):832-836.

理关键，是让患者脱离致病环境或者增强对环境的适应性。教师需要掌握幼儿日常环境因素为主突发疾病的应急处置办法，正确救护。如幼儿哮喘急救措施①：

当幼儿出现突发哮喘时，一定要让幼儿保持端坐位，或者是半卧位，把幼儿上身部位的衣服解开，避免胸部束缚而影响患者的呼吸；在条件允许的情况下，要尽早地让患者进行吸氧治疗，从而缓解缺氧状态。当出现围观者时，要及时疏散，避免影响幼儿呼吸新鲜的空气，环境过于嘈杂也会使得幼儿出现焦虑紧张的情绪。在急救时，要让幼儿及早地吸入平时所用的哮喘类药物及气管扩张剂。

（三）坚持关注环境因素

幼儿环境因素为主突发疾病主要归因于幼儿所处生活环境的变化，包括自然环境变化和人为环境变化。教师要有敏感意识，随着季节、天气、气温等自然环境的变化，帮助幼儿做出相应调整。在环境创设中要充分考虑幼儿的身体和心理特征，例如：考虑幼儿园内哪些植物容易使幼儿过敏，哪些地面容易使幼儿滑倒，哪些课桌边角过于锋利等。避免或最大程度地减少环境对幼儿造成伤害。

幼儿园要制定应急处置预案，便于规范事件处理，应急预案文本可参照任务一。

四、家庭教育指导策略

1. 能够预判环境因素带来的影响

环境因素为主突发疾病大多数是可以避免的，家长需要有敏感意识，提前关注幼儿生活环境的变化，评估新环境是否容易致病，提前做出应对，可以有效减少突发疾病的发生。例如，家中装修、新购家具、毛绒物品、室内气温变化、不通风等，都可能产生致病环境，家长要合理选择并有效控制；桌角、床沿、地板等可能造成幼儿磕碰摔伤，家长需要将物品合理摆放陈设；粉尘、螨虫、毛发、花粉、柳絮、动物皮屑等过敏原，容易引起过敏性鼻炎、皮肤瘙痒等症状，家长要保持居室卫生，让幼儿出门戴口罩。

家长需要掌握一些幼儿常见环境因素为主突发疾病的症状和救护方法。如幼儿中暑可分为先兆中暑、轻度中暑和重度中暑。先兆中暑会大量出汗，头晕、口渴、头痛、注意力不集中、眼花、耳鸣、动作不协调等。轻度中暑是在先兆中暑症状基础上加重，体温上升到38 ℃以上，并且出现皮肤灼热、面色潮红或脱水症状。救护措施是快速脱离高温环境，转移到阴凉的地方，及时通风降温补充冷盐水，一般患者可以恢复；严重中暑有腹痛、高热，通常超过39.5 ℃或超过40 ℃，甚至出现昏迷、抽搐等症状，需要送医院治疗。

2. 把救护幼儿放在第一位

环境因素为主突发疾病的发生依赖于特定的环境，快速脱离环境并得到及时救护后，症状可缓解或者消退，家长不必过于惊慌，需要第一时间赶到幼儿所在地点，陪伴幼儿，联合教师积极配合保健医或医院医生的治疗。待症状缓解把幼儿接回家休养。

3. 增强幼儿自我保护的意识

任何环境都不是绝对安全的环境，比如，电暖器旁可能发生烫伤，窗台旁边的仙人球容易扎伤幼儿，刚拖完的地板容易使幼儿滑倒等。家长要引导幼儿树立安全和自我保护意识，不做可能造

---

① 宋邦成. 哮喘的识别与应急处理[J]. 社区医学杂志，2008(16)：34-35.

成伤害的事情，不踏入危险环境，如玩耍要避免磕碰摔倒，根据季节添减衣物，不碰触危险物品等。

4. 家园保持交流畅通

家长要与幼儿园保持交流，沟通幼儿在家中生活环境和生活习惯，便于幼儿返园后，教师根据幼儿个体差异采取相应措施，实施个性化照护。

五、教育评价标准

面对幼儿环境因素为主的突发疾病，家长和幼儿园教师是否有效应对呢？请对照表 2-1-2。

表 2-1-2　环境因素为主的突发疾病应对策略评价标准

序号	评价内容	评价标准
1	预防意识	掌握幼儿常见环境因素为主突发疾病的症状和诱发因素，能够细心观察，能够识别并有效预防
2	应急措施	掌握幼儿常见环境因素为主突发疾病的应急处置技能，处置策略得当，让幼儿得到及时的救治，并减轻不良影响
3	家庭教育	了解幼儿环境因素为主突发疾病的相关知识，增强幼儿的安全和自我保护意识
4	家园沟通	保持实时有效沟通，共同制定幼儿照护策略，避免引起家园矛盾，或者把矛盾顺利化解

思考与练习

1. 多选题

(1)常见环境因素为主的突发疾病有(　　)。

A. 中暑　　B. 冻伤　　C. 头痛　　D. 痢疾

(2)家中环境中可能出现的常见的吸入性过敏原有(　　)。

A. 粉尘　　B. 纸屑　　C. 电磁波　　D. 花粉

2. 单选题

(1)幼儿中暑处理不正确的处理方法是(　　)。

A. 脱去多余衣物　　B. 移至阴凉处

C. 毛巾擦去身上汗液　　D. 多喝点热开水

(2)处理幼儿因环境因素导致的突发疾病，首先需要(　　)。

A. 明确致病原因　　B. 拨打 120　　C. 缓解疾病症状　　D. 脱离致病环境

3. 简答题

家庭环境中常见可诱发疾病的因素有哪些？

拓展延伸

中暑的急救措施

1. 中暑的应急处置

(1)搬移：迅速将患者抬到通风、阴凉、干爽的地方，使其平卧并解开衣扣，松开或脱去衣服，如衣服被汗水湿透应更换衣服。

(2)降温:患者头部可捂上冷毛巾,可用50%酒精、白酒、冰水或冷水进行全身擦浴,然后用扇子或电扇吹风,加速散热。有条件的也可用降温毯降温。但不要快速降低患者体温,当体温降至38摄氏度以下时,要停止一切冷敷等强降温措施。

(3)补水:患者仍有意识时,可给一些清凉饮料,如盐汽水等,在补充水分时,可加入少量盐或小苏打水。但千万不可急于补充大量水分,否则,会引起呕吐、腹痛、恶心等症状。

(4)促醒:患者若已失去知觉,可指掐人中、合谷等穴,使其苏醒。若呼吸停止,应立即实施人工呼吸。

(5)转送:对于重症中暑病人,必须立即送医院诊治。搬运病人时,应用担架运送,不可使患者步行,同时运送途中要注意,尽可能地用冰袋敷于病人额头、枕后、胸口、肘窝及大腿根部,积极进行物理降温,以保护大脑、心肺等重要脏器。

2. 中暑的预防

(1)大量饮水。在高温天气,不论运动量大小都要增加液体摄入。不要等到觉得口渴时再饮水。对于某些需要限制液体摄入量的病人,高温时的饮水量应遵医嘱。

(2)注意补充盐分和矿物质。酒精性饮料和高糖分饮料会使人体失去更多水分,在高温时不宜饮用。要避免饮用过量的冰冻饮料,以免造成胃部痉挛。

(3)少食高油高脂食物,减少人体热量摄入。

(4)高温天气穿着质地轻薄、宽松和浅色的衣物。

(5)高温时应减少户外活动或工作。如必须,应每小时饮用500 ml及以上水或茶水。

(6)虽然各种人群均可受到高温中暑影响,但婴幼儿、65岁以上的老年人、患有精神疾病、心脏病和高血压等慢性病的人群更易发生危险,应格外予以关注。对于这些高危人群,在高温天气应特别注意,及时观察是否出现中暑征兆。

(7)合理安排工作,注意劳逸结合。

任务三　科学应对物品因素导致的突发疾病

一、问题引入

案例:

亮亮和铭铭是幼儿园的好朋友,平时就喜欢在一起玩比赛游戏。体育课的时候,他们各吹了一个气球,比赛谁的气球拍得高,亮亮见铭铭的气球比自己拍得高,使劲往天上拍自己的气球,亮亮的气球突然爆了,亮亮头望着天,目瞪口呆张大了嘴,气球大部分碎片恰巧掉落到亮亮嘴里,不一会儿亮亮出现了持续的剧烈咳嗽。

幼儿园乔老师听见后急忙过来,看见亮亮还出现了呼吸困难的症状。铭铭告诉教师亮亮吃了气球,乔老师瞬间明白亮亮是被异物堵住了呼吸道。

乔老师让值班同事拨打了120急救电话,用"海姆立克急救法"对亮亮实施急救,亮亮咳出气球碎片,呼吸困难和咳嗽得到缓解。120医务人员到达后将亮亮带往医院继续接受治疗。

物品因素为主的突发疾病指幼儿由于接触某些日常生活中的危险物品,或因某些物品使用不当,或者使用中发生意外导致的突然发作的疾病,此类疾病特点为物品是导致幼儿突发疾病的直接因素。幼儿生活中常见容易导致突发疾病的物品有铅笔、筷子、剪刀、小刀、别针、大头针、玻璃等易碎物品，气球、激光类玩具等①。面对物品因素为主的突发疾病，应该如何有效应对呢？

二、问题分析

（一）发作的原因分析

幼儿异物吸入，如果进入呼吸道情况比较危急，若未得到正确及时的救治，很可能因呼吸道窒息而死亡。幼儿吸入异物的症状主要有：如果异物经喉进入气管，会出现剧烈呛咳、喉部喘鸣或喘吼；如果异物卡在喉部，除上述喘吼性咳嗽外，还伴随声音嘶哑、失声、呼吸困难和面色青紫。通过体育课活动内容和铭铭的描述，乔老师判断亮亮是吸入气球碎片后刺激了呼吸道剧烈咳嗽，并且气球碎片作为异物堵住了呼吸道，使铭铭表现为呼吸困难。

（二）应急处置策略分析

幼儿吸入异物导致的突发疾病应急处置是快速排除异物。案例中乔老师所使用的“海姆立克急救法”②是正确的急救方法之一，主要是中上腹部施压法，先确认吸入异物以后患者的神志是否清醒，能否站立，然后施救者双臂从患者的背后环绕其腹部，拇指对着患者的上腹部，一只手握住另一只手用力冲击，向患者的腹部施压，反复多次即可将异物从嘴里面吐出来。

（三）家园日常照护分析

除了类似气球碎片的残片，花生米、弹珠、果冻、干燥剂等是常见被误食误吸后呼吸道阻塞物。尖锐的剪刀、药品、螺丝刀、缝衣针、牙签、筷子等，这些东西都可能在孩子使用不当的时候导致幼儿的身体受伤，家长在日常生活中要予以特别关注，教给孩子正确的使用方法，不要让孩子拿上述物品随意玩耍，一些伤害性强的物品要放到幼儿触及不到的地方。家具、课桌的边角、位置较低的插头插座、烧水壶等接触性物品也容易导致突发疾病。幼儿在家和幼儿园日常生活活动中要格外注意。

三、幼儿园策略

（一）预防为主

幼儿物品因素为主的突发疾病最显著的特征即存在致病的物品，物品使用不当或者直接与幼儿身体发生了接触导致疾病。幼儿园教师在幼儿入园应及时检查幼儿随身携带的细小潜在危险物品，及时清除安全隐患物品，如硬币、豆子、花生米、小纽扣、别针、玻璃球、小珠子、小刀、骰子、项链等。课堂教学或者以墙报的形式将生活中常见的危险致病物品列出来，用图片或者短视频的形式展示其危害性，教育幼儿警惕生活中常见的危险致病物品。例如：哪些物品不能放到嘴里，哪些物品不能随意触碰，使幼儿对此类物品产生警惕意识。对于生活必须用具，幼儿教师要教会幼儿正确使用方法，避免使用不当，教育幼儿不能作为玩具玩耍。

（二）从容应对

幼儿园教师需要掌握几种常见物品因素为主突发疾病的应急处置方法，为幼儿保驾护航。例如：开水烫伤关键在于及时降温；切割伤一般比较表浅，止血消毒后送医即可；刺伤拔出刺后，清洁

---

① 雷敏. 让孩子远离危险物品[J]. 儿童与健康，2003(7)：37.

② 张志刚. 最佳简易救命术海姆立克急救法[J]. 健康指南(中老年)，2011(2)：2.

消毒;磕碰伤如果仅伤到皮肤软组织,清洁消毒后先冷敷,一天后热敷等。异物吸入比较紧急,可用“海姆立克急救法”,具体见本小节“拓展延伸”。药物误食比较棘手,首先明确误服了什么药,服了多长时间,服了多大的剂量,然后稀释、催吐和排毒,及时送往医院。普通伤口的止血、清洁、消毒、包扎、冷敷、热敷都是比较容易掌握的紧急处理方法。

(三)掌握日常照护方法

危险的物品可以导致突发疾病,并不是有危险的物品就不能使用。例如,幼儿园中可能用到剪子进行剪纸游戏,在幼儿教师的看护和指导下,也可以正常游戏。幼儿生病后,药品服用在家长或者教师的看护下进行是必要的。幼儿成长过程中,没有绝对的安全物品,也没有绝对的危险物品,使用得当就能成为幼儿成长过程中的助力。善于甄选幼儿物品并教会幼儿正确使用是一个合格幼儿教师陪伴幼儿成长的重要课程。

幼儿园要制定应急处置预案,便于规范事件处理,应急预案文本可参照任务一。

四、家庭教育指导策略

1. 保持对潜在危险物品的敏感

熟悉家中物品,尤其是容易造成幼儿伤害的物品,保持敏感意识,将可能形成危险的物品妥善存放。药品、化妆品、清洁剂、纽扣、玻璃球、耳环、硬币、烧水壶、打火机、阳台或窗台的矮柜、容易攀爬的家具等,都是幼儿够得着,并且接触后容易发生危险的物品。家长可以将物品或放到幼儿接触不到的地方,如果日常生活中必须使用,要教会幼儿正确的使用方法,坚持每次使用每次提醒。

2. 把幼儿身体健康放在第一位

家长接到幼儿因某些物品致突发疾病的通知后,马上就会因过分担心而情绪激动,并且着急追责。家长首先要保持冷静,把救治放在第一位,安抚陪伴幼儿,稳定幼儿的情绪,配合保健医或医院医生的治疗。待病情缓解后把幼儿接回家休养,并以此为鉴对幼儿进行安全教育。

3. 规范幼儿行为习惯

幼儿对物品的接触和使用前期经验一般都来源于家长,若家长对生活中物品使用不规范,会造成幼儿对物品的错误使用,最终对幼儿身体造成伤害。例如:家长削水果后把水果刀随意摆放,或者喜欢一边充电一边玩手机,孩子模仿家长会引发伤害。家长要给幼儿树立正确的榜样示范,明确告诉幼儿哪些物品大人可以用孩子不能用,对于生活必需用具要让幼儿掌握正确使用方法。

4. 家园保持交流畅通

家园要保持信息交流畅通,家长及时向幼儿园反馈幼儿在家情况,便于幼儿园评估物品对幼儿的安全性,幼儿返园后加强对幼儿的特殊照护和教育指导。

五、教育评价标准

面对幼儿物品因素为主的突发疾病,家长和幼儿园教师是否有效应对呢?请对照表 2-1-3。

表 2-1-3 物品因素为主的突发疾病应对策略评价标准

序号	评价内容	评 价 标 准
1	预防意识	掌握幼儿常见物品因素为主突发疾病的症状和诱发因素,能够细心观察,能够识别并有效预防

续上表

序号	评价内容	评价标准
2	应急措施	掌握幼儿常见物品因素为主突发疾病的应急处置技能，处置策略得当，让幼儿得到及时的救治，并减轻不良影响
3	家庭教育	了解幼儿物品因素为主突发疾病的相关知识，增强幼儿的安全和自我保护意识
4	家园沟通	保持实时有效沟通，共同制定幼儿照护策略，避免引起家园矛盾，或者把矛盾顺利化解

思考与练习

1. 多选题

生活中容易导致幼儿外伤类突发疾病的物品有(　　)等。

A. 铅笔　　B. 鞋带

C. 书包　　D. 玻璃等易碎物品

2. 单选题

生活中容易导致幼儿误食误吸的物品有(　　)。

A. 酸奶　　B. 弹珠　　C. 薯片　　D. 饮料

3. 判断题

(1)普通伤口常用的简要急救措施有止血、消毒等。　(　　)

(2)幼儿吸入异物急救的核心要点是明确吸入物。　(　　)

4. 简答题

幼儿吸入异物应采取哪些急救措施?

拓展延伸

幼儿吸入异物的急救措施

1. 应急处置方法

幼儿吸入异物，当异物堵塞气管时可导致窒息，甚至死亡，必须立刻采取有效急救措施。现场急救最为理想的办法是“海姆立克急救法”。海利希手法适用于自救，也可用于互救。

(1)站位急救法：救护者站在患者身后，用双臂围绕患者腰部，一手握拳，拳头的拇指侧顶在患者的上腹部(脐稍上方)；另一手握住握拳的手，向上、向后猛烈挤压患者的上腹部。挤压动作要快速，压后随即放松。

(2)卧位急救法：患者仰卧，救护者两腿分开跪在患者大腿外侧的地面上，双手掌叠放在患者脐稍上方，向下、向前快速挤压，压后随即放松。

(3)儿童急救法：让患儿俯卧在救护者两腿间，头低脚高，然后用手掌适当用力在患儿的两肩胛骨间拍击4次。拍背不见效，可让患儿背贴于救护者的腿上，然后，救护者用两手食指和中指用力向后、向上挤压患儿中上腹部，压后即放松，可重复几次，必要时急送医院。

2. 异物吸入的预防措施

(1)3 岁以下小儿不应喂食花生、瓜子、豆类及其他带核类食物。

(2)小孩吃饭不要边吃边玩,不要追跑打闹以免其跌倒导致误吸。

(3)不要惊吓、逗乐、责骂小孩,以免其哭闹误吸异物。

(4)要教育孩子改掉口含笔帽、哨、小玩具的坏习惯。做一个细心人,如果发现孩子口中含有异物,要耐心劝导其自行吐出。

(5)如果发现小孩口中有异物,在小孩呕吐时,应该把他的头偏向一侧,避免吸入气管。一旦发现有可疑异物吸入,应将孩子立即送往就近医院救治。

任务四　科学应对活动因素导致的突发疾病

一、问题引入

案例:

晨晨是一个活泼好动的孩子,课间在楼梯上下跳动,最后一次向下跳的时候没站稳,双膝和右手掌着地,疼得哭了起来。

幼儿园孟老师看晨晨摔倒在地哭闹着喊疼,急忙过去将他扶起,发现晨晨右膝盖擦破了皮,少量出血,左膝盖皮下出血,右前臂有骨头凸起的征象。孟老师初步判断晨晨是双膝盖擦挫伤和右前臂骨折。

孟老师安抚晨晨情绪后立即拨打了 120 急救电话。医务人员到来前,孟老师拿出幼儿园的急救箱,取出生理盐水冲洗晨晨右膝盖的伤口,用医用酒精浸润的纱布敷在左膝盖患处,用骨折固定夹板固定了右前臂。120 急救人员到达后,将晨晨送到了医院治疗。

活动因素导致的突发疾病主要指幼儿在运动性的活动过程中发生意外导致的突发性疾病,此类疾病特点为运动性的活动是导致幼儿突发疾病的直接因素。幼儿在运动性的活动中常见的受伤类型有擦伤、挫伤、肌肉拉伤、韧带拉伤、骨折、关节损伤等①。面对活动因素导致的突发疾病,应该如何应对呢?

二、问题分析

(一)发作的原因分析

幼儿生性活泼好动,喜欢玩要打闹,非常容易在活动过程中突发疾病。晨晨摔伤主要是在楼梯跳跃活动造成。幼儿园需要加强活动安全教育,限制幼儿危险活动。

(二)应急处置策略分析

幼儿活动中最常见的突发疾病为擦伤和挫伤,轻度擦伤要先排除伤口异物,再进行消毒,根据情况确定是否包扎,轻微挫伤要局部制动并休息,严重的或有骨折症状要立即送往医院治疗。晨晨右膝盖擦伤,伤口不深出血量不大,伤口清洁干净消毒即可,若伤口深、出血严重,需要加压包扎送医。晨晨左膝盖挫伤,表现为皮下出血,孟老师先采用冷敷是正确的,一天后改为热敷有助于患处愈合。

(三)家园日常照护分析

家长和幼儿教师要对幼儿活泼好动的天性有足够的认识,注意观察并警惕幼儿的危险动作,

---

①　刘梦婷. 小班幼儿活动中存在的问题及对策[J]. 小学科学(教师版), 2016(8):171.

发现潜在危险要及时提醒或制止。幼儿运动受伤后要限制幼儿活动和局部运动，遵医嘱配合治疗，如果有外伤需要注意不要发生感染，家长做好日常照护和情绪安抚工作。

三、幼儿园策略

（一）预防为主

幼儿天生活泼好动，运动是促进幼儿身体健康成长的必要元素，不能因为运动可能导致幼儿疾病就因噎废食。幼儿园教师要学习运动健康相关知识，掌握预防运动伤害的知识和技能，通过教育提高幼儿的安全意识，运用规则规范幼儿的日常运动行为，选择安全活动场地、控制活动时间，减少或者避免幼儿活动导致的突发疾病。例如：尽量减少幼儿进行长跑等剧烈活动，选择空旷的平地进行游戏，避开过冷或者过热的时间段活动，要求幼儿在楼道内不能追逐打闹或出现攀爬扶手等危险行为等。

（二）从容应对

幼儿常见活动性外伤擦伤、挫伤、扭伤、挤压伤、关节脱位、骨折等，未合并严重脏器损伤一般不会危及生命。及时正确的处理可为医护人员的到来争取更多的时间。若有出血须及时止血，擦伤、挫伤做好伤口清洁和消毒；扭伤、挤压伤及时冷敷和制动；关节脱位、骨折制动和固定，可作为常用的初步救护。万一情况危急，外伤大出血、重物砸伤颅脑休克，呼吸、心率、血压三大生命体征消失需要尽快进行心肺复苏，尽全力挽救生命。

教师需要掌握幼儿活动因素为主导致的突发疾病应急处置办法。如小外伤处理：伤口小而浅或仅擦伤表皮，可用凉开水洗净周围皮肤，再用凉开水冲洗伤口。如有泥沙等污物应彻底冲洗干净。如冲洗不掉，可轻轻拨出，以免污物留在皮肤里。可用双氧水清洁伤口后，用75%酒精由里到外消毒伤口周围皮肤，伤口表面涂紫药水、红药水或碘酊、药膏，如伤口有少量出血，可用消毒纱布止血后再上药，不用包扎，避免沾水，让其自然干燥。

（三）按照预案有序的处理事件

幼儿在幼儿园的一些日常运动是在幼儿教师指导活动下的专项运动，另一些是幼儿自主运动，两种形式都将落实到幼儿直接活动。因此，教师教育是关键，提高幼儿的自主安全意识是核心。教师要特别注重加强安全教育，在一日活动中加强安全教育提醒，组织安全教育主题教学活动，通过故事绘本等强化幼儿安全意识，通过一些图文动画展示不正确活动后的危害，可以提高幼儿直接活动中的安全性。明确禁止一些危险活动，例如，幼儿互相打闹，高处攀爬，在危险的地方跳跃、奔跑等。

幼儿园要制定应急处置预案，便于规范事件处理，应急预案文本可参照任务一。

四、家庭教育指导策略

1. 保持对幼儿危险活动的敏感

家庭教育中，家长应提醒幼儿警惕危险活动，明确幼儿常见的危险性活动，包括活动类型、活动场地、活动时间和活动环境等，家长在幼儿活动过程中应加强对幼儿活动的监督和看管，采取必要保护措施，避免幼儿不当活动导致突发疾病。幼儿一些常规的活动中也有一定的风险性，也要避免常规活动导致突发疾病。除了有规范的活动规则外，还要使用必要的护具，如头盔、护膝、护腕等，可以有效保护幼儿的活动安全。

2. 掌握必要的应急处置方法

幼儿活动性突发疾病主要以外伤为主，家长要掌握一些必要的应急处置方法，能够在第一时间对病情轻重有初步判断，局限于皮肤的擦挫伤、挤压伤属于轻微情况对症处理即可。家长需要在家备有急救药物，掌握基本小外伤的清洁、消毒、止血、冷敷、热敷和骨折固定方法。

3. 把幼儿救护放在第一位

如果幼儿是在幼儿园或其他室外环境受伤，家长要保持冷静，第一时间赶到幼儿所在地点，安抚幼儿情绪，配合医生治疗。待病情好转把幼儿接回家休养，并以此为鉴对幼儿进行安全教育。

4. 规范幼儿活动行为

家长要认识到运动是幼儿身体健康成长的必要保证，既要教育幼儿注意运动安全，又要让幼儿参加必要的运动。家长应根据幼儿身体特征选择活动类型，把控运动地点和运动时间，纠正不正确的运动习惯，如运动后冲冷水澡、穿拖鞋跑步、不进行热身就进行高强度体育活动等。

5. 家园保持信息交流畅通

家校要建立密切的沟通关系，日常对幼儿运动进行沟通和探讨，交流幼儿在家和幼儿园中的活动类型，对未进行的活动要谨慎尝试，对进行过的活动要保持警惕，保障幼儿安全活动。幼儿受伤在家休养期间，家园要坚持日常沟通幼儿恢复情况，以便幼儿返园后，教师有针对性地看护和教育。

五、教育评价标准

面对幼儿活动因素为主的突发疾病，家长和幼儿园教师是否有效应对呢？请对照表 2-1-4。

表 2-1-4　活动因素导致的突发疾病应对策略评价标准

序号	评价内容	评 价 标 准
1	预防意识	掌握幼儿常见活动因素为主突发疾病的症状和诱发因素，能够细心观察，能够识别并有效预防
2	应急措施	掌握幼儿常见活动因素为主突发疾病的应急处置技能，处置策略得当，让幼儿得到及时的救治，并减轻不良影响
3	家庭教育	了解幼儿活动因素为主突发疾病的相关知识，增强幼儿的安全和自我保护意识
4	家园沟通	保持实时有效沟通，共同制定幼儿照护策略，避免引起家园矛盾，或者把矛盾顺利化解

思考与练习

1. 多选题

(1) 幼儿在运动性的活动中常见的受伤类型有(　　)等。

A. 擦伤、挫伤　　B. 呕吐　　C. 骨折　　D. 感冒

(2) 幼儿活动过程中突发疾病，哪些症状提示病情危急(　　)。

A. 外伤大出血　　B. 骨折　　C. 心率急剧下降　　D. 擦伤

2. 单选题

关于幼儿骨折应急处置，下列说法错误的是(　　)。

A. 及时止血　　B. 固定患肢　　C. 骨折断端归位　　D. 限制幼儿活动

3. 判断题

选择安全活动环境可以减少幼儿活动中发生意外。(　　)

4. 简答题

举例说明幼儿常见的危险性活动。

拓展延伸

幼儿骨折的急救处理

1. 骨折的应急处置措施

拨打120急救电话后，应注意以下几点：

(1)在看到骨折大出血的时候，一定要赶快寻找止血带进行止血，比如上肢出血，那么可将止血带扎在手臂三分之一的地方，而如果是下肢出血，应该在大腿上三分之一的地方，经过1个小时左右的时间，可将止血带放松几分钟，然后再重新绑上，这样可减少肢体因为缺血而出现坏死。

(2)如果是开放性骨折，注意千万不要把未经处理的断端送回，因为容易损伤血管和神经或者诱发感染，同时也应该注意不能在伤口上擦红药水、紫药水。还可以用干净的凉开水冲洗伤口上的脏东西，并将湿纱布敷在上面。

(3)对于幼儿骨折的部位，要做好固定工作。在有夹板的情况下可用夹板固定，如没有，可根据现场的情况，比如用木条、树枝等代替，并用绳子固定好。对于找不到固定物的情况，可将上肢固定在胸部，或是将下肢捆绑在一起。对于在从高处摔下来的情况，要想到是脊椎骨折，要限制孩子的活动，并尽量用硬的东西抬走孩子。

(4)密切观察幼儿情况。在确定幼儿骨折之后，要密切观察孩子的情况，特别是看肢体远端皮肤的情况，是不是发红，温度是不是正常，如有肿胀等情况，必要的时候还应该重新固定。

2. 关节脱位的处理方法

关节突发脱位后，第一步应紧急制动，以避免因患肢活动而加剧关节错位，引发骨折。制动后不要急着进行关节复位，而是应查看伤势，判断周围的损伤情况，是否有引起韧带拉伤、骨折等严重损伤，以进行下一步的处理。伤势检查完毕后，如果为单纯性脱臼，可以先通过冷敷缓解肿痛。冷敷是通过局部冷刺激来收缩血管，减少血流量，从而起到止血、消肿以及止痛功效。冷敷一般应用于损伤刚发阶段，在损伤后24～48小时内，超过这个时间则不宜继续冷敷。冷敷后需迅速就医，以及时进行关节复位，多为手法复位。

项目二　应对家园突发矛盾

家庭和幼儿园是3～6岁幼儿成长的两个主要环境，共同担负着扶助幼儿健康成长的职责。但是，幼儿园和家庭又是两种性质的社会单元，在针对幼儿的教育问题上存在着教育观念、教育内容、教育方式等方面的差异，不可避免地会发生分歧。当双方关系处于因一方或双方需求无法满足时，将导致矛盾冲突，这种矛盾冲突可能是间接的、隐晦的，也可能是外显的，甚至激烈的，是家庭和幼儿园(以下简称家园)之间的一种排斥、不满，甚至是敌对的情绪及行为。面对相对激烈的家园突发矛盾，应该如何应对呢?

任务一　正确处理“教育观念差异”引发的家园突发矛盾

一、问题引入

案例①：

晨晨爸爸是位博士，虽然接送孩子的次数不多，但对孩子的教育非常关注，不仅时常看教育类的专业书籍、网上的育儿心得等，还每天关注孩子的在园表现。

一天下午刚起床，晨晨爸爸就沉着脸站在了教室门口，一脸严肃地直接表明态度：“昨晚听我爸说孩子在园犯错了，问晨晨情况，他怎么也不愿说，好像很委屈，一个晚上都不高兴。我今天来是想问问老师，当时是怎样处理孩子犯错误这件事的？”

王老师真诚地说：“晨晨是个聪明的孩子，也很爱面子。”晨晨爸爸很激动地打断说：“正因为我儿子爱面子，试问老师在教育他时保护他的自尊了吗？”“昨天我们是私下谈心的，之所以告诉爷爷，是希望家长了解孩子在园的情况，同时配合教师，督促孩子改掉小毛病。”晨晨爸爸的态度缓和了些：“教育孩子我并不反对，但孩子需要的是鼓励，批评教育只能适得其反。”“鼓励固然重要，一味地鼓励并不可取。找出孩子不开心的原因，是我们的共同目标。”晨晨爸爸还是坚持着：“孩子昨晚很不开心，他最在意的是老师的态度，我想孩子感到了压力，这是不利于孩子成长的。”王老师耐心地说：“过于呵护孩子的心理，就是剥夺了他承压的能力。孩子只有明白了自身存在的问题，才会控制自己的行为。你很在意孩子不开心的情绪，实则是无形中给了孩子心理上的暗示，今后孩子会利用这点为自己的错误行为寻求保护伞的。”“我相信我儿子不是故意犯错误的”。晨晨爸爸的语气已没有了开始时的咄咄逼人，明显地软了下来。王老师听后笑着说：“没有一个孩子是故意犯错的，良好的习惯是需要从小培养的，如果一个小毛病不及时纠正，孩子会在不经意间重复，可能会变成一种习惯，这就是我们常说的‘小不管则大乱’。晨晨就是常犯这样的小毛病哦！”这时晨晨爸爸似乎能接受老师的观点了。王老师趁热打铁说：“我想就晨晨昨天在园发生的事和你沟通一下，看看我们怎样配合，尽快帮助孩子改掉不良习惯。”晨晨爸爸欣然接受了王老师的建议。

人文理念是指人们在一定时期内的思想观念、道德标准、价值取向。人文理念存在个体差异，由于家庭出身、教育背景、生活经历、兴趣爱好不同，人文理念也会有所区别。在家园矛盾中，有不少是因为家长与幼儿园在育儿理念、价值取向等方面存在偏差。面对幼儿在园期间发生的意外，家长不能冷静、理性地对待，不能分辨谣言、判断真假，不理解教师，不信任幼儿园，动辄投诉教师、投诉幼儿园，甚至受社会上“医闹”“校闹”等不良风气的影响上演“园闹”，过分追究幼儿园及教师的责任，提出不合理的赔偿要求等。面对家园因教育观念差异产生的矛盾，应该如何应对呢？

二、问题分析

（一）教育观念差异

教育观念也称教育观，是“关于教育现象和问题的基本观念体系”。每个人所持有的教育观念，是个体经历和体验与社会文化的相互作用下构建而成的。从总体来看，幼儿教师是经过专业培养的专业性人才，其具备较为科学的幼儿教育培训；家长一方面过于心疼孩子，另一方面部分家

① 汪秋萍，陈琪. 家园沟通实用技巧[M]. 上海：华东师范大学出版社，2013.

长没有进行过深入全面的学前教育专业学习，但由于学历、阅历等原因，高估了自己对学前教育规律的认识，导致家长与教师在教育幼儿上，往往会对彼此的教育观念难以理解，甚至对彼此的做法心生不满，这就形成了家长与幼儿教师在幼儿教育观念上的差异，从而引起“家园突发矛盾”。

（二）家园缺乏足够信任

家长与教师之间的信任感缺失会爆发危机，进而导致家园突发矛盾的产生。信任感的缺失原因有三个方面。一是教师专业水平不高。在行为上，教师可能存在专业性不强的问题，采用的教育策略存在问题，家长不相信教师的专业水平。特别是媒体上炒作的“虐童”事件，造成了家长的心理恐慌，对幼儿教师缺乏足够信任。二是家长的过度干预与保护。部分家长缺乏对幼儿园教育特殊性的认识，只关注自己孩子的感受，认为教师关注不够全面，没有体谅幼儿教师工作的辛苦，从而与教师产生隔阂。还有部分家长存在过度干预幼儿教师的教学，要求幼儿教师按照家长的要求工作，不满意就投诉，影响了班级的正常教学，造成了教师对家长的不满。三是教师面对家长时缺乏理性思考。家长大多是非学前教育专业人士，他们的过度干预与过度保护都是出于对孩子的爱，而教师身为专业教育人士，面对不同类型的家长，应该理性思考，不能因为家长的一些不适宜行为就影响了自己的专业性。

（三）家园信息不对等

很多家园突发矛盾都是家长或教师信息掌握不全面，缺乏对整体事件的全面客观分析造成的。家长由于受教育的程度高，对于孩子的教育也非常重视。他们不但关注孩子的认知发展，更加重视孩子的个性成长，特别是心理的健康。因此，本案例中晨晨回家反馈的信息中有任何“不开心”的事情，势必会令家长格外紧张和不安。此时，晨晨爸爸惯有的理性思考也会随着孩子的情绪而减退，表现出的任何行为都是以自己的孩子为中心，忽略了对事件原因的分析。此外，家长对老师也有很高的要求。晨晨爸爸了解最新的育儿理念，但平时工作繁忙，缺少与教师实质性的互动，常从孩子回家后的情绪或只言片语中，猜测孩子在园的情况，推断教师的教育方式。

三、幼儿教师教育策略

（一）达成教育理念一致

教师应该首先判断出产生矛盾的家长属于何种类型。结合幼儿园现有案例，家园突发矛盾中常遇见的家长类型主要有以下三种：第一种为粗暴型的家长。粗暴型的家长脾气比较暴躁，在面对事件时，常常直接找幼儿教师以质问或者辱骂的方式发泄脾气，很少听幼儿教师的解释。第二种为推卸型的家长。这部分家长认为教育就是幼儿园的事情，因此幼儿出现任何问题都是幼儿园的责任，很少从自己的身上找原因。第三种为溺爱型的家长。这种类型的家长对幼儿比较溺爱，在面对问题时，要么觉得是教师在故意针对幼儿，要么觉得教师的处罚不合理，很少正面看待幼儿身上存在的问题。

教师要根据家长的类型进行有效沟通，与家长统一教育立场和观念。在面对脾气急躁家长时，教师应该以耐心友善的态度来面对家长情绪的发泄和抱怨，分辨家长的诉求。在家长情绪发泄完毕后，理智而友善地和家长讨论事件真相，用以柔克刚的方式解决家园突发矛盾；在面对推卸型的家长时，教师可以从幼儿入手，通过教育的力量来规范幼儿的言行举止，让家长逐渐看到幼儿的改变，慢慢承担起家庭教育的责任；在面对溺爱型的家长时，教师可以通过摆事实讲道理的方式，用身边发生的实际例子，告知类似事件可能会对幼儿未来成长产生的危害，引起家长的重视，从而统一战线共同解决幼儿问题。另外，幼儿教师在工作中无论面临的是哪种家长，都需要具有换位意识,站在家长的角度思考问题,在解决矛盾时充分考虑和照顾家长的感受。

(二)建立平等家园关系

幼儿家长和教师之间本质上属于工作关系,从工作的角度,教师要排除人情、私交、喜好等干扰因素,与所有幼儿家长建立平等的关系。

首先,和幼儿家长成为朋友,因为朋友本身代表着教师和家长之间良好的关系。成为朋友后的幼儿家长可以更加信任和认可幼儿教师,在家园活动中会更加配合,教师也能从家长的口中更好地了解幼儿的成长和存在的问题。

其次,在工作场合中,幼儿教师需要恰当地审视和处理自己与家长之间的关系,切忌不能因为朋友之间的亲疏或者家长身份的特别对相应的幼儿区别对待,保持平等客观的距离来教育每一名幼儿,是幼儿教师需要秉承的职业素质。

最后,幼儿教师可以多举办一些班级游戏活动或者座谈活动,邀请幼儿的父母共同参加,在实际的接触中让家长感受到幼儿教师对待每一名幼儿都是平等的、公正的,从而打消家长关于是否要和幼儿教师攀关系拉近距离的猜忌心理。

(三)准确把握事件本质

案例中的教师把握了家长的心理,做到不急不躁。沟通是从孩子身上存在的问题入手,清楚地向家长表明孩子不是犯了错误,而是存在着问题。同时,对家长在教育方法上存在的问题也进行了剖析,并主动提出和家长共同配合,帮助孩子养成良好的习惯。在交流中,面对家长的不满和责问,教师始终没有急躁、不耐烦,而是就孩子本身的问题进行交流,让家长了解教师的所作所为是为了孩子的成长,这就初步赢得了家长的尊重,为后面的家园配合奠定了良好的基础。

四、家庭教育指导策略

(一)指导家长转变教育观念

所谓“术业有专攻”。家长要秉承科学客观的态度看待学前教育专业,尊重幼儿教育特有的规律,不是学历高、阅历丰富就可以成为好家长。家长要认识到家庭和幼儿园既要各负其责又要协同配合,一方面丰富自身学前教育专业知识,担负起家庭教育应有的责任,另一方面要与幼儿园建立合作伙伴或教育共同体的关系,在教育观念产生分歧时通过有效沟通达成一致。为孩子营造良好的人际关系、构建和谐一致的成长环境,才是真正地爱孩子。家长应注意以下几个误区:

(1)对孩子限制保护太多,忽视对孩子主动探索新事物能力的培养。

(2)着重对孩子的智力培养,忽视了孩子性格和情感的培养。

(3)鼓励不够,挫伤了孩子的自信心和创造力。

(4)游戏时对孩子限制太多,扼杀了孩子的想象力。

(5)不重视培养孩子的劳动能力,使孩子的独立生活能力差,缺乏负责精神。

(二)参与幼儿园教育活动

幼儿教育是一门学问,不仅要学习理论更要在实践中运用理论,家长要在家庭中积极参与幼儿教养,也要积极走进幼儿园,了解幼儿园的教育理念和教育策略,在家园沟通的过程中共同探讨幼儿教育策略,在家园教育理念相互碰撞的过程中互相学习、共同提高,增强信任,能够携手为共同的目标而努力。幼儿园也要积极为家长进幼儿园创造机会,为家长提供全面了解幼儿园教育内容和教育途径的机会,同时发挥家长的优势,让各行各业的家长成为活动的策划者、组织者、实施者、参与者，其主人翁意识得以焕发，对幼儿园教学形成有益的补充，真正实现家园双主体育人。

五、教育评价标准

面对"教育观念差异"引发的家园突发矛盾，家长和幼儿园教师是否能够解决观念差异问题呢？请对照表 2-2-1。

表 2-2-1 "教育观念差异"引发的家园突发矛盾应对策略评价表

序号	评价内容	评价标准
1	幼儿教师	1. 观察幼儿与家长； 2. 了解事情缘由； 3. 耐心倾听； 4. 积极引导； 5. 处理后续事宜
2	家长	1. 积极配合幼儿教师； 2. 端正思想，摆正位置； 3. 讲究方式，愿意角色互换； 4. 多渠道沟通，理解合作
3	家园沟通	保持实时有效沟通，共同制定幼儿教育策略，避免引起家园矛盾，或者把矛盾顺利化解

思考与练习

1. 单选题

以下(　　)不属于家长与教师在教育观念方面的差异。

A. 活动课程设置　　B. 习惯培养　　C. 家园共育　　D. 教育方式

2. 多选题

由于(　　)及兴趣爱好不同，人文理念也会有所区别。

A. 家庭出身　　B. 教育背景　　C. 生活经历　　D. 物质财富

3. 判断题

(1) 每个人所持有的教育观念，是个体经历和体验与社会文化的相互作用下构建而成的。(　　)

(2) 各方面的原因导致了家长与教师之间的相互不信任，家长与教师需要从幼儿的角度出发，为了共同的目的而努力。(　　)

4. 简答题

教师如何应对"教育观念差异"引发的家园突发矛盾？

拓展延伸

更新幼儿家长观念的策略

在教育观念上，家长和教师存在着诸多差异，在这种情况下，教师和家长之间观念上的不同会导致双方在幼儿教育问题上产生分歧，诸多研究表明，97% 的家长认为与教师的矛盾更多体现在育儿观念上,90%的教师认为与家长的矛盾也是育儿观念的不同,类似于这样的分歧是引发矛盾的先决性条件。很多家长对教师持有不信任的态度,他们认为:孩子又不是教师亲生的,教师在很多问题上并不会像对待自己的亲生孩子一样处理,将自己摆在了教师和幼儿园的对立面。

最后,给大家分享如何转变家长教育观念,有如下几点建议:

1. 引导家长掌握教育发展动态

可列举身边成功及失败的教育案例,使家长认识到父母过于溺爱孩子、放纵娇惯、疏于管教、缺乏正确引导,是导致少年失足、误入歧途的直接原因;相似的家庭环境,不同的教育观念,会产生不同的教育效果。要提高家长的思想境界,看清当今教育形势,不用老眼光看问题,认识到孩子受到的教育关系孩子一生。家庭教育的成功是孩子人生幸福的前提,是孩子人生成功的基石。在生活中,家长要向孩子传递正能量,不学投机取巧、不搞歪门邪道。

2. 培养学习型家长

家长教育观念跟不上时代发展,其原因是家长文化基础差,对孩子教育以及对教育形势缺乏了解造成的,因此,转变家庭教育观念的关键是培养学习型家长。学校可以要求家长读几本名人传记,思考身边的成功教育案例,多看教育频道有关孩子成长的专题片,多与教师探讨孩子的教育问题。

3. 强化家长的教育责任感

家庭是孩子的第一所学校,父母是孩子的第一任老师。家庭关爱缺失,孩子可能会前程暗淡。孩子是父母的影子,孩子品格与习惯的养成,与父母的教育息息相关。只有让家长认识到肩负的教育责任,家长才会静下心来思考教育问题、改进教育方法、更新教育观念。

4. 转变家长的教育观、人才观

家庭教育观念的转变,表现在家长的教育观、人才观上。要让家长认识到学生接受教育的目的是发展潜力,学知识、学做人,拥有健康心理,更好地适应社会,会生活,不要片面地认为上学的唯一目的就是去做班上第一、考上大学。

5. 办好家长学校

学校要针对实际情况,就家长教育观念开展培训,分年级制定培训计划,搜集身边教育案例,编写相关教材,安排资深教师或家长进行授课,将转变家庭教育观念作为家长学校的重要任务。

6. 开展家访式座谈

针对思想偏激或教育观念落后的家长,教师以家访形式进行座谈,列举案例、讲道理,使其懂得教育孩子是门科学,不科学的教育方法源自不正确的教育观念,只有改变观念才能胜任家长角色。而家庭教育观念的转变,是对成功家庭教育案例的思考与分享。

7. 利用网络、电话培养家长科学的教育观念

教师可利用电话或网络等便捷手段与家长沟通,指导家长改变教育观念,拥有正确的教育方法,形成家校教育合力。

8. 借助外力改变家庭教育观念

极个别家长不理解教师的工作,对学校教育和要求不以为然,与学校配合差。针对这种情况,教师可以请社区领导或德高望重的长者或家长信赖的人与其交流,转变其家庭教育观念,提高其教育子女的能力。

9. 家长不良的教育观念早发现早解决

老师教学生的时候,要考虑学生一生。家长不良的教育观念不利于学生健康成长,工作中发现家长家庭教育观念不正确,要及时沟通,及早转变。这样做不仅是对孩子健康成长负责,也是提高学校工作效率的有效途径。“5+2=0”效应，说明了家校教育不合拍的严重后果。这方面若发现早、转变早，不良的家庭教育观念对孩子的不良影响就小，对学校教育影响也小。

10. 通过亲子交流转变家庭教育观念

老师可利用和谐的家庭关系，通过对学生指导，让学生利用亲子间的交流来改变家长不良的教育观念。

任务二　正确处理“职责归因分歧”引发的家园突发矛盾

一、问题引入

案例：

丁丁要入园了，家长面临着选择幼儿园的问题。他们向同事和朋友四处打听，又到附近的几所幼儿园进行实地考察，最终选择了离家较近的一所小区配套幼儿园。这所幼儿园环境幽雅，硬件设施较好，对外宣传的办园理念也不错。家长陪同丁丁到幼儿园进行入园体验，几天后正式入园。丁丁比较适应新环境，没有明显的分离焦虑症。

不料一个多月以后，丁丁却逐渐表现出异样，早上不愿起床，哭着喊着不去幼儿园。家长好不容易哄好了，一到幼儿园门口丁丁就低着头，噘着嘴，缠着家长，见了老师也不打招呼，下午从幼儿园回来也不开心，精神不振，情绪低落。丁丁妈妈主动向带班老师咨询丁丁为什么不喜欢上幼儿园，老师说没事，这是正常的分离焦虑症。细心的妈妈还是觉得另有原因，于是仔细询问孩子，在丁丁断断续续的表达中，妈妈还是听出了一些端倪——老师打小朋友的手板，不准吃饭慢的小朋友玩玩具，说丁丁是“坏孩子”。丁丁妈妈虽然很生气，但是也担心孩子说假话，就私下和其他家长交流。结果发现，班上还有好几个孩子也有类似的情况：有孩子说老师把他关在厕所里，有家长回家发现孩子的裤子有很浓的异味，很明显是孩子尿湿后老师没给换裤子。事情一公开，家长们十分气愤，感觉孩子被虐待了，于是集体跑到园长办公室大闹——有的要求立刻换老师，有的要求退钱转园，有的要求赔偿孩子的精神损失，有的大喊要找电视台来曝光。原来的行政园长是一名退休后返聘的老园长，几年来把幼儿园管理得很好，因年岁大辞职了，新园长没见过这种场面，不知如何是好。老园长闻讯后赶到，立刻采取措施，园医和保教主任进班级和孩子们谈话，了解孩子们的身心状况，两位副园长分别找当班教师和保育员谈话，老园长在接待室安抚家长。经过认真调查，这是一起由于教师职业素养缺失引发的危机。这名教师是新招聘的，性格急躁，看到孩子们吵闹就心烦，经常发脾气训孩子、吓唬孩子，催促孩子们快点吃饭，不然就不准玩玩具；有个孩子因为喝多了水，总是跑厕所，就罚他在厕所里站着。由于幼儿园开学事情多，新园长对业务不够熟练，没有深入班级了解情况，忽视了对新教师的考察、培养，导致家园突发矛盾的发生。虽然在老园长的帮助下此事平息了，但它给幼儿园的声誉造成了不好的影响，包括丁丁在内的几名幼儿还是转园了。

据调查显示，3~6岁儿童在幼儿园发生意外伤害事故率高达46.1%，如果处理不当，会引发家园公共关系危机。幼儿心理不成熟，认知能力有限，分辨能力不强，也可能引发危机。有时教师一个拍拍肩、摸摸头的动作，在孩子眼中就变成了“老师打××同学”“老师打我”；因语言表达不准确，或者将自己想象的和实际发生的事情混淆，使得幼儿回家向家长转述某件事时引起家长对教师的误会，引发师幼公共关系危机。面对“职责归因分歧”引发的家园突发矛盾，应该如何应对呢？

二、问题分析

（一）职责归因分歧

首先，针对幼儿教育中出现的问题，人们更多的关注是责任归属，即出现问题的责任人是谁，谁来负责问题事件的后果，当前家园双方出现推卸责任的现象，即认为对方应该全部承担问题责任，而与自己一方无关，这就导致了双方意见不合，无法冷静地解决问题，从而引发双方冲突。其次，在家园方面出现对立矛盾时，家长和教师并不能及时地针对双方的矛盾问题进行沟通，积极地回应出现的矛盾问题，而是冷处理、搁置问题，导致家园方面的矛盾升级，造成无法调和的局面。再次，在工作当中，幼儿园内部的教职工也会出现推卸责任式的“踢皮球”现象，即当家长发现问题需要向幼儿园咨询或反映时，却被保育员或者带班教师或是其他幼儿园教职工拒之门外：“这不是我的责任，你找园长去。”“这不归我管，你找班长去。”如此，当家长不能更好地与幼儿园相关管理部门进行合理的沟通，导致家长的诉求无法得到满足时，较易发生比较激烈的家园突发矛盾。

（二）幼儿园教师职业素养缺失

本案例中，幼儿园教师负有直接责任，幼儿园没有尽到监管职责，也负有不可推卸的责任。《幼儿园教师专业标准（试行）》指出，“幼儿园教师是履行幼儿园教育工作职责的专业人员，需要经过严格的培养和培训，具有良好的职业道德，掌握系统的专业知识和专业技能”，并提出幼儿园教师应该秉承的四大基本理念“幼儿为本、师德为先、能力为重、终身学习”。但不可否认，幼儿园教师队伍素质良莠不齐，存在少量教师缺乏职业认同感、责任心，情绪管理水平低，法治观念淡薄。案例中这位新教师不了解小班孩子的心理、行为特征，工作方法简单粗暴，组织能力差，造成了严重后果。

三、幼儿园管理策略

（一）勇于承担责任

有些家长得知孩子有意外发生时，情绪上无法控制，语言上比较过激，这时幼儿园管理者要调整好心态，理性地站在家长的角度，耐心、虚心、诚心地听取家长的指责和宣泄，不能和家长有过激的对话，尽量满足家长合理的要求，冷静处理，调节好自己的心态。若孩子因事故而需要治疗，园方要派专职人员常打电话或去孩子家里探望，及时了解孩子及家长的需要。必要时，还应该和家长一起进行陪护，争取家长的谅解。

（二）严格教师队伍管理

幼儿园必须加强师德师风建设，严格教师队伍管理，对不合格教师要进行待岗、转岗直至开除。加强对教师职业修养、专业能力的培训，特别是做好新教师的业务帮扶工作，可以采用结对子、老带新等方式，帮助新教师成长，不能只使用不培训、不管理，不能因为教师数量不足就直接让新教师独立工作。

幼儿教师须严格按照《幼儿园教师专业标准》要求自己，案例中教师的行为明显不符合标准的要求，并且缺乏自我反思。教师需要提高职业技能，才能够熟练完成本职工作，还要管理好自己的情绪，养成经常反思自己教育行为的习惯，记录下每日活动中比较特殊的事件及对自己有困惑的处理方式，反思事件发展及自身处理方式对事件的影响，纠正自己的不当教育行为，不断实现专业成长。

四、家庭教育指导策略

（一）对家长的不当行为要适时引导

有些家长心疼孩子，见不得孩子哭，上幼儿园常常是三天打鱼两天晒网，接回家后百般呵护，这样会延长孩子的适应时间。所以，教师要鼓励、督促家长必须坚持天天送孩子上幼儿园，在孩子面前的态度要坚决，要说"明天该去幼儿园了"，而不要说"明天去幼儿园好不好"；也不要哄骗孩子或者答应孩子的不合理要求，即使孩子哭闹也不能动摇。

（二）树立家长的主人翁意识

教师向家长们请教、与家长们交流，可以让他们直接感受到来自教师的诚意，引发他们树立主人翁意识，把班级的事当作自己的事，乐于为班级做贡献，乐于关心爱护班里每一个孩子，让班级更有凝聚力，这也为我们共同做好家园工作打下良好的基础。

五、教育评价标准

面对"职责归因分歧"引发的家园矛盾，家长和幼儿园教师是否能够解决职责归因问题呢？请对照表 2-2-2。

表 2-2-2 "职责归因分歧"引发的家园突发矛盾应对策略评价表

序号	评价内容	评价标准
1	幼儿教师	1. 观察幼儿与家长； 2. 了解事情缘由； 3. 耐心倾听； 4. 积极引导； 5. 处理后续事宜
2	家长	1. 积极配合幼儿教师； 2. 端正思想，摆正位置； 3. 讲究方式，愿意角色互换； 4. 多渠道沟通，理解合作
3	家园沟通	保持实时有效沟通，共同制定幼儿教育策略，避免引起家园矛盾，或者把矛盾顺利化解

思考与练习

1. 单选题

针对职责归因分析，以下（　　）策略是教师正确的处理方法。

A. 逃避责任　　B. 表面一套背后一套

C. 勇于承担责任，以诚换诚　　D. 施加压力

2. 多选题

构成幼儿教育和幼儿成长的因素，分别是（　　）以及幼儿的发展四个方面。

A. 家庭出身　　B. 幼儿的地位

C. 教师职业道德修养　　D. 幼儿的成长问题

3. 判断题

(1)在个体成长过程中,3~6岁儿童的行为、动作、认知、心理等具有典型的年龄特点,不容易发生安全事故。　（　　）

(2)园长要居安思危,深入一线,不断提高自己的专业能力和管理能力。　（　　）

4. 简答题

教师如何应对“职责归因分歧”引发的家园突发矛盾?

拓展延伸

加强教师的师德师风教育

幼儿园应为孩子提供安全的环境,帮助孩子提高安全意识和自护自救能力,密切关注孩子的行为表现,加强家园沟通,只有这样才能减少或避免因幼儿身心发展不成熟引发的家园突发矛盾。

1. 严格教师队伍管理、强化师德师风建设

教师队伍管理是预防家园突发矛盾的重要途径。首先,要严格把控幼儿教师准入制度,规范幼儿园教师资格证制度,保证幼儿教师资格证的专业性与独立性,从源头上把控幼儿教师的结构与质量。其次,倡导师德师风建设,尽快完善幼儿教师师德规范,在职前培养中强化师德的重要性。幼儿教师师德规范的制定不仅要强调其强制性与约束性,还要给予幼儿教师足够的人文关怀。最后,国家要强化对幼儿教师的监督,完善幼儿教师考评制度,定期审查幼儿教师的专业能力及水平。还要建立信用制度,这对于有违规行为的幼儿教师可以产生震慑作用。教育行政部门要建立长效追踪机制,对幼儿教师实行有效的监管。

2. 完善教师专业培训、提升教师危机意识

幼儿教师作为专业的教育人员,应在家园共育过程中提升合作意识,提高自己的专业能力,有效预防与避免家园突发矛盾的产生。幼儿教师应规范自己的行为,协调与家长的家园理念差异与角色差异。幼儿园管理人员要重视对幼儿教师关于家园突发矛盾的培训,力图在家园突发矛盾的潜伏期发现危机。幼儿园可以邀请优秀的幼儿教育专家、学者、律师等专业人员来园举行讲座,从专业角度以及法律角度提升幼儿教师关于家园共育的专业能力。幼儿园还可以建立家园突发矛盾案例集,搜集不同类型的家园突发矛盾进行研讨,深剖家园突发矛盾产生的原因以及解决策略,将危机意识贯穿至每个幼儿教师的脑海中,尽最大努力缩减家园突发矛盾的产生。

任务三　正确处理“双方沟通不当”引发的家园突发矛盾

一、问题引入

案例:

幼儿活泼好动,磕磕碰碰在所难免。有时候,幼儿自己不小心摔伤,但家长认为幼儿的伤害发生在园内,幼儿园应该承担所有责任。家长可能会不依不饶,甚至引发矛盾。

某幼儿园曾经有一名幼儿,在户外游戏中跑步时不小心摔伤了。幼儿失去平衡,右手着地,导致右手手腕骨折。发生意外后,幼儿园没有第一时间与幼儿家长取得联系,并没有在最佳时间送去医院。在治疗的过程中,由于孩子的手不能随意动,医生把孩子的衣服剪开为孩子做了手术。

但面对幼儿在园的意外伤害,幼儿园推卸、逃避责任,不但没有积极面对,配合家长做好幼儿的康复工作,反而觉得是家长没有叮嘱好孩子在幼儿园要小心。

对于孩子遭受的意外,爷爷奶奶特别心疼,情绪一直非常激动,指责教师没有看好孩子。教师非常不理解家长的心情,最后由于沟通不当,矛盾持续被激化,家长把幼儿园告上了法庭。

幼儿园和家庭是对幼儿教育的两个主体,日常应该保持信息畅通。但在本案例中,幼儿园在事故发生后没有第一时间联系家长,之后双方沟通不当,导致了矛盾被激化:家长投诉教师和幼儿园,要求赔偿;教师饱受委屈,提心吊胆;幼儿园陷入纠纷,甚至惹上官司。由于沟通的频率不高、沟通的方式不当等主客观因素影响,家园双方会产生误解,甚至激化为矛盾。面对双方沟通不当引发的家园突发矛盾,应该如何应对呢?

二、问题分析

(一)双方沟通不及时

幼儿出现异常,教师要第一时间通知家长,让家长知情。幼儿出现安全问题,有时教师认为情况不严重,没必要通知家长;有时因过于忙乱忘记通知家长;或者上午班老师和下午班老师的沟通配合不到位,本应该通知家长的事情却没有通知家长。上述情况都会导致幼儿园陷于被动状态。家园不能及时信息共享,容易造成误解和猜忌,家长会认为教师在推卸责任,掩饰自己工作中的失误。特别是家长急于了解真相,如果教师拖延含糊或者缺乏与家长沟通技能,就会激化家长的情绪,造成双方僵持、争吵。

(二)沟通渠道不畅或沟通方式不当

目前,各幼儿园都建立了班级微信群,但微信群通常是面向班级全体家长的,无法关注到个别幼儿的情况,如果家长不问,教师也不主动反馈,就会导致教师与部分幼儿家长沟通频率低。由于日常工作辛苦,部分教师为了省事,在微信群内发个公共通知了事,没有针对个别幼儿的情况单独与家长沟通,通常都是家长询问时教师才回答,这样就容易给家长产生教师不关心孩子的印象。此外,部分教师缺乏对不同类型家长的沟通技巧,态度言语不当,通常会令家长不满。一个班级里的家长类型多样,有的是“权威型”,有的是“顺从型”,有的是“民主型”。面对不同类型的家长,教师要采取不同的沟通方式。有学者提出建议,面对不同类型的家长时,要以执着化解溺爱、以从容面对强势、以微笑缓解粗暴。

三、幼儿教师教育策略

(一)掌握事态发展主动权

教师在遇到事情时主动解释,及时道歉与积极处理,有利于把握事态发展的方向。首先,教师的态度十分重要,当幼儿发生事故后,教师要勇于承担责任,而不是推卸或者逃避,及时主动打电话告知家长,做到不隐瞒。必要时可带上礼物,登门家访;其次,家长工作中的很多误会,都是因为教师没有做到及时与家长交流沟通,才会引起家长的不满与误解,所以在和家长交流时,第一时间要详细地告诉家长事情的来龙去脉,同时要注意自己的语气和措辞;最后要了解家长的文化层次,有的家长教育孩子的方法简单粗暴,常用暴力解决问题,教师要引导家长科学育儿。

（二）以实际行动消除与家长的隔阂

当家长与教师的沟通交流存在问题时，比如家长有问题不直接向班级老师反映，而是通过类似于幼儿园年终考核评价时向幼儿园反映，一方面有家长不完全信任老师的原因，有疑惑和不满时也不愿意直接反映，另一方面家长可能会认为，孩子还需要老师继续教，当面提出来会得罪老师，对自己孩子不利。教师要客观面对，主动了解家长的诉求，合理的予以满足，不合理的或受客观条件限制无法满足的，要及时向家长解释清楚，争取家长的理解和配合。教师诚恳的态度和工作中的尽心尽责，一定会赢得家长的信任和支持。同时，家长的性格、交往能力等各不相同，教师也要注意揣摩家长的心思，抓住需要沟通的问题，及时向家长解释说明。

（三）讲究技巧和善于倾听

对待"粗暴型"的家长，幼儿教师不能强硬对待，以暴制暴非但解决不了问题，反而会激化双方的矛盾。不妨耐心倾听，先让家长发泄不满的情绪，再以柔克刚。对于"踢球型"的家长可以设法先从孩子入手，让父母看到孩子的变化，对教师产生信任与理解。而对待"护短型"家长，教师要用巧妙的方式，比如用实际例子或者道理来让家长明白护短带来的恶劣后果。不管是哪种方法，教师都要耐心倾听家长诉求，多站在家长的角度考虑问题，分析家长的动机和意图，再采取适当的方式应对。

四、家庭教育指导策略

家长对教师的期望和要求往往比较理想化，如果教师犯了错误，往往会将错误扩大化，没有给教师改正的机会，当孩子的利益受损时，更是如此，不能平心静气地与教师陈述问题，而是直接走向园长室，亲师关系因此受到威胁。所以，当出现问题时，双方都要以理解的态度看待问题，家长要以信任和理解为基础，理清问题焦点并耐心与教师交流沟通，达到亲师合作共育，共同促进幼儿健康成长。

五、教育评价标准

面对"双方沟通不当"引发的家园突发矛盾，家长和幼儿园教师是否能够解决双方沟通不当问题呢？请对照表 2-2-3。

表 2-2-3　"双方沟通不当"引发的家园突发矛盾应用策略评价表

序号	评价内容	评 价 标 准
1	幼儿教师	1. 观察幼儿与家长； 2. 了解事情缘由； 3. 耐心倾听； 4. 积极引导； 5. 处理后续事宜
2	家长	1. 积极配合幼儿教师； 2. 端正思想，摆正位置； 3. 讲究方式，愿意角色互换； 4. 多渠道沟通，理解合作
3	家园沟通	保持实时有效沟通，共同制定幼儿教育策略，避免引起家园突发矛盾，或者把矛盾顺利化解

思考与练习

1. 单选题

毛毛的父母只管她吃饱穿暖，其他的事情一律不管，任由孩子自由发展，毛毛家长属于哪种家长类型？（　　）。

A. 过度保护型　　　　B. 骄纵型

C. 支配型　　　　D. 散养型

2. 多选题

下面哪些是因为沟通不当造成“家园突发矛盾”的重要原因？（　　）。

A. 教师忽略与家长的沟通　　　　B. 教师不主动说明情况

C. 教师疏于向家长反馈问题　　　　D. 积极主动与家长沟通

3. 判断题

(1)幼儿活泼好动、平衡能力弱，容易摔倒造成安全事故，这在幼儿园里十分常见，如果处理不当，很容易引发家园突发矛盾。（　　）

(2)教师在遇到问题时，不是什么大事就可以忽略与家长的沟通。（　　）

4. 简答题

教师如何应对“双方沟通不当”引发的家园突发矛盾？

拓展延伸

如何化解亲师矛盾

教师和家长之间的矛盾通常是由一点小事引起的，而这些小问题完全是可以避免的。化解亲师矛盾，可以从以下几个方面入手：

1. 幼儿园建立常态化的反馈程序来化解亲师矛盾

首先让家长和教师意识到，双方之间的相互磨合是很正常的事情，出现问题的时候也不要回避；其次，幼儿园建立一个常态化的反馈程序，并把这一程序提到日程中，使之常态化，让家长可以通过合理的方式表达自己的建议或意见，避免在教师还不知道的情况下就直接找园长理论的情况。教师也能够从中知道存在问题的原因，做出改变，化解矛盾。

2. 家长与教师主动联系交流可以避免双方误解

少数家长对教师产生误解，往往与幼儿的片面叙述有关。所以，家长一定要善于主动地、直接地和教师进行沟通，多方面地了解信息。教师也要及时告知家长孩子在幼儿园发生的事情，避免家长因听到孩子的错误描述而产生先入为主的印象，对教师产生误解，如孩子在幼儿园摔跤了、与哪个小朋友打架了等等。一定在家长接孩子时或者提前电话联系告知家长，以消除家长的担忧和误解。

3. 教师适度把握与家长从工作关系发展为朋友关系的原则

教师和家长之间的基本关系是工作关系，但是接触时间久了，沟通交流多了，在遇到在观念、脾气、爱好和性格上比较投缘的家长，自然而然地就会从工作关系发展为朋友关系。很多孩子即使毕业离开了幼儿园，但是孩子和家长依然和教师保持着密切的联系，并在生活上相互帮助。但是，教师要分清公与私的关系，不能把私人关系带到工作中来，教师和家长之间始终是无偏袒、无功利的工作关系。一心一意公平地对待所有孩子的教师，才能赢得全体家长的信任和尊重。

4. 主班副班老师在真诚合作中共同开展班级活动

班级内三位老师的配合非常重要。有时上午班老师和下午班老师因为工作时间不一样，不能很好地直观了解到对方对班级幼儿的教育行为，所以，及时地跟对方沟通交流显得尤为重要，一方面有利于对幼儿的教育一致，另一方面也能在一定程度上避免家长向任何一位老师了解情况时，老师处于被动的地位。

5. 教师和家长应客观看待新闻媒体的报道

新闻媒体是我们获取信息的重要来源，其传递的观点和态度在很大程度上可以引导或者改变我们的思维。家长要注意甄别，有些媒体为了提高关注度或者点击率而故意“扭曲”或者“夸大”事实，这种偏见会导致新闻报道不够客观和公正，从而产生消极的影响。在全媒体时代我们需要正视和应对媒体偏见，客观冷静分析，通过各种途径和方式辨别事实。当公众能够充分知晓事实，并对其进行独立思考和是非判断时，就不会被片面甚至歪曲的报道所误导。

任务四　正确处理“双方角色认知错误”引发的家园突发矛盾

一、问题引入

案例 1：

爷爷奶奶来幼儿园骂人。两名幼儿在自主游戏时，一名幼儿不小心指甲勾到了另一名幼儿的脸，出现了一条很小的红痕。教师知道后也很重视，及时与家长取得联系，说明事件原委。但是第二天受伤幼儿的爷爷奶奶就跑到幼儿园来骂人了。

案例 2：

爷爷经常在园外晃悠。我们班有个小朋友年龄比较小，家长比较担心，所以爷爷经常就在学校外面转悠。当户外活动课的时候，幼儿看到爷爷就闹情绪，影响了班级正常上课。

案例 3：

家长对换位置议论纷纷。有一次我和我的搭档杨老师商量着重新排下座位，将班内顽皮的孩子分开坐，顽皮的和老实的坐在一起，利于维持班内秩序，同时，还要根据孩子的高矮排序。我和杨老师用了约一个半小时的时间终于排出比较满意的座次。可是没想到第二天家长送孩子上学时却惹来了一场风波。家长 1 问：为什么无缘无故地重新排座位，以前我们孩子在中间，怎么放到边上了？家长 2 问：为什么把我们孩子放到后面了？家长 3 问：我的孩子和某某关系比较好，为什么把他俩拆开了？各种问题汹涌而来，当时我被弄得头昏脑涨。

家庭与幼儿园在幼儿教育中分别负有不同的职责，家长和幼儿园教师也担任着不同的教育角色。但在实际工作中，家长与教师之间在责任者、管理者、合作者和主导者四个角色认知上存在明显差异。例如，有些家长缺乏对自身角色的认识，出现行为、语言、策略等方面的“越界”，干涉幼儿园教师的工作，有些教师同样缺乏对自身角色的正确认知，认为某些事情是家长的责任。教师与家长在角色认知方面的差异容易引发家园矛盾。面对双方角色认知错误引发的家园突发矛盾，应该如何应对呢？

二、问题分析

（一）双方角色认知错误

受传统观念的影响，在角色互动的过程中，家长与教师都会自发地扮演着某一相对固定的角色，其中，教师扮演“权威者”，家长扮演“接受者”。或是家长扮演“主导者”，教师扮演“责任者”。在这一过程中，无论是家长还是教师都喜欢或者习惯凭借自己的角色，对幼儿的发展进行主观判断。在角色互动的过程中，教师与家长双方均表现出了较强的角色意识。角色意识的存在必然导致双方沟通不畅，引发家园冲突。如案例 3 中，教师会认为自己的班级管理自主权受到了干涉。

（二）教师始终处于权威地位

家园合作中教师、家长的地位不对等，表现为以幼儿园教育为中心，要求家长配合幼儿园工作，很少考虑家长的需要和想法，使家长处于服从的位置上。许多家长反映与老师的沟通状态是：“听老师要求，按照老师要求配合就行。”家长长期处于被动地位，会忽视自身在幼儿教育中的主体地位，认为教育是幼儿园的责任，出现问题自然由幼儿园负责。

（三）幼儿园对自身的角色认识有失偏颇

传统观念认为，幼儿园是教育幼儿的地方，但现代理念认为，幼儿园不仅要教育幼儿，还要教育家长，否则难以形成家园一致的教育环境。幼儿园开展家庭教育指导的作用可体现在以下几个方面：一是帮助家长了解幼儿园的教育理念及教学活动，了解幼儿园“教什么”和“怎么教”，使家长更好地配合；二是帮助家长建立正确的幼儿教育观、幼儿发展观，丰富家长的幼儿身心发展有关知识，让家长运用科学的理念和适宜的方式教育幼儿；三是帮助家长建立良好的亲子关系，构建温馨和谐的家庭氛围。

（四）家长对自身的角色意识不清

家园合作是家庭与幼儿园的相互配合，家长和幼儿园教师有着不同的责任分工，只有各负其责才能使工作正常有序地开展。但是部分幼儿园家园合作制度建设滞后，教师对角色和责任认识不到位，家长对自身角色和责任更是一头雾水，很多家长将自己配合幼儿园工作仅仅看成是完成教师布置的任务。

三、幼儿教师教育策略

（一）团队协作、补位接待

幼儿园两教一保的班级师资配备，实际上就是一个团队的配备。这三个人尤其是两位教师如果教育理念一致，配合默契，产生的就是 1 + 1 + 1 > 3 的家园共育效果；相反，如果有“你的麻烦你解决”的心态，容易产生信息断截、信息误导等现象，使家园矛盾升级。当家园冲突出现时，以“团队协作，补位接待”的方式是很好化解冲突的方式。

（二）用心安抚、认可情绪

当家园突发矛盾发生时，要给矛盾双方一个情绪过渡、情绪宣泄的过程。需要教师巧妙的安抚策略，可以是语言的，也可以是肢体动作、行为支持，关键是让家长觉得“被理解了，被尊重”了。例如：可以邀请家长坐下来，最好是“3 夹 1”“2 夹 1”的圆圈模式，大家围成圆，把冲突主体夹在其中，一方面让其感到“被尊重”，另一方面心理学上认为较低的心脏高度会让人的怒气更容易化解；同时，倒一杯温水端送对方。女性之间，可以握手、抚摸肩膀、拍拍后背等肢体动作，语言上可以通过重复别人的感受，彼此产生共情，通过情绪的认同，能让家长在梳理自己情绪的过程中越来越理性。

（三）注意聆听、收集数据

家园矛盾中，因为孩子而发生的家庭之间的矛盾是棘手的，任何不公平公正的处理都会在某一方的家庭中留下阴影，为后续教育工作、家园互动留下隐患。幼儿园教师一定要有善于辨别的能力，教育观念的不同需要慢慢引导，而矛盾却需要立刻化解。教师首先要通过倾听收集信息，了解双方家长的诉求，例如案例1中，教师可以把爷爷奶奶请到办公室，通过提问“我能感觉您生气了，您希望这件事情怎样解决？您希望我们老师应该怎么做呢？”让家长把心里所有的想表达的信息都表达清楚。要想抓住矛盾的本质，一定要充分获取资讯。值得注意的是，无论是面谈还是电话约谈，教师都要彰显诚意，通过文本记录的方式记录家长的关键诉求。如果是电话约谈，教师可以这样说：“某某家长，您的话我都记录下来了，请允许我整理一下，等您近两天方便的时间来园，我们坐下来再细聊，您也听听我对您的话语理解是否到位，同时，解决一下宝贝之间的矛盾，可以吗？”。

（四）精准复述、确定焦点

这一环节是对矛盾的分析，精准地呈现家长事件原态是解决矛盾的基础，同时也让家长感觉到“被重视”。

（五）引导共情、协商解决

这是问题解决的关键。无论是家长之间的矛盾，还是教师和家长之间的矛盾，作为协调的第三人（主要指班级内部管理团队成员）一定要起到“穿针引线，连线搭桥”的作用，将当事人双方往彼此靠拢，契合点就是孩子。因此，以孩子健康发展的环境和关系为切入点的谈话最能引发家长和教师的共鸣，也最能给当事人“公正感”。

（六）适时认可、跟进支持

认可包含两部分：一是对矛盾双方的认可，二是对幼儿的认可反馈。这个非常关键。家长的矛盾根本在幼儿，只有幼儿发生转变，才是对家长最好的证明。当家长关心的问题逐步化解后，教师要在2～3周内，有意识地向家长反馈孩子的表现，并配合相关理念的诠释，这样才能建立起教师的公信度，增加家长的认可度，让家长觉得“我受益了”，进而促进家园关系提升到新的更加彼此理解和认可的层面。

四、家庭教育指导策略

（一）与家长共同构建教育活动

家长来自各行各业，丰富的经验和专业知识是宝贵的教育资源。教师可以积极引导家长开发幼儿园教育教学活动，不仅可以丰富幼儿园的教学活动，而且对家长是一种无形的教育，让家长丰富学前教育专业知识，进一步认知幼儿身心发展规律，能够站在教师的角度思考问题，有利于相互了解，增强信任。

（二）指导家长正确进行角色定位

多数家长的观念里，家长是积极的支持者，教师是组织者、领导者和直接参与者，教师要引导家长正确认识自身角色，认识到家庭教育的重要性，能够主动承担责任，由支持者成为主动参与者。虽然家长并不是专职的教育工作者，但是在教师的指导下，家长会展现出比教师更优秀的地方，比如有的家长考虑得比教师周到、更细心等等。

（三）引导家长逐渐由外行变成内行

教师要引导家长逐步丰富学前教育专业知识，成为幼儿教育的行家，这样家长更能够理解教师的教育策略，消除误解和不信任，形成家园教育共同体。例如，以前家长们设计游戏材料只能简单描述出游戏方法，现在要尝试着说出游戏的教育价值，增强了教育意识，能够跳出宠爱孩子的局限，理性地看待教师的教育策略；以前搜集材料是盲目的、被动的，现在要学会按难易程度分类，并装订成册，更能够理解教师的辛苦等等。

五、教育评价标准

面对“双方角色认知错误”引发的家园矛盾，家长和幼儿园教师是否能够解决双方角色认知错误问题呢？请对表2-2-4。

表2-2-4 “双方角色认知错误”引发的家园突发矛盾应对策略评价表

序号	评价内容	评价标准
1	幼儿教师	1. 观察幼儿与家长； 2. 了解事情缘由； 3. 耐心倾听； 4. 积极引导； 5. 处理后续事宜
2	家长	1. 积极配合幼儿教师； 2. 端正思想，摆正位置； 3. 讲究方式，愿意角色互换； 4. 多渠道沟通，理解合作
3	家园沟通	保持实时有效沟通，共同制定幼儿教育策略，避免引起家园矛盾，或者把矛盾顺利化解

思考与练习

1. 单选题

（1）在家园合作中，教师与家长双方均表现出了较强的角色意识。角色意识的存在必然导致双方沟通不畅，引发家园冲突。这是由于（　　）。

A. 家长总想介入幼儿园的管理　　B. 幼儿园不能有效协调与家长的关系

C. 教师始终处于权威地位　　D. 双方角色认知错误，定位不明，角色不符

（2）教师和家长的角色包括责任者、管理者、合作者和（　　）者四个方面。

A. 教育　　B. 配合

C. 主导　　D. 支持

2. 判断题

（1）幼儿园两教一保的班级师资配备，实际上就是一个团队的配备。三个人如果教育理念一致，配合默契，产生的就是 $1+1+1>3$ 的效果。（　　）

（2）家庭教育指导是幼儿园开放教育中不容忽视的一环。（　　）

3. 简答题

教师如何应对“双方角色认知错误”引发的家园突发矛盾？

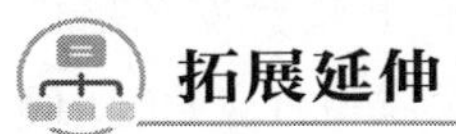

拓展延伸

引导家长积极参与家园合作的策略

研究发现，教师与家长间的沟通，教师经常占据“权威”的角色，家长好像只能“接受”，这样很容易产生误解。家长与教师应当理清自我角色，不凌驾于彼此之上，善于倾听，全力解决问题才是关键。

教师与家长之间应当确立平等意识，避免过多的专业术语，将孩子的真实情况反馈给家长即可，对于存在的问题，双方及时沟通，共同解决。老师还要善于倾听，及时捕捉家长发出的信息，并能转换角色，从家长的角度来看待问题。同时还要唤起家长的主体意识，成为解决孩子问题的主导力量。

在家园合作的过程中，教师具体的做法如下：

1. 发动家长参与教育环境创设

开展活动，环境先行。教师应发动家长参与幼儿园的环境创设，与孩子共同收集图片、照片、查找资料等，这样让家长及时了解幼儿园近阶段的教学活动，同时也让孩子在活动前能未雨先缪，获得相关经验。

2. 吸纳家长参与教育活动

教师根据教育目标，请家长参与某些教育活动，协同老师带着孩子共同活动。如开展主题活动《热闹的元宵节》时，家长在老师的建议下，带着自己的孩子到元宵灯节现场，随时引导孩子观察身边的灯谜，感受元宵节的热闹场面，领略元宵节的独特氛围，记录孩子的发现和提出的问题，然后进行交流，将拍摄的照片展示出来，为主题活动的开展起到了很好的推波助澜作用，如果单靠老师的单方策划、直接指令家长、幼儿是不可能收到这样效果的，也许会再现以往家长厌烦的情绪，造成走马观花的现象，活动也不可能深入开展下去。

3. 邀请家长进课堂

在教育活动中，我们还应该经常借助家长的不同职业、特长、爱好等资源来提升幼儿的经验，丰富幼儿园的教育资源。每位家长都有自己教育孩子的优势、强项，而且当代幼儿家长大都文化程度高、素质好，有参与幼儿园教育管理的主观意识。因此，我们应积极创造条件，充分利用家长资源介入幼儿的学习，让家长深入教育过程。家长们通常乐于去了解教学进度和内容，主动帮助幼儿园提供教学材料和信息。家长们通过一个个主题活动，也慢慢地了解幼儿园的教育内容、目标、孩子的学习方式，家长们参与到教育中的劲头就更足了。建立家长听课制度，让家长参与教育活动。让家长了解教师和孩子，接受家长对学校工作提出的意见。制定这一制度的目的是，希望学校教育和家庭教育形成合力，并在课后悉心征求家长意见，不断促进教改水平的提升，共同促进孩子成长。

项目三　应对外力突发事件

外力突发事件是指突然发生，造成或者可能造成重大人员伤亡、财产损失、生态环境破坏和严重社会危害，危及公共安全的紧急事件，分为自然灾难、事故灾难、公共卫生事件和社会安全事件四大类。与幼儿园有关的可能有疫情、消防火灾、地震、食品安全等。面对外力突发事件，应该如何应对呢？

任务一 疫情突发指导

一、问题引入

案例：

2019年5月30日，与葡萄班相邻的菠萝班有家长反馈，菠萝班有5例疱疹性咽颊炎患儿，随后幼儿园接到了疾控部门通知，菠萝班停课一天，观察周五、周六、周日三天。到了6月2日，幼儿园在菠萝班发出通知，继续停课。但在这期间，相邻的葡萄班并未接到相关停课通知，仍然继续上课。家长认为，因为园方未及时通知家长，未做出全面停课措施，才导致病情蔓延。

幼儿园园长何女士表示，6月3号起，葡萄班确实有10个孩子陆续请假，当时园方以为只是普通感冒，并未意识到会有传染性疾病，只是逐个跟家长确认病情。6月4日，当园方统计到有14名发烧幼儿时，便将情况反映给了天心区疾控部门，并在家长的强烈要求下做出了停课举措。

《中华人民共和国传染病防治法》根据传染病的危害程度和应采取的监督、监测、管理措施，参照国际上统一分类标准，结合中国的实际情况，将全国发病率较高、流行面较大、危害严重的39种急性和慢性传染病列为法定管理的传染病，并根据其传播方式、速度及其对人类危害程度的不同，分为甲、乙、丙三类，实行分类管理。面对突发疫情，应该如何应对呢？

二、问题分析

发生传染性疾病大面积传播的状况，任何个人都要服从国家和行政部门的统一管理，为了保证幼儿和全体教职员工的健康和生命安全，幼儿园也要扎实做好疫情防控工作。幼儿园疫情防控中最大的难题是幼儿和家长的不理解、不配合，幼儿由于认知局限，不能理解防控工作的重要性，不懂得为什么有这样那样的限制。家长由于心疼孩子，对疫情缺乏足够的认识，警惕性不高，存在侥幸心理，明知不可为而为之。

三、幼儿园和教师教育策略

（一）制定完善的幼儿园疫情防控方案

要对防疫工作进行全面系统部署，把防疫工作制度化、规范化，制定完善防控方案和应急预案，包括：幼儿园疫情防控紧急预案、开园工作方案、疫情报告制度、幼儿晨午检查制度、缺勤记录、病因登记追踪登记台账制度、复学证明查验制度、幼儿健康管理制度、免疫接种证查验制度、环境卫生检查通报制度、防疫消毒制度、疫情防护健康教育制度等。

（二）储备充分的防控物资和生活用品

幼儿园要充分做好物质准备，储备数量充足的口罩、消毒用品、医用防护服、测温仪、洗漱用品、洁具、纸巾等，保障疫情防控期间日常防控和配合隔离的工作顺利展开。还要排查校园安全隐患，保障供水、供电安全，消防安全管理无盲区，为师生提供有力的后勤保障。

（三）做好防疫周边工作

(1)做好校园的全面清洁和消毒工作，建立定期消杀制度，责任到人。

(2)严格建立日常监控制度。开园前，对师生做好人员流动情况、发热情况、有无可疑症状、是否存在密切接触等疫情相关情况的统计；开园后，对师生做好每日的健康检查、健康登记、疫情监控、有无密接和出入风险地区的情况等。

(3)做好信息发布、防疫宣传工作。建立家长、班级、幼儿园的消息网络，及时收集和报送相关信息，利用微信公众号、家园沟通平台做好防疫宣传工作，有最新动态让家长知情，有上级要求通知家长配合，争取家长的支持和配合。

（四）对幼儿进行防疫知识普及

通过趣味游戏、绘本讲读、戏剧表演、主题活动等形式，对疫情相关知识、疫情防控的办法以及重要性等相关知识进行普及教育。帮助幼儿客观看待突发的传染性疾病，安抚幼儿的不安情绪，提高警惕性和对疫情的重视程度。强调疫情防控的意义和防控办法，帮助幼儿建立疫情防御和配合防控的主动性。

四、家庭教育指导策略

（一）让家长充分认识防疫工作的重要性

通过家长视频会议、家庭教育讲座、网上家长开放日等活动，组织家长防疫主题活动，给家长介绍幼儿园的防控制度及园所防控工作，对家长进行疫情知识点普及，让家长了解幼儿园的防控措施，既能够放心把孩子送到幼儿园，又能够认识到遵守幼儿园防控规定就是最大限度保证自己孩子安全，能够积极主动地配合幼儿园工作。

（二）为家长提供必要的帮助指导

一方面要求家长以身作则，为儿童树立遵守纪律、服从指挥，积极配合幼儿园相关工作的榜样，一方面要积极回应家长的需求，尽可能提供帮助和指导，如回应家长对幼儿安全的担忧，多拍一些孩子在园的照片或视频传给家长；把日常教学的资料发给居家监测的幼儿和家长，帮忙设计一些亲子活动，使幼儿在家也能接受同步教育。

五、教育评价标准

面对突如其来的疫情，如何判断幼儿园的防控工作是否周密得当呢？请参照表2-3-1。

表2-3-1　幼儿园疫情防控工作评价标准

序号	评价项目	评价标准
1	日常预防工作	加强师生卫生知识教育，实行师生及家长的全员健康监察制度，做到“早发现、早报告、早隔离”
2	常规工作分工	加强防疫知识宣传教育，使师生充分了解传染病预防与控制的相关知识；对卫生和消毒工作加强督查，确保环境符合疫情防控要求；保障疫情防控的后勤保障，保证防疫物品的储备充分
3	园内传染病发生的处理	做好师生健康状况动态观察，能够做到“早发现、早报告、早隔离”对师生的疫情相关信息掌握全面、畅通且及时
4	幼儿园领导工作	成立领导小组，职责分工明确，与疾控中心的信息通畅

思考与练习

1. 填空题

(1)按照社会危害程度、影响范围等因素，自然灾害、事故灾难、公共卫生事件分为(　　)、(　　)、(　　)和(　　)四级。

(2)突发事件分为(　　)、(　　)、(　　)和(　　)四大类。

(3)《中华人民共和国传染病防治法》将全国39种急性和慢性传染病列为法定管理的传染病，并根据其传播方式、速度及其对人类危害程度的不同，分为(　　)、(　　)、(　　)三类，实行分类管理。

2. 单选题

(1)森林草原火灾属于(　　)。

A. 自然灾难　　B. 事故灾难　　C. 公共卫生事件　　D. 社会安全事件

(2)生态破坏事件属于(　　)。

A. 自然灾难　　B. 事故灾难　　C. 公共卫生事件　　D. 以上都不属于

拓展延伸

与不同类型家长的沟通策略

面对不同类型的家长，有不同的沟通和处理方式。

1. 面对主动配合型家长

这一类型家长会积极配合幼儿园的各项工作，经常虚心和耐心地向老师询问孩子存在的问题，并用心聆听老师给出的建议。与这种类型的家长沟通会十分愉快且顺畅，可以与家长进行深入的沟通，通过沟通询问和阐述真实情况及想法，与家长一起商讨解决孩子问题的方案。

2. 面对全面移交型家长

这一类型的家长比较愿意配合老师工作，但在教育中的参与度不高，过分依赖学校教育，"老师，他就是不爱戴口罩，我们实在是管不了呀""孩子害怕测温枪，而且一检查就要哭，我们也不知道怎么办呀""您该打打该骂骂，孩子就交给您了"，类似这样的语言是这一类型家长常用的表达方式。

由于这一类家长与孩子往往缺乏有效或高效的沟通，更缺乏正确的教育理念，对自身的责任认识不强，需要教师对其提出具体的方案，比如"今天把果果接回家后，请您跟果果玩一个'抓住你'的游戏，由您来当病毒，果果当防疫小士兵……"通过具体化的任务，帮助家长与孩子重新建立起亲密关系和有效沟通，从而搭建家庭教育与学校教育的桥梁。

3. 面对暴力严肃型家长

这一类型的家长喜欢用打骂来处理孩子发生的问题，而不给孩子解释的机会。在沟通时，应避免批评性的表述方式，而要首先表扬孩子最近表现优秀的方面，再针对问题，分析产生问题的原因并温和地提出建议。

4. 面对不配合型家长

这一类型的家长执拗地坚持自己的观点，甚至经常以投诉威胁，拒不配合学校工作。对于这一类型的家长，无论对方态度如何，我们都要保持良好态度，言语温和且有耐心。首先要进行共情，表达对于对方观点的理解，打破由于观点和身份的不同而产生的心理壁垒；之后，在保证防疫大局的情况下，站在对方的立场上，分析对方的利益和诉求，争取认同；最后，再依据情况缓急找到双方可以接受的解决方式。

任务二　消防灾害突发指导

一、问题引入

案例：

2001 年 6 月 5 日，江西广播电视发展中心艺术幼儿园因点蚊香引起火灾，过火面积 43.2 平方米，直接财产损失 13 463 元。造成 13 名儿童(7 名男孩，6 名女孩)死亡、1 名儿童受轻伤。

该幼儿园于 1998 年 7 月动工兴建，1999 年 9 月竣工并投入使用，总投资 836 万元。幼儿园共 17 个班，其中大班(5 至 6 岁)4 个，中班(4 至 5 岁)5 个，小班(3 至 4 岁)6 个，托儿班(3 岁以下)2 个。全园教职员工 82 人，幼儿总数 540 人，其中在幼儿园寄宿的 362 人，火灾发生当晚住宿人数 319 人。经调查，火灾原因是 16 号床边过道上点燃的蚊香引燃搭落在床架上的棉被所致。

校园消防安全一直是全社会安全的重点工作。《幼儿园教育指导纲要》中明确指出：“幼儿园必须把保护幼儿的生命和促进幼儿的健康放在工作的首位。”幼儿的生命安全和健康成长，关系到千家万户的幸福和社会的安宁，关系到国家长远发展和民族的未来。近几年来发生的几起幼儿园火灾事故，让幼儿园消防安全成为关注的重点。面对消防灾害突发的隐患，应该如何应对呢？

二、问题分析

幼儿园火灾对于孩子的威胁极大，孩子年龄小，遇到火灾时，应变能力和自我保护能力都非常有限。而引起幼儿园火灾的原因有很多，从根本上解决这些潜在威胁，才能有效预防幼儿园火灾事故。造成幼儿园火灾事故的原因通常有以下几个方面：

(1)房门不畅通，在门背后堆积大量杂物；

(2)安全门关闭，疏散通道不畅；

(3)使用大功率照明灯或电热器；

(4)线路老化或超负荷工作；

(5)不按安全规定存放易燃物品；

(6)用来取暖的火炉跟易燃物靠得过近；

(7)幼儿聚集的场所内严重超过额定人数。

三、幼儿园与教师教育策略

（一）健全安全管理制度

(1)落实幼儿园消防制度。认真落实幼儿园消防安全制度和消防工作职责、消防设施和器材定期维护，保证有效使用，设置必要的幼儿消防安全标志。

(2)管理好幼儿园水、电、气、暖及有关设施的安全。建立用水、用电、用气、采暖及户外大型体育器械等相关设备的安全管理制度，定期检查，及时维修和更换。

（二）落实日常火灾预防工作

(1)保障消防安全疏散通道、安全出口随时畅通无阻,消防安全疏散标志

(2)加强消防器材管理、养护,每月进行一次全面系统的检查。

（三）加强教职员工消防安全知识培训

(1)幼儿园要把教职员工的消防安全意识提到首位,要求教职员工牢固树立幼儿安全工作重于泰山的意识,时时、处处、事事讲安全,把安全工作放在工作的首位,为幼儿创设安全、和谐、温馨的物质环境和心理精神环境,使幼儿得到身体及心理上的安全。

(2)加强教职工的消防培训工作,使教职员工了解本岗位的防火措施,做到会报警,会使用灭火器材扑救,会冷静处理组织幼儿疏散,会简单地进行自我救护。

（四）加强幼儿安全教育

(1)带幼儿认识幼儿园的建筑结构和逃生路径。

(2)将安全教育融入幼儿游戏中。教师通过组织丰富多彩的游戏活动,让幼儿在游戏中学习安全知识、自救及逃离躲避危险的技能;告诫幼儿不要玩火,不要触碰电气设备等;教会幼儿认识消防标志,让幼儿了解哪里是安全出口,哪里是疏散方向;还可组织幼儿通过游戏学习了解正确拨打特殊电话号码如110、119、120等。

(3)将安全教育渗透在幼儿一日生活中。幼儿一日生活是增强幼儿安全防范意识的必要环节,让幼儿在一日生活的各个环节中感知、操作、领悟、建构生存安全能力,让幼儿在生活中参与安全管理,让幼儿充分体验生命的意义。

(4)让幼儿记住家庭住址和父母手机号码,便于灾情过后联系父母

（五）事故中处理办法

(1)幼儿园突发火灾事故,要立即启动应急预案,全力组织人员疏散和自救工作,同时要在第一时间内向当地公安、消防部门报警。幼儿园有关领导要在第一时间赶赴现场,组织教职员工开展救人和灭火工作;并在消防队伍到现场后,主动提供有关信息,配合消防队组织救人和灭火抢险工作。

(2)采取诸如切断电源、煤气等紧急安全措施,避免继发性危害发生。

(3)抢救伤病员,配合医疗部门和医疗机构妥善安置伤病员。

(4)及时采取果断措施,组织人员疏散、转移重要财物,封锁火灾现场,确保人员和财产的安全。

(5)解决好师生员工等受灾人员的安全转移和居住困难问题。

(6)做好儿童的心理疏导工作,让儿童正确认识火灾隐患和预防火灾发生的相关知识

(7)及时安抚家长情绪,让家长以客观稳定的情绪配合幼儿园的火灾应急工作。

四、家庭教育指导策略

（一）家长要为幼儿树立榜样

教育提醒家长在日常生活中以身作则,以良好的习惯为孩子树立榜样,诸如不把易燃品放置在炉灶、电暖器等加热设施旁,公共场所不损坏消防设施,及时关掉燃气灶阀门等。用生活中的一言一行对儿童进行潜移默化且生动形象的教育。

（二）指导家长做好消防教育

指导家长向儿童宣传有关火灾的相关知识，包括火灾隐患有哪些，如何预防火灾的发生，火灾时的逃生办法等。如遇火灾，家长要及时安抚幼儿情绪，避免因火灾造成的过度惊吓和不安情绪。

五、教育评价标准

如何评价幼儿园的消防安全措施呢，请参照表2-3-2。

表2-3-2　幼儿园消防安全措施评价标准

序号	评价内容	评价标准
1	制度建设	有完善的幼儿园安全保卫和消防工作规章制度，幼儿园安全意外事故处置预案制度及责任追究制度
2	设施设备	园内设施设备齐全，符合防火安全标准
3	消防教育	教职员工定期进行培训，具备火灾预防相关知识、安全逃生技能；儿童熟悉园内逃生通道，并具备一定的逃生技能和自救知识
4	消防检查	火灾预防工作周密，做到安全工作的日查、月查和及时整改
5	家校共育	家长在生活中能够以身作则，为幼儿树立榜样，并具备火灾预防的相关知识并能够向儿童进行教育

思考与练习

1. 判断题

（1）加强消防器材管理养护属于落实日常火灾预防工作措施。（　　）

（2）灭火第一战斗力量是消防队员迅速赶赴火场的灭火救援力量。（　　）

2. 单选题

（1）以下说法错误的是（　　）。

A. 安全知识最终要转化为安全行为才是教育的根本

B. 幼儿一日生活是增强幼儿安全防范意识的必要环节

C. 幼儿因为年龄尚小，无法建立安全意识，因此需要教师为他们的安全保驾护航

D. 幼儿园突发火灾事故，要在第一时间内向当地公安、消防部门报警

（2）消防平安四个能力不包括（　　）。

A. 查抄整改火灾隐患的能力　　B. 扑救初期火灾的能力

C. 火灾救援能力　　D. 组织引导人员疏散逃生的能力

（3）向公安消防队报警须讲清楚的内容不包括（　　）。

A. 火灾单位的详细地址　　B. 起火物

C. 报警人姓名和电话　　D. 单位负责人的姓名和电话

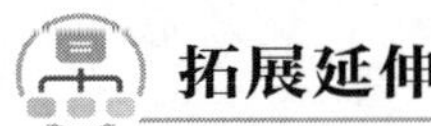

拓展延伸

幼儿园消防安全应急预案

在日常生活或是工作学习中，有时会面对自然灾害、重特大事故、环境公害及人为破坏等突发

事件，为了控制事故的发展，通常需要提前准备好一份应急预案。

1. 指挥思想

为了保护幼儿员教职员工人身、财产和公共财产安全，提高快速反应能力，赢得战机，及时有效地控制险情，在发生火灾时迅速稳妥地疏散人员和物资，把危害控制在最小范围，损失减少到最低限度，根据有关安全管理规定和上级要求，特制定本预案。

2. 组织领导

1）成立消防安全紧急处理指挥部

总指挥：　　　　　　　执行总指挥：

副总指挥：

指挥部成员：

2）成立应急疏散指挥组

组长：

成员：

职责：

（1）平时指挥全校应急疏散的宣传教育及训练演习；

（2）战时指挥协调各方职能小组开展工作，迅速果断把灾情控制在初始阶段；协调配合有关专业人员开展各项工作；

（3）配合协助做好事故调查等善后工作。

3）后勤保障组

组长：

成员：

职责：负责通信联络、车辆调配、道路畅通、电路控制、水源保障、医疗救护等。

3. 报警和接警

报警早、损失小。发生火灾时，在场人员及时通过有线或无线电话向有关单位报警。报警时，组织在场人员立即疏散人员、物资。报警后，立即派人在路口等候，引导接应有关人员。值班人员必须坚守岗位，保证通信联络畅通，并且做好记录。

4. 抢救人员和疏散物资

发生火灾时，如有人员被大火围困，要立即组织力量抢救，应坚持救人第一，救人重于救火的原则，同时救人时应注意自身安全。

火场疏散物资首先要及时疏散受火灾威胁的易燃易爆物品及压缩气体钢瓶等，其次要疏散重要文件、资料和贵重设备及物品等，并且把疏散出来的物资集中存放到安全地点，指定专人看管，防止丢失。人员、物资疏散后应在指定地点集中清点，并且查明有关情况，及时向指挥部报告。

5. 火灾应急疏散演习

1）有关要求

（1）疏散指令由执行总指挥发出，指挥部成员要在就近位置组织疏散。

（2）教师和保育员组织幼儿按疏散路线有序撤离。不得组织幼儿灭火或抢救伤员。总务主任率领后勤人员负责保护财产。

(3)安全工作紧急处理指挥部根据需要,及时拨打119、110、120,所有教职员工要协助幼儿疏散或协助医务人员抢救伤员,不得与幼儿争抢逃生通道。

(4)疏散结束后,班主任要清点本班幼儿人数,并且向园长报告疏散情况,有关领导和保安要保护好现场。

(5)班主任对没有及时撤离的幼儿,要及时向指挥部成员提供具体方位,以便及时营救。

2)疏散线路及地点

教学大楼一楼:东边两个班幼儿从活动室跑出到操场。西边两个班幼儿从活动室跑出到操场。

二楼:大班幼儿从大楼楼梯下,疏散到操场。

三楼:中班幼儿从大楼楼梯下,疏散到操场。

3)善后事宜

(1)对受伤幼儿,幼儿园领导、班主任要及时慰问,稳定情绪,保证幼儿园秩序井然有序。

(2)成立相关组织,接待受伤幼儿家属,并且做好认真细致的解释工作。

(3)协助公安干警,查明事故原因,妥善处理善后工作。

(4)按有关规定,积极上报事故原因、伤亡和财产损失情况。

任务三　自然灾害突发指导

一、问题引入

案例:

2021 年 9 月 16 日夜晚,四川泸县发生6.0 级地震。某幼儿园老师在地震发生时组织在园住宿的小朋友们,有序疏散到操场上。当时正在下雨,老师用被子包裹着孩子,镇定地安抚孩子们惊恐的情绪,第一时间拍视频给家长们报平安。这位老师在地震发生后,不仅能快速反应,带幼儿撤离到空旷的操场上,并用被子包裹孩子,避免幼儿经受雨淋后导致身体不适以及因此造成恐慌情绪的加重。让幼儿的情绪逐渐安定平稳下来的同时,第一时间用视频的方式给家长报平安,使家长对幼儿的情况有所掌握并对幼儿园的灾害应急处理能力产生信任。

自然灾害包括台风、洪灾、旱灾、地震、山体滑坡、火灾、冰雹及暴雪等自然灾害,以及幼儿园校舍倒塌、道路阻塞等情况。面对自然灾害突发,应该如何应对呢?

二、问题分析

我们生存的环境不可避免地会遭遇到诸如暴雨、洪涝、地震、滑坡等自然灾害。当自然灾害不期而至时,人会本能地产生焦虑、恐慌、烦躁的情绪。对于幼儿来说,由于其身心发展特点和认知能力限制,对于灾难的认识不清,不仅自身安全在灾难中受到威胁,更可能因此产生不良情绪和心理问题。对于家长来说,幼儿园承担着教育、看护的双重义务,保护幼儿安全是幼儿园不可推卸的责任,当灾难来临时,部分家长一方面出于对幼儿安全的极度担忧,一方面又对灾难缺乏客观理性的认识,没有正确的逃生和防灾减灾认识,很可能出现焦虑、暴躁、恐慌等情绪和冲动行为。作为幼儿园教师,我们应当有效提高应急处置幼儿园自然灾害的能力,规范应急处置工作,减轻或者消除自然灾害的危害,保障全体幼儿的人身安全,减少国有资产损失,提升家长对幼儿园应急处理能力的信任,并引导家长积极配合幼儿园的防灾减灾工作。

三、幼儿园与教师教育策略

（一）加强预防工作

（1）定时定期举办自然灾害安全培训，加强自然灾害危害性的教育，增强幼儿的自我保护意识。

（2）园内要完善自然灾害事件的报告网络，做到早预防、早报告、早处置。

（3）建立快速反应和应急处理机制，及时采取措施，确保不因自然灾害而危及师生安全和财产损失，如建立应急领导小组、发布应急处理预案、快速建立分工明确的工作流程和体系等。

（4）加强日常检查，发现隐患及早采取有效的预防和控制措施，努力减少自然灾害事件的损失。如经常性地对校舍、场地、围墙、山坡、水沟、烟囱、电线、树木等建筑开展自查，尽早发现问题，及时消除安全隐患。

（5）保证应急物资储备，如棉被、食物、应急照明、发电设施等，以便在灾害来临时做到从容应对。

（6）对于可预测的自然灾害，幼儿园应在灾害发生前做好师生员工的疏散安排工作。

（二）加强防灾减灾宣传教育

（1）自然灾害教育是生命教育的重要组成部分，教师有义务通过游戏、演习等教育手段，让幼儿充分了解自然灾害的危害，培养幼儿自我保护和防灾意识。

（2）通过各种形式和教育手段帮助幼儿掌握自救和逃生技能，并在日常的体能活动中，加入自然灾害场景设计，把自然灾害安全教育贯穿到日常教学活动中，通过奔跑、跳跃等动作增强幼儿肢体协调能力、反应能力、耐力和灵活性，提高在灾难发生时的判断能力，缩短反应时间，增强对外界环境的适应能力。

（3）把自然灾害安全教育纳入幼儿品质培养的教学体系中，加强幼儿互助意识，培养顽强的意志，从容冷静不怕困难的品质。

（4）通过家长会、亲子活动或利用家长开放日，向家长进行自然灾害安全宣传，丰富家长的防灾减灾知识和逃生技能，在灾害来临时，减少因对灾情缺乏客观冷静认识而造成的过度焦虑、恐慌和不理智行为，并能配合幼儿园在自然灾害期间的各项工作。

（三）灾害发生时冷静应对

灾害一旦发生，要以保障幼儿生命安全为第一要务，立即进行疏散和撤离，要保证快速、有序，避免因拥挤造成的踩踏和跌落。撤离过程中注意安抚幼儿情绪，避免幼儿因恐慌不能顺利撤离。到达比较安全的地方后，也要做好幼儿的心理疏导工作，避免造成不良心理影响。要想办法尽快恢复与外界的沟通，以便尽快得到外界的救援，第一时间向家长报告幼儿情况，让家长放心。

四、家庭教育指导策略

（一）指导家长丰富防灾减灾知识技能

通过家长会、专家讲座等形式，组织家长专题学习防灾减灾知识和技能，让家长不仅自己学习，还要承担对幼儿的防灾减灾专题教育，利用做游戏、参观博物馆、观看纪录片等方式，对幼儿进行灾害意识的培养，把生命教育、安全教育、自我保护意识、逃生技能融入家庭教育中。

（二）指导家长有意识地对幼儿进行教育

家长要在日常生活中抓住时机，甚至创造机会，对幼儿进行自我保护意识和安全教育。家长要认识到，总是处处庇护幼儿，使幼儿生活在安全、没有隐患、处处美好的环境中，幼儿会无法面对真实的世界，遇到危险时会手足无措。家长可以通过游戏、亲子活动、观看教育宣传片、参观历史博物馆、参加训练营等形式，丰富幼儿的防灾减灾知识，还要培养孩子的自救技能，帮助幼儿树立自我保护意识和解决问题的能力。家长还可以带幼儿进行跑步、游泳、攀岩等户外运动，增强幼儿体能。还要有意识地对孩子进行意志品质的锻炼，在日常生活中适当保留或设置一些障碍，让孩子树立互帮互助、不怕困难、勇敢坚韧的品质。

五、教育评价标准

如何评价幼儿园的防灾减灾教育呢，请参照表2-3-3。

表2-3-3　幼儿园防灾减灾教育评价标准

序号	评价内容	评价标准
1	制度建设	制定了幼儿园防灾减灾相关制度，有应急处置预案，相关制度及责任追究制度健全
2	设施设备	园内设施设备建设符合国家标准，有通畅的信息网络、充足的防灾储备以及足够的救援能力
3	消防教育	对师生进行培训和逃生演练，让师生具备相关知识的安全逃生技能；幼儿熟悉园内逃生通道，并具备一定的逃生技能和自救知识
4	应急处置	在自然灾害来临时能够及时应急反应，有效保证人员安全并控制灾害造成的损失。能够稳定、疏导幼儿和家长情绪
5	家校共育	家长具备相关知识和技能，能够在生活中对儿童进行有意识的教育训练

思考与练习

1. 多选题

(1)对于幼儿来说，由于(　　)，不仅自身安全在灾难中受到威胁，更可能因此产生不良情绪和心理问题。

A. 身体和体能发展限制　　B. 认知发展限制

C. 心理发展限制　　D. 性格发展限制

(2)作为幼儿园教师，我们应当(　　)。

A. 保障幼儿及教职员工的人身安全　　B. 杜绝自然灾害

C. 减少国有资产损失　　D. 提升家长的信任并引导家长配合防灾减灾工作

2. 单选题

灾难发生时，以(　　)为第一要务。

A. 保障幼儿生命安全　　B. 保障国家财产不受损失

C. 及时向相关部门汇报情况　　D. 及时灭火

3. 判断题

当自然灾害不期而至时，人会本能地产生恐慌、烦躁的情绪。　　(　　)

4. 材料分析题

2021年汛期，全国先后经历多起强降雨，湖南省长沙市某幼儿园遭遇暴雨袭击，幼儿园因地势低而被大水围困,多名幼儿被困园内,个别家长非常气愤,认为幼儿园选址存在严重问题,且在暴雨来临前没有及时预警和灾后的有效应急。小班班主任肖老师为了避免家长因愤怒作出过激行为,首先批评了带头家长,并赶紧向其他家长进行了解释,同时希望家长能配合幼儿园的抗灾工作。却没想到家长的情绪更加激动了,纷纷指责幼儿园推诿责任。

请你分析肖老师的做法存在怎样的问题,我们在灾情发生时应如何与家长进行更好的沟通呢?

____

____

拓展延伸

灾后与家长沟通技巧

灾情期间,在与家长汇报幼儿情况或进行沟通时,要稳定情绪,措辞要客观、理性、有逻辑,慌张的表情、混乱的表达、过度渲染的词汇,反而会带动家长不安的情绪,引起对幼儿园的不信任感。

在与家长沟通时,不要急着表达自己的观点和立场或出现指令的语言,首先要站在家长的立场上表达共情,争取家长的好感和信任,这样更有利于家长产生配合工作的意愿和主动性。

任务四　食品安全问题突发指导

一、问题引入

案例:

某幼儿园在中午就餐时间,有一名幼儿突然感觉肚子痛,并且出现呕吐和腹泻等症状。发现情况后,班主任老师第一时间让其他幼儿停止就餐,安抚发生症状的幼儿,并打电话上报卫生保健老师。另一名老师迅速带领其他幼儿离开教室,远离呕吐物……不要担心,以上是河南省南阳市某幼儿园为规范和指导教职工对食物中毒事故的应急处理流程而开展的食物中毒应急演练活动。

接到班级老师的电话后,保健老师快速到达班级,经询问,初步判定疑似为食物中毒。疑似食物中毒幼儿由老师带领紧急送往医院救治,班主任老师通知家长说明情况。保育老师将幼儿呕吐物放置干净密封袋留样封存,同时对现场进行彻底消毒。保健医生将情况立即上报园长,园长详细了解情况后,立即启动食物中毒应急预案。等候市场监督所、卫生监督执法部门进一步调查处理。食品安全管理员立即赶往厨房,要求厨房人员停止所有食物加工工作,封存厨房食品留样柜。在上级检查部门未到达之前,任何人员不得进入操作间、留样间,防止人为破坏现场。

食品安全事故指食源性突发疾病,食品安全关乎每一个孩子的健康成长,是幼儿园安全工作的重中之重。面对食品安全突发事故,应该如何面对呢?

二、问题分析

在幼儿的生长发育期间,营养是保证幼儿身体健康成长的关键,幼儿需要摄取营养均衡、绿色安全的食物,幼儿身体机能还不成熟,抵抗力较差,倘若幼儿园食品安全卫生工作没有做到位,导致食品安全出现问题,则很有可能引发食源性疾病,甚至会出现食物中毒,因此,幼儿园必须加强食品安全监管,杜绝食品安全事故。

三、幼儿园与教师教育策略

(1)第一时间让其他幼儿停止就餐,并上报卫生保健老师;同时由另一位老师迅速带领其他幼儿离开教室,远离呕吐物。

(2)保健老师快速到达班级并对事件中的幼儿和老师进行询问,对幼儿呕吐的原因进行初步判定。

(3)一旦判定为疑似食物中毒,老师带领出现不适的幼儿紧急送往医院救治。班主任老师通知家长说明情况。

(4)将幼儿呕吐物放置干净密封袋留样封存,同时对现场进行彻底消毒。

(5)保健医生将情况立即上报园长。

(6)园长详细了解情况后,立即启动食物中毒应急预案。等候市场监督所、卫生监督执法部门进一步调查处理,在上级检查部门未到达之前,任何人员不得进入操作间、留样间,防止人为破坏现场。

四、家庭教育指导策略

(一)注重食品营养

家长根据幼儿成长需要制定科学合理的食谱,随季节变化科学搭配食物,充分考虑幼儿的喜好与食物的均衡营养相结合,避免幼儿挑食偏食习惯。注意观察幼儿进食情况和身体发育情况,对食物种类和幼儿进食量进行适当调整。

(二)注重食品安全

确保烹饪方法的科学合理,保证食材新鲜,教育幼儿不吃腐败变质、有异味、无包装、陌生人递给的食品等,掌握常见食品中毒的应急策略和抢救办法。

五、教育评价标准

如何评价幼儿园的食品安全管理措施呢,请参照表2-3-4。

表2-3-4　幼儿园食品安全教育评价标准

序号	评价内容	评 价 标 准
1	制度建设	制定了完善的食品安全管理相关制度,有应急处置预案,相关制度及责任追究制度健全
2	设施设备	保证餐饮供给端的卫生安全、餐饮制作过程中的卫生安全,厨房卫生整洁,定期消毒,清除死角,食材采购渠道安全,食材新鲜
3	安全教育	对师生进行食品安全培训,让师生具备相关知识和应急处置技能。儿童有一定的食品安全意识,不购买食用有安全隐患的食品
4	应急处置	发生食品安全问题立即启动应急处置预案,处置过程正确有序,能够稳定、疏导幼儿和家长情绪
5	家校共育	家长具备相关知识和技能,具备一定的科学喂养知识,并具备食品安全意识。能够在生活中对幼儿进行有意识教育

思考与练习

1. 填空题

食品安全事故，指(　　)、(　　)等源于食品，对人体健康有危害或者可能有危害的事故。

2. 单选题

(1)某幼儿园在中午就餐时间，有一名幼儿突然感觉肚子痛，并且出现呕吐和腹泻等症状。教师应首先(　　)。

A. 让幼儿躺下休息　　B. 汇报领导

C. 让其他幼儿停止进食　　D. 打电话通知家长

(2)食品安全关乎每一个孩子的健康成长，食品安全问题也一直是全社会广泛关注的热点，更是幼儿园安全工作的(　　)。

A. 日常工作　　B. 主要问题　　C. 重中之重　　D. 重要工作

3. 判断题

(1)幼儿园在食品问题上，应以膳食结构合理为第一原则。(　　)

(2)食品安全事故发生后，在与家长进行沟通时应尽量使其情绪稳定，并能客观冷静地配合学校的相关工作。(　　)

拓展延伸

幼儿园食物中毒事件应急预案

1. 应急处置部门和职责

1)幼儿园成立特发事件应急管理工作小组

由幼儿园主要领导任组长、副组长，成员由教研组、保育员、食堂负责人等组成。

组　长：×××

副组长：×××

组　员：×××

2)处置食物中毒事件的基本原则

预防为主，以人为本，统一领导，健全制度，依法规范，加强管理，快速反应，协同应对。

2. 预防办法和措施

(1)幼儿园加强食品卫生工作的管理，进一步完善幼儿园食品卫生安全管理制度，落实有效措施，责任到人。

(2)加强幼儿园食堂从业人员的管理。按规定做好从业人员的体检和日常晨检工作，加强从业人员的培训、教育工作，严禁无健康证人员在幼儿园食堂上岗工作。

(3)加强幼儿园食品操作程序的日常管理。幼儿园食堂、食品供应部门严格把好食品质量关，杜绝不洁、变质及三无产品流入学校；规范食品加工、操作程序，做到煮熟烧透，加工好的食品及时放入密封间；严格熟食间的管理，防止熟食二次污染；做好留样食品的记录并签名，留样食品必须保留 48 小时；严格操作环节中的消毒工作，消毒方法得当、时间保证。

(4)加强师生的教育。教育师生不吃无证摊贩的不洁食物，培养良好的饮食习惯。

3. 应急处置

1) 信息报告

(1) 幼儿园健全安全紧急情况报告制度，严格落实值勤人员，构建“安全工作绿色通道”，确保安全紧急情况信息报送渠道畅通。

(2) 幼儿园发生食物中毒事故后，应立即启动本预案，并及时向幼儿园长报告，如幼儿园负责人都不在则迅速向其他行政人员报告。

(3) 在半小时之内以口头形式报告街道卫生监督所。处置完毕1小时内以书面形式报告。

(4) 上报时做到及时、准确、全面、不漏报、不虚报。报告内容为：事故发生的时间、地点、单位，事故的简要情况，采取的主要措施，目前的状况等。

2) 事件处置程序

(1) 停止食用中毒食品。拨打“120”，及时将病人送至医院进行治疗，安全救护组要积极做好中毒幼儿的就医陪护工作。

(2) 对中毒食品控制处理 。保留造成食物中毒或者可能导致食物中毒的食品及其原料、设备和现场。要负责安慰管理好幼儿，不使幼儿走散。

(3) 协助调查。幼儿园要配合食药监部门、卫生部门进行调查，按食药监部门的要求如实提供有关材料和样品。保健教师要做好食物中毒事件的专项登记工作，包括：班级、人数、姓名、发病日期、主要症状、处理情况等，并积极协助区食品监督所、区疾控中心等部门做好调查工作，在区食品监督所等部门的指导下做好相关工作。

4. 善后处置措施

(1) 园领导和相关教师到医院看望和慰问中毒幼儿和家属，并向医生了解中毒伤害情况。

(2) 园工作小组根据中毒原因和医疗诊断，作出初步事后处理方案。

①及时评估分析。中毒事件应急处置工作基本完成后，要对事故情况以及对社会政治稳定可能构成的影响进行评估分析，并全力做好各项善后工作，维护社会稳定。

②由区应急办、食药监部门、卫生部门适时公布情况。

③收集社情动态。幼儿园要做好当事幼儿家长的情绪稳定工作，关注本园师生动态并加以引导。

(3) 安抚慰问师生。认真做好安抚慰问工作，做好宣传工作，消除社会恐慌。

(4) 汇总情况。对处置工作进行总结评估。

5. 责任追究

在师生食物中毒事故发生、报告和处理过程中，有关人员未按规定履行职责、违反操作规程、瞒报或玩忽职守者，幼儿园将予以严肃处理，情节严重的，要依法追究相应的法律责任。

模块三

家园活动策划指导

家园活动策划指导是幼儿教师工作的重要内容，包括能够策划和组织家长会、家园节日活动、家长学校活动、进行家庭访问和运用现代信息技术沟通，是幼儿教师主动加强家园共育工作的必要措施，也是幼儿园进行家庭教育指导的重要途径。

项目一　教育活动策划指导

教育是培养人的社会活动，教育的过程也是一个特殊的交往过程，教育者和受教育者在特殊的交往中实现教学相长。因此，在幼儿教育过程中，家长不应该以绝对的权威角色出现，要与幼儿同学习、同成长。幼儿园作为专业幼儿教育机构，不仅要教育幼儿还要教育家长，使家长摒弃传统观念中不符合幼儿发展规律的育儿方式，学习先进的学前教育专业知识和技能。幼儿园如何策划家长教育活动呢?

任务一　家长会策划指导

一、布置任务

家长会是家园沟通的一种有效方式，是幼儿园教师联系家长、家长了解幼儿在园的一日活动的重要渠道，也是家长了解教师如何管理、教育幼儿的有效途径。一次成功家长会的召开，有利于进一步增强家校之间的沟通联系，进一步形成学校教育、家庭教育的合力，也能最大限度地消除老师和家长之间的误解，以及家长对学校工作安排的不理解，为幼儿园的教育教学工作畅通渠道。

幼儿园每个学期都会召开家长会，如果只是讲一些班内的琐事或者上传下达一些通知，起不到家长会的作用；如果每个学期形式都一样，家长会厌倦；如果每次都是老师“一言堂”，家长也难以有更多的自主性和积极性。

怎样才能提升家长会的效果呢? 本任务以幼儿园普遍存在的幼儿抗挫能力为例，学习如何进行策划与组织家长会。

老师描述：有个小朋友叫小橙子，聪明伶俐活泼可爱，入园一学期在老师的引导下，动手能力和行为规范等有很大的进步，但是小橙子在跟小朋友的活动中表现出好胜心太强。一旦别的小朋友超过他，比如：别的小朋友跑步比他快，或者老师没有选他当安全小队长等情况，小橙子就会情绪失控，轻则生闷气，重则大声哭闹。

家长描述：妈妈说小橙子在家里也是个乖巧懂事的好孩子，比如：爸爸妈妈下班回到家，小橙子会主动帮爸爸妈妈递拖鞋、端水，给爷爷奶奶捶背，但是出去跟别的小朋友玩儿的时候，总是想超过别的小朋友，一旦落后就会情绪失控大哭大闹，家里乖宝宝的样子就不见踪影了。

关键问题：幼儿抗挫折能力弱

二、任务分析

当前的幼儿家长素质有了较大提升，都有一定的知识储备，也都非常重视孩子的教育和健康成长。幼儿的家庭经济条件虽然各异，但幼儿通常都能够享受不错的物质生活和教育资源。但是，因为大部分家长工作比较忙，隔代抚养比较常见，溺爱、袒护、夸赞孩子的情况居多，孩子一直处于被肯定的氛围中，觉得自己是优秀的，接受不了批评，接受不了失败，导致幼儿自私嫉妒，缺乏正确看待事物的能力，抗挫折能力弱。

小橙子的抗挫折能力弱主要有两个影响因素：

家庭因素：小橙子从小比较听话，各方面表现也很优秀，再加上家人的宠爱，很自然的各种夸奖，各种掌声都包围着他，大家总是夸他“你是最棒的”。他在这样的氛围中长大，也很自然觉得自己就是最棒的，所以小橙子接受不了不完美，接受不了失败和落后于人，害怕失去“最棒的”这顶帽子，也害怕会失去身边的掌声。

自身因素：小橙子自身的性格比较要强，从小事事喜欢争第一，做到最好。拥有这样的品质对于他以后的学习生活，是一件不错的事。但是如果追求第一的愿望太过强烈，一旦没有达到自己心里的标准，很可能他就会接受不了，出现情绪失控甚至更严重的后果。

三、活动设计

家长会的策划一般包括以下步骤：确定活动主题、明确活动目标、活动准备、活动流程（或会议程序）以及家长反馈等。

（一）确定活动主题

家长会是不是“告知”和“聆听”？为什么要召开本次家长会？老师需要做什么？为什么这样做？老师希望家长怎么配合？老师能为家庭教育的提高给予哪些帮助？家长参加家长会要进行哪些准备？明确这些问题能够帮助我们确定家长会针对的问题、家长会的主题和内容、家长会的组织形式。

在案例中，小橙子的抗挫折能力差，其实在幼儿园不止小橙子一人是这样的情况，很多幼儿存在抗挫折能力差的情况。因此，本次家长会针对的问题是如何提高幼儿的抗挫折能力，主题是“培养幼儿抗挫折能力”的家长会，围绕这一主题组织家长会内容，家长会的形式可以多种多样，采用专题学习、专家讲座、家长研讨、亲子活动等多种形式，形式的确定可以与家长们商讨，视具体时间、场地、人员情况而定。

（二）明确活动目标

要明确家长会不是为了开而开，要针对问题并解决问题，解决问题所取得的成果就是活动目标。活动目标是主题的具体化。一般包含以下几个方面。

1. 实现家校有效沟通

为了实现学校和家庭的互动，让家长及时知道孩子在幼儿园的学习和生活情况，让家长了解孩子在学校的表现。由于孩子低龄,表达思想和语言沟通能力等方面还非常有限,家长和老师的沟通协调非常重要。

2. 提升家长教育理念

让老师知道孩子在家的表现,双方及时配合,纠正孩子存在的缺点。大多数家长对于孩子是很重视的,但对教育方法、理念等方面的知识可能还存在欠缺。定期召开家长会,会逐步纠正、更新不正确的教育观念,有利于孩子健康成长。如本次家长会的一个目标就是丰富家长在培养幼儿抗挫折能力方面的认知,达到教育策略一致。

3. 促进家园共管

教育行业有一句话叫作“5 + 2 = 0”,意思是 5 天正确的学校教育,遇到 2 天的不正确的家庭教育,教育效果基本等于 0。要教育好孩子不能单靠一方的力量。召开家长会就是沟通教育理念、共同制定教育策略,分工协作实施,达到同步教育。

(三)活动准备

明确了活动目标后,要围绕活动目标设计活动内容和活动环节,根据内容和形式需要做好相应的物质准备、环境准备和经验准备。根据内容创设环境,如本任务中可以创设“培养幼儿抗挫折能力”主题墙,如果有家长互动与讨论环节,可以把桌椅布置成分组的形式,如果需要专题学习,教师要准备多媒体设备、教学课件、书籍等。在经验准备中,教师可以多阅读相关文献,丰富自己对幼儿抗挫折能力培养的认知。

教师还需要做好家长的联系和组织工作,提前一周发送家长会的通知,写明内容、时间、地点、参会注意事项,还可以提醒家长查阅相关材料丰富自己的认识,或者给家长布置一个小任务,要求家长提出若干教育策略,便于现场讨论。教师最好制定一个详细的组织方案,防止因忙乱而造成遗漏。

(四)活动过程

教师要制定详细的活动设计方案,对活动流程、每个环节的时间、预期达成的效果进行预设。在执行过程中,预设的流程不是固定的,老师可根据实际情况灵活调整。一般家长会的流程包括:

1. 会议引入

首先幼儿教师有一个开场白,对于广大家长的到来表示感谢,以及对于本次家长会召开的目标和内容进行一个简单说明。

2. 会议过程

幼儿教师按照预设的内容和环节组织会议,要注意把控各环节的时间,做到节奏紧凑、张弛有度。如本次家长会可以先放一些视频或案例,让家长对“幼儿抗挫折能力差”引起足够重视,然后组织专题学习,也可以请有经验的家长做育儿经验分享,丰富家长的知识认识,组织家长探讨教育策略、探讨幼儿园教育策略、家庭教育策略,让每位家长形成针对自己孩子的个性化教育方案。如果时间场地允许,还可以组织家长参与教育实践。

3. 会议结束

会议结尾一般是以教师的总结性发言结束。

(五)家长反馈

家长会结束后,教师要督促家长落实教育方案,把理念转化为行动,将策略训练运用于幼儿教育实践,取得实践成果。教师要与家长保持密切联系,应家长的需求进一步跟踪指导。教师也可以组织家长进行教育成果展示,“晒一晒”自己家孩子的成长,对于一些落实措施到位、效果比较好的,可以邀请撰写成教育体会文章,让更多的家长幼儿受益。

针对抗挫折能力培养的问题,家长会后教师可以持续开展系列活动,如本案例中的教师组织了亲子游学活动《骑行探索美丽的妫河公园》。让幼儿在骑行活动中感受大自然的美好,并体验骑行中的艰辛和不易。有的幼儿开始领先中途却想放弃,有的小朋友虽然出发时落在后面却紧追不舍,甚至追上并鼓励想放弃的小朋友。就这样你追我赶地爬过缓坡,绕过林荫小路,也有序通过宽阔的马路,个个汗流浃背,气喘吁吁到达了终点。尽管后面有保姆车跟着,但是没有一个小朋友选择放弃去坐保姆车。活动结束,领队宣布小朋友们都是骑行小勇士,并颁发奖状,让孩子们在游学活动中领悟到开始的成功不代表最终的成功,中途的挫折也不代表最终的失败,只要坚持就会取得胜利。

四、注意的问题

家长会有可能是全园的,也可能是班级的。无论哪种情况都应高度重视,家长会一定是针对问题围绕某个主题召开的,一定要有成果意识,要把问题解决取得实践成果,才能使家长会达成预期效果。为提高家长会的组织水平,幼儿园可以实施以下策略:

(1)园领导成立小组,包括行政、后勤的主要负责人、各班班主任及负责人,在学期末确定新学期家长会召开的具体日子,以便各班做好充足的准备。

(2)坚持问题导向确定家长会的主题。各班根据本班幼儿和家长中存在的家园共育问题确定家长会的主题,对急需解决的问题优先考虑。

(3)分小组设计组织家长会,就本班问题或筛选问题进行家长会策划,然后各班分别实施。

(4)将组织效果好的家长会案例存档,或建立幼儿园教学资源库,以便其他教师参考借鉴。

五、教育评价标准

如何评价幼儿园及教师家长会组织的是否科学、规范、有效呢,请对照表3-1-1。

表3-1-1　策划组织家长会评价标准

序号	评价内容	评价标准
1	制度建设	家长会按形式分为全园家长会、班级家长会、新生家长会等,园所建立了相关制度,规范了标准和要求
2	组织情况	班级每学期至少召开一次家长会,教师组织到位
3	组织质量	家长会有完整的组织方案,针对主要问题科学设计,活动主题鲜明,活动内容饱满,活动流程完整
4	活动效果	达成了预期效果,密切了家园沟通,取得了实践教育效果,家长反馈好
5	资料留存	资料完整,包括组织方案、会议记录、活动成效等,表现形式丰富,有文字、照片或相应视频等

思考与练习

1. 判断题

(1)每学期幼儿园组织家长会的主题和次数应该都是固定的。　(　　)

(2)教师在组织本班家长会的时候,要从学前教育的目标和学前儿童的年龄出发,给予家长具体的指导。 ( )

(3)家长会是幼儿园个别家庭教育指导的一种形式。 ( )

2. 多选题

召开家长会幼儿教师需要准备什么?( )。

A. 教具　B. 确定主题　C. 提前告知家长　D. 发言稿

3. 单选题

以下不属于组织家长会需要注意的问题的是( )。

A. 书面通知家长　B. 布置会场环境

C. 每个幼儿的问题都沟通到　D. 安排幼儿活动

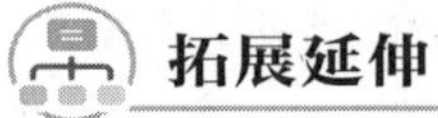

拓展延伸

大班下学期家长会发言稿①

各位家长,你们好!

首先,我对你们的到来表示热烈的欢迎,并感谢你们能从百忙之中抽出时间来参加这个家长会,这让我感受到了你们对我工作的理解和支持,对孩子的一种关心,正是有了你们的信任、理解、支持,我们的工作才能顺利开展。

在此,我真诚地对你们说一声:谢谢,真诚地谢谢你们的热情支持。同时,更希望你们能一如既往地关心与支持我们的工作。

1. 班级情况分析

本班现有幼儿44名,男孩30名,女孩14名。其中有15名幼儿是这学期的新生。这群幼儿聪明活泼,非常讨人喜爱,原班幼儿从四岁来到幼儿园。这群幼儿经过三年的幼儿园生活,有很大进步,如:男女生都喜欢参与体育活动,在活动中表现得积极踊跃,动作灵活、反应敏捷;在活动中积极性逐步增强了,对创造性的活动非常感兴趣,女孩子更加喜爱唱歌、舞蹈等艺术活动;学习中积极动脑、好发问,喜欢参加科学探索活动;多数孩子的生活卫生习惯较好。但班上也不同程度地存在某些薄弱环节:有的幼儿自我控制能力较差,有欺侮同伴的现象,且不能友好相处,碰撞现象时有发生;同时我们还发现,他们倾听的习惯需要加强,孩子们之间相互学习、自主性、决策能力等方面有待进一步培养,注意力及相互间的情感教育需要重点指导。本学期,我们把幼儿入学准备工作作为本学期的工作重点,加强幼儿书写的训练,学习拼音和10以内的加减法,将学前的准备工作与各学科教学有机结合起来,为幼儿进入小学打好基础。

2. 幼小衔接实施方案

1)学前思想准备

提高孩子的集体意识和集体荣誉感。进入大班以后,孩子的集体意识有了迅速的发展。他们常常以自己是大哥哥大姐姐而自豪,也常常以自己的班集体取得的胜利而欢呼跳跃。集体主义情

---

① 百度文库. 幼儿园大班家长会发言稿[EB/OL]. (2021-8-23) https://wenku. baidu. com/view/acba823c5af5f61fb7360b4c2e3f5727a4e9241a. html? fr = income5-wk_app_search_ctrX-search.

感是一种积极而强大的道德力量,他对幼儿的个性、社会性及道德品质的发展有着重大的影响。因此,集体意识的培养也成了本学期的教育培养重点之一。

培养幼儿的合作行为。在培养幼儿的合作行为时,首先教孩子掌握合作的技能,学会处理合作时出现的问题。班上的孩子已有了合作的意识,但缺乏合作的技能。合作水平较差,常常会出现不欢而散的情况。因此,我们将与孩子一起讨论,协商如何开展合作活动;在合作中出现问题应如何解决?

我们还将增加合作性游戏,让孩子更好地学会与同伴合作。

通过参观小学,让幼儿知道为什么要上小学,小学与幼儿园有什么不同,激发孩子上小学的欲望,同时也帮助他们解决“向往上小学、又不知道怎样做的问题”。

2)身体方面的准备

通过体育锻炼、疾病预防增强幼儿体质,使他们能够身心健康地迈入小学。

在日常活动中培养幼儿正确的读书、写字、握笔姿势,同时,让幼儿懂得保护好自己的眼睛及各种感觉器官。

注重安全方面教育,让幼儿懂得并遵守交通规则,学会看红、绿灯,走人行道;有困难找警察,记住各种急救电话;知道不能玩水、玩火、玩电。

幼儿园里都会安排玩大型玩具,所以放学以后要求孩子及时回家,不在幼儿园内逗留、玩大型玩具等,请大家回去后一定要转告各位爷爷奶奶、外公外婆们,另外我们也会督促孩子,避免事故的发生。

为安全起见,请家长不要让孩子携带贵重物品、危险物品入园。幼儿来园前家长应注意查看幼儿的口袋,如发现有危险物品(如小刀、药片、铁钉、小颗粒物、钉锥、弹子、碎玻璃等危险品)应立即取出,并及时对孩子进行教育。

3)独立生活能力的准备

培养幼儿的时间观念,在学习生活中,要学会自我观察、自我体验、自我监督、自我批评、自我评价和自我控制等,让他们懂得什么时候应该做什么事并一定做好;什么时候不该做事并控制自己的欲望和行为。

培养孩子的独立意识。通过谈话、故事、社会实践培养幼儿的独立意识,增强独立解决问题的能力。让幼儿感知到,即将成为一名小学生了,生活、学习不能完全依靠父母和教师,要学会自己的事自己做,遇到问题和困难自己要想办法解决。幼儿园的生活是松散型的,而上小学以后,学习的模式成为课堂教育,课间休息时是充分自由的,要自己整理书包,自己喝水,自己上厕所,自己的事情自己做,遇到困难和问题要自己想办法解决。因此,学习生活不能再完全依靠父母和老师,要慢慢地学会自己生存、生活、学习和劳动。

4)学习方面的准备

培养孩子学习方面的动手操作能力。本学期,结合主题模仿学校要求让幼儿学习有关的常规知识,如学习整理自己的书包、铅笔盒,爱护并看管好自己的物品,学会使用剪刀、铅笔刀、橡皮、刨铅笔和其他学习工具。

培养孩子的注意力。孩子上学后每堂课有40分钟时间,需要孩子集中注意力听讲,现在需要家长多培养孩子安静专注地做某一件事情。

培养孩子良好的学习习惯。首先,请家长配合幼儿园,让幼儿养成遵守作息时间的习惯,其次,在教学活动中让幼儿养成爱想、爱问和认真回答问题、注意倾听的习惯;再有,培养幼儿正确地握笔写字、看书、读书的习惯;在游戏、活动中加强幼儿规则意识的培养。

3. 需要家长配合的事情:作息时间

(1)为了从小培养孩子有良好生活习惯和集体意识,请家长自觉遵守我们幼儿园的作息制度,不影响我们开展正常的教学活动。

(2)早上来园时间7:50~8:00,下午2:50上课,中午要午休睡觉,下午4:10和5:00为幼儿准备绳子,鼓励孩子练习跳绳半分钟连续跳30个。举行跳绳比赛。

(3)如果你的电话号码有变动请及时告诉我们,以免有急事时联系不上。

(4)幼儿成长档案

孩子能平平安安、快快乐乐地度过每一天是我们共同的心愿,请各位家长放心,我们一定会尽全力把孩子教育好、照顾好。

同时也需要在您的鼎力下,让我们家园携手,共同促进孩子的健康发展。我们将更加努力工作,不负重托。平时有什么想法或意见请您及时跟我们交流、沟通。

优秀案例分享

家长会:教育离不开爸爸

1. 活动主题

孩子的健康成长,需要父母双方的爱和陪伴。可由于一些原因,父亲在家庭教育中缺失,尽管母亲可以承担起教育孩子的职责,但父亲教育的缺失,会影响孩子的性格成长和未来的幸福,这是母亲无法弥补的。针对父亲参与幼儿教养不足的问题,为提高父亲参与幼儿教养的意识,促进父亲承担起相应责任,特别举办"教育离不开爸爸"主题家长会。

2. 活动目标

(1)提高父亲对参与幼儿教养重要性的认识和重视程度。

(2)让父亲了解孩子在园、在家的生活情况。

(3)促进父亲参与到幼儿的教育实践。

3. 组织实施

班级:小3班。

地点:本班教室。

参加人:全体幼儿父亲。

主持人:班主任。

4. 活动准备

榜样父亲在陪伴孩子的时光里记录的视频。

家长会的PPT。

家长分组小卡片。

签到表。

家园联系表。

5. 会议程序

1)会议引入(幼儿教师发言)

各位家长,大家好!

我是咱班的主班教师,我叫×××。首先,我对大家的到来表示热烈的欢迎,并感谢你们能从百忙之中抽出时间来参加这个家长会,谢谢大家对我工作的理解和支持,也谢谢大家对孩子成长的关心,正是有了你们的信任、理解、支持,孩子的教育工作才能更好地开展。

通过和孩子们的聊天,以及平时接送孩子的情况,我们发现现在孩子的教育问题大多数家庭妈妈是主要负责人。孩子的健康成长,需要父母双方的爱和陪伴。尽管母亲可以承担起教育孩子的职责,但父亲教育的缺失,会影响孩子的性格成长和未来的幸福,这是母亲无法弥补的。所以请各位爸爸一定要认识到自己的重要性。

2)会议过程

环节1:亲子游戏先行。

以“丢手绢”的游戏进入幼儿园游戏氛围,告知家长只要进入班级就要让自己的年龄回到3~4岁,让家长放松心情,玩玩小时候都玩过的“丢手绢”游戏,待游戏终止时,教师能够适时对家长说:“刚才大家玩得都挺高兴,能够想象小孩子有多喜欢游戏,但是我们的爸爸们有哪位能够经常和孩子玩游戏呢?”游戏是小孩子生活的重要组成部分,不仅老师和妈妈应该陪孩子玩游戏,父亲也应该同孩子一起进入游戏中,好爸爸胜过好老师。我们都希望让自己的孩子健康成长,但是我们是不是付出自己的时间去陪伴过孩子成长?

环节2:分享儿童现阶段情况。

我们小朋友已经在幼儿园待了快一个学期了,小朋友们明显地已经适应幼儿园生活,刚开始,有一部分孩子不会自己吃饭、洗手、穿脱鞋子、上厕所等等,老师都手把手教他们上厕所、给他们喂饭、帮他们穿衣服。现在孩子们都有了很大的进步,大部分的孩子已经适应了幼儿园的一日生活。他们刚开始行为自由,不守纪律,生活无序。现在能按照老师要求,上课听话,积极举手发言,自己如厕,自己吃饭睡觉,活动有序,每天都能开开心心地来幼儿园,愉快地参加各项活动。

环节3:热门话题讨论“爸爸去哪儿了”。

我们都看过或者听过一档综艺节目《爸爸去哪儿》吗?我们今天要讨论的是“爸爸去哪了”,在我们中国传统文化里“父亲负责赚钱养家,母亲负责育儿持家。”似乎养育孩子的工作只属于母亲。在中国社会中,很多孩子的成长过程中都缺失爸爸的陪伴。那么孩子的成长需要爸爸的陪伴吗?爸爸们都去哪了?

我们相信所有父亲都爱孩子,那作为爸爸我们用什么样的方法在家庭教育中发挥更大的作用?我们各位爸爸应该如何陪伴孩子?

爸爸在教育过程中的作用是妈妈无法代替的,孩子会学习爸爸的一言一行,构建他们对人生的态度,了解如何爱别人。美国人布兰肯霍恩在《得不到父爱的美国》一书中认为,父亲的作用是不可替代的,得不到父爱的男孩以后更容易产生暴力倾向,受到伤害、陷入困境、在校成绩不佳。得不到父爱的女孩更容易自卑,会容易早恋。关于爸爸的话题我们要展开一次讨论。

会环节4:观看《爸爸去哪儿》片段。

片段一:做饭的时候,孩子把鸡蛋掉在地上,爸爸立刻吩咐儿子拿面巾纸清理干净,作为爸爸,他没有责怪孩子,而是告诉孩子应该怎么做。

片段二:闹钟突然响起来,吓坏了孩子,因为对未知的恐惧,孩子大哭,爸爸立刻冲进房间,将儿子搂在怀里安抚他的情绪,等弄明白是因为闹钟的声音吓哭孩子,他开始引导儿子,把闹钟变成玩具,最后闹钟成了孩子的玩具,甚至是儿子的好朋友。

片段三:孩子和爸爸在晚上休息的时候,为了让儿子体会到别人的感受,爸爸采取了言传身教的教育方式帮助孩子换位思考,他通过情景扮演组织者叫大家集合,一种反应是懒洋洋地、慢悠悠地走过去,另一种反应是立刻跑过去报道,然后爸爸问孩子如果他是组织者更喜欢哪一种反应。

环节5:模范爸爸现场演说《父亲的爱从这里开始》。

环节6:爸爸问卷。

单独带孩子外出旅游吗?

孩子爱吃哪种食物?

孩子穿多大码的衣服?

孩子的身高体重是多少?

孩子的好朋友是谁?

经常与孩子玩游戏吗?

每天和孩子聊天吗?

有没有骂过孩子?

3)会议结束——教师总结发言

再次感谢各位爸爸对这次家长会的支持,大家都非常认真地在听,也很积极地参与我们的活动,通过这些可以看到,各位爸爸还是非常重视孩子的教育的。通过本次家长会,也促进了我们与家长之间的联系与交流,我们双方拥有教育孩子的共同目标。在今后的工作中,我们就幼儿的教育问题要更多地进行交流和沟通,希望各位父亲多抽出时间陪伴孩子的成长,用实际行动参与到幼儿教养中来,也请大家一如既往地支持与配合我们的工作,谢谢大家。

6. 注意问题

能否组织好家长会,幼儿教师的专业素养和组织能力是关键,幼儿教师要积极学习专业知识,在实践中提升组织能力,促进自身专业化发展。要特别做好精心准备,在准备阶段需要注意以下问题。

1)家长会内容的准备

要列出详细的提纲,理清思路,对内容和环节进行精心设计,只有前期准备充足,实施时才能有条不紊。还要预先做好家长的联系工作,鼓励家长提出宝贵意见和建议,并重申幼儿教师的联系方式,以备家长随时联系。

2)教师自身的准备

教师要以良好的形象、和蔼的态度面对家长,教师的素质代表了幼儿园的整体形象,也会影响家长对幼儿教师的印象和信任。

3)环境的准备

环境是家长对幼儿园的第一印象,也能体现幼儿园的整体形象,因此,干净整洁的环境会让家长为幼儿园的整体印象加分。家长会可用孩子的手工作业、绘画作品来布置,既能美化教室,又能让家长看到孩子们的作品获得满足感。

4)其他准备

细节问题不能忽视,音响、话筒、家长签字笔、表、意见反馈等家长会用到的物品,在会议前一定要检查、准备好。

任务二　家园节日活动策划指导

一、布置任务

陶行知先生说:“生活即教育”,幼儿的认知、情感、行为、个性的和谐全面发展离不开实际生活中的亲身体验与经验获取。丰富多彩的节日活动为幼儿提供了亲近自然、接触社会,了解各种节日中蕴藏的文化内涵的机会,也成为幼儿园对幼儿进行优秀中华传统文化教育的契机。开展节日活动时,教师引导幼儿主动参与积极探索,并进行各项节日活动准备,营造过节的氛围,激发其好奇心和求知欲,达到潜移默化、水到渠成的目的。幼儿从中获得知识积累,在庆祝节日时则会产生情感共鸣和实践体验。让家长走进幼儿园、走进班级,参与到节日活动中,不仅能帮助家长进一步了解和支持幼儿园的日常教学工作,更能提高家长家庭教育的科学性、针对性。

根据节日的实践性特点,将各类节日分为传统节日、社会节日、固定节日。传统节日如“热热闹闹过新年”(春节)、“浓浓端午情,纯纯亲子爱”(端午节)、“月儿圆圆话中秋”(中秋节)。社会节日如“我和小树比长高”(植树节)、“劳动最光荣”(劳动节)、“小手拉大手,一起秀环保”(世界环境日)。固定节日有“书香为伴,快乐成长”(读书节)、“阳光运动,快乐宝贝”(运动节)。

如何策划家园节日活动呢?本任务以劳动节为例,学习如何策划与组织家园节日活动。

案例:

幼儿园举办了“我爱劳动”庆五一的节日活动,大2班负责打扫教室的工作,孩子们热火朝天地打扫着卫生,只有乐乐在一旁看着大家,或找借口离开,老师问乐乐为什么不和大家一起大扫除时,乐乐说“擦桌布太脏了,会弄脏我的裙子,而且每次劳动节,都要打扫卫生,一点意思也没有”听到乐乐的回答,老师认识到节日活动的开展需要深入挖掘节日的核心教育价值,幼儿劳动意识的培养更应该从家庭教育出发,从日常生活抓起。

关键问题:幼儿对节日活动失去兴趣。

二、任务分析

节日作为文化的输出形式和表现形态,蕴含着丰富的教育资源和教育价值,各类节日活动的开展不仅让幼儿在参与活动的过程中身心愉快,享受童年的欢乐,更能发挥出不同领域的教育功能。传统节日能够让幼儿体验中华民族优秀传统文化,激发爱家乡、爱祖国的情感,是幼儿德育教育的有效载体。

幼儿对节日活动的认识和理解,主要取决于教师与家长的教育理念与教育手段。帮助幼儿正确认识节日教育,对幼儿的品质培养、行为塑造、个性养成等具有重大意义。但对节日教育意义挖掘不深、理解不透,节日活动就陷入了吃、玩的误区,导致幼儿对节日失去兴趣甚至形成偏见。

案例中,乐乐认为庆祝劳动节就是打扫卫生,而且担心自己的裙子被弄脏,产生这种想法主要有以下几方面的原因。

(一)教师及家长对节日文化理解不深

教师和家长对传统节日蕴含的历史文化底蕴认识不深,难以产生认同感和自豪感,教育幼儿时也就停留在浅表阶段。比如很多爸妈只知道端午节是吃粽子、赛龙舟,并不了解端午节是为了纪念爱国诗人屈原,也有纪念伍子胥、曹娥及介子推等的说法,端午节还有采草药、挂艾草与菖蒲、拜神祭祖、洗草药水、打午时水、浸龙舟水、放纸鸢、划龙船、拴五色丝线、熏苍术、佩香囊等习俗，难以探掘其中的家国情怀。

（二）节日教育时机不恰当

家长或教师往往只有在节日当天对幼儿进行节日教育，如“母亲节”到来，老师们就会在两天内把教室布置成“母亲节”的氛围，然后把“母亲节”当天的活动安排得满满当当，邀请妈妈和幼儿一同参与亲子活动，孩子在当天玩得很尽兴，但这些仅仅停留在短暂的活动当天，“母亲节”一过，第二天又恢复了平静，这种来得快，去得也快的节日氛围，让孩子们对“母亲节”的了解仅仅止步于节日当天送妈妈礼物而已，其他的就什么都体会不到了。

（三）节日教育形式单一

活动亮点少，形式单一，缺乏创新，也是导致幼儿对节日不感兴趣的原因之一。很多老师在每年相同的节日活动都采用相同的过节方式。如“劳动节”就是打扫班级卫生，“国庆节”就是升国旗、唱国歌。活动策划、环创设计、活动素材收集不充分都会造成节日活动形式单一，节日的教育功能下降。

（四）节日体验感较低

节日活动中，教师和家长往往处于主导地位，并按照自己的喜好安排幼儿活动，幼儿缺乏主动性，对活动的兴趣不浓厚，在活动中也不能持久投入，造成节日活动体验感较低，成人的“包办”也让幼儿没有真正地理解并体会到节日的意义所在。

三、活动设计

家园节日活动设计主要由以下几个方面所组成：设计意图、活动目标、活动准备、活动过程、活动延伸、活动反思。

（一）设计意图

设计意图（设计思想）是一个活动设计的概述，主要包括活动选题的背景说明、活动内容的选择、活动对象的说明及活动设计的主要思路等内容。

在案例中，乐乐的主要问题是“对节日内涵不理解”，造成这种现象既有家长的原因，也有幼儿园活动开展的问题，所以活动设计的意图要紧紧围绕“节日背后的文化”来进行，注意活动增强幼儿的体验和获得感。

（二）活动目标

每个节日都有鲜明的主题，相应具有鲜明的教育价值。活动目标的提出要围绕节日的教育价值，结合幼儿的年龄身心发展特点，把节日的教育价值具体化为幼儿能够接受的具体目标，逐步丰富幼儿的节日认知和情感体验。目标分为指向幼儿发展和指向家长发展两个方面。在表述中应简洁清晰、准确具体，具有可操作性，目标条目不宜过多，一般为2~3条。

针对上述案例，指向家长发展的活动目标应帮助家长提高对节日文化的认知，并引导家长科学开展节日活动，设计丰富多彩的活动形式。指向幼儿发展的活动目标是帮助大班的幼儿了解劳动对人类的重要意义，树立劳动最光荣、劳动者最美丽的观念，养成不怕苦、不怕累，自觉自愿劳动的优良品质。

（三）活动准备

一个完整的节日活动需要教师进行多方面的准备，包括物质条件、环境创设，以及幼儿和家长的知识经验和心理准备等方面。乐乐不愿参加活动，我们可以从以下方面进行活动准备：

1. 家长指导幼儿做家务

节日活动的开展是固定的，家长的积极参与才是活动顺利开展的有效保障。因此，在日常生活中，就要培养幼儿热爱劳动的习惯，不能一切包办，学会放手。

2. 让幼儿真正成为节日活动的主体

要丰富幼儿的过节体验，让幼儿成为节日的主体，做到从幼儿中来，到幼儿中去。活动开展前，从环境创设、活动内容到表现形式，都让幼儿参与设计和准备，教师与幼儿一起探讨，充分调动幼儿的主观能动性，增强幼儿对活动的期待和兴趣。既浓厚了过节的氛围，又让幼儿在实际操作和亲身体验中加深对传统文化的认知。

（四）活动过程

活动过程一般包括活动导入，活动环节的基本安排、观察，活动中间环节的阶段性总结提示三个环节。教师要围绕活动目标，围绕家长和幼儿在哪些方面获得发展、通过活动解决什么问题、如何启发家长和幼儿思考、如何带动家长和幼儿参与活动、如何增强家长和幼儿的获得感、如何使用最佳的指导策略等问题设计活动过程。

针对案例所呈现的问题，在设计活动流程时，要充分考虑幼儿的兴趣，激发幼儿的好奇心，改变单调的节日庆祝方式，采取游戏互动的方式调动幼儿的积极性，激发幼儿的探索心，如劳动角色扮演、劳动大赛等。幼儿对活动内容感兴趣，便会积极参与其中，从劳动中获得了愉悦感、成就感，提升动手操作能力、解决问题的能力、合作能力及交往能力。

（五）活动延伸

一次成功的节日活动效果不会局限于活动当时，节日的教育价值也不局限于当天，而是一个长期、持续的过程，特别是在能力、习惯的培养及心理素质提高方面，活动延伸不可缺少。本案例中，教师要把教育成果生活化，请小朋友们回家帮助家长劳动，为了提高幼儿的积极性，还可以组织“我会做家务”活动，收集幼儿劳动的照片制作主题墙，让幼儿晒一晒自己的劳动成果，将进一步促进幼儿劳动教育。

（六）活动反思

活动反思是组织活动必不可少的一个重要环节，是教师对本次活动成功经验和不足的总结，要反思活动目标的达成情况，反思幼儿的参与和获得情况，反思活动过程中教育性与趣味的结合情况。通过活动反思，找到自己设计或组织过程中的优缺点，积累经验，通过调整和改进方案，使自己的专业能力获得提升。

四、注意的问题

幼儿园的工作离不开家长的理解配合和支持，观念上的认同是家园合作的前提，行动上的一致是家园合作的关键，观念上一致了才能有行动上的一致。以丰富的节日活动为契机，充分利用家长资源，让家长自愿积极地支持和参与节日活动，对构建家园教育共同体具有重要意义。在开展节日活动过程中，应注意以下问题：

（一）家园信息互通、挖掘节日内涵

家长对节日文化了解的程度，决定了支持、参与到什么程度。节日活动之前，要提前通过家园公众号、家长会、布置家庭作业等多种形式，让家长广泛了解节日主题的内涵，与幼儿一起进行节日前的准备。比如“环保日”，教师通过布置家庭作业，让家长与幼儿利用废弃物一起设计环保服装，并参加幼儿园服装才艺秀，这样，节日的意义可通过“学中做、做中学”实现。

（二）家长优质资源的开发与利用

对幼儿家长优质资源的开发与利用，不仅弥补了幼儿园教育资源的不足，而且有效促进教师、家长和幼儿的共同成长。不同家长的职业经历为节日活动的开展创设了有利条件，教师可以及时捕捉来自家长的信息，发挥家长的职业优势；在节日活动中，家长会一同参与，其中不乏有“家长老师”，要善于利用他们的智慧和经验，将节日知识毫无保留地传授给孩子们，即调动了幼儿的积极性，又增强了幼儿的自豪感，同时家长也会受孩子们的探索热情感染，将教育延伸到家庭教育中。

（三）注重评价反馈，延续节日教育价值

节日过后，及时、准确、积极、有效的活动评价，可以帮助教师重新审视活动设计的合理性、规范性，发现问题并进行调整，为下次活动积累经验，实现节日教育的良性发展。家长的反馈也会起到激励作用，家长和幼儿会将教育效果延伸到日常生活中，为幼儿的终身发展奠定了坚实的基础。

五、教育评价标准

如何评价教师节日活动组织的是否科学、规范、有效呢，请对照表3-1-2。

表3-1-2　家园节日活动策划评价标准

序号	评价内容	评 价 标 准
1	活动目标	活动目标明确，符合幼儿的身心发展特点和学习规律，能够充分挖掘节日的教育价值
2	活动设计	活动设计围绕活动目标，充分体现趣味性和教育性，活动形式新颖，受到家长幼儿喜爱
3	活动参与	注意提高幼儿参加活动的积极性，体现幼儿主体地位，家长和幼儿充分参与活动，互动效果好
4	活动层次	不同学年、不同年龄班同一节日活动设计有层次性，分别提出不同层次的要求，选择不同形式的活动
5	活动效果	能够充分挖掘节日的教育价值，并根据时代特征适度取舍，家长和幼儿节日体验好，获得感强

思考与练习

1. 单选题

（1）学雷锋纪念日属于哪一类节日活动（　　）。

A. 传统节日　　B. 社会节日　　C. 生活节日　　D. 固定节日

（2）每年3月12日是植树节，幼儿园都会带着孩子们亲身体验植树，并在节日中告诉孩子们保护环境、净化空气，防止水土流失等植树的好处，这是遵循了家园节日活动（　　）的组织原则。

A. 活动性和趣味性　　B. 层次性

C. 理性与适度性　　D. 丰富性和多样性

2. 判断题

幼儿园小、中、大班活动安排应符合他们各自的心理和生理发展特点是遵循了理性与适度性原则。（　　）

3. 多选题

国庆节是祖国妈妈的生辰，作为祖国妈妈孩子的我们，理应为她庆贺。可对于小班的晨晨来说，国庆节就是爸爸妈妈不用上班、逛街的节日，产生这种心理，通常包含哪几方面原因？（　　）。

A. 忽视节日教育的重要性　　B. 节日教育时机不恰当

C. 节日教育形式太单一　　D. 节日体验感较低

4. 方案设计题

小班幼儿社会性发展水平较低，对妈妈有强烈的依恋，他们享受着妈妈的关爱，却不理解妈妈的辛苦，也不懂得表达自己心中的爱。请设计一次母亲节活动，让幼儿能用语言、作品等方式表达出对妈妈的爱，学会表达爱意，促进自身的社会性发展。

____

____

拓展延伸

家园节日活动家长邀请函

________幼儿园________班________家长您好！

我园（班）将于____月____日____时到____时，在________开展“________”节日活动。

活动宗旨	
活动准备	
活动形式	
活动流程	

欢迎您的参加，让我们携起手来，共同促进孩子健康快乐地成长。

年　月　日

家园节日活动家长回执单

________老师您好！

我将准时参加此次节日活动。

家长对本次节日活动的意见或建议：

____

____

____

如果家长不能参加本次活动，请在下栏说明原因。

____

____

家长：

年　月　日

家园节日活动教师观察表

幼儿园　　　　班(幼儿　　人,家长　　人)

活动类型:　　　　　　　　　　　　活动主题:

观察者:　　　　　　　　　　　　　观察时间:

观察内容						备注
活动前准备	家长动员		用邀请函形式书面发出邀请 □ 家长微信群发出邀请 □ 口头发出邀请 □			
	家长回执处理方式		认真阅读家长回执,并对活动进行适宜调整 □ 简单看一下家长回执,不做处理 □			
	活动预设	活动材料	活动材料安全 □ 活动的材料种类数量充足 □	材料有序 □ 活动材料难易度适中 □		
		活动环境	活动环境安全 □ 活动场地密度适宜 □	活动区域划分明显 □ 活动区域动静分开 □		
活动过程	教师指导		面向全体 □ 关注差异 □	注重观察 □ 安排有序 □ 结束时有总结 □	适时指导 □ 互动有效 □	
	家长行为表现		与幼儿有效互动 □ 与幼儿有效合作 □ 与教师有效沟通 □	不知所措 □ 包办代替 □ 急躁训斥孩子 □		
			意犹未尽 □	不了了之 □	对活动延伸感兴趣 □	
	幼儿行为表现		与同伴互动良好 □ 与同伴、家长有效合作 □	能主动参与 □ 能解决问题 □		
			意犹未尽 □	不了了之 □	对活动延伸感兴趣 □	
活动效果评价	评价主体及形式		幼儿为主 □ 家长为主 □ 教师为主 □	讨论 □ 汇报 □ 现场评议 □ 成果展示 □		
	活动效果		激发幼儿兴趣 □ 密切家园合作 □ 增进同伴交流 □	深化节日教育的价值 □ 有助于教师了解幼儿 □ 有助于教师与家长沟通 □		
活动反思						
完善方案	预设方案			调整措施		

家园节日活动家长观察表

_________幼儿园_______班

观察者：________家长　　　　　　观察时间：________

<table>
<tr><td>活动类型</td><td></td><td>活动主题</td><td></td></tr>
<tr><td colspan="4">观察内容</td></tr>
<tr><td rowspan="2">活动前</td><td>兴趣</td><td colspan="2">非常期待 □
没有兴趣 □</td></tr>
<tr><td>对活动认知</td><td colspan="2">基本能听清活动的要求 □
能专注理解活动的要求 □</td></tr>
<tr><td rowspan="2">活动中</td><td>幼儿与家长、同伴的合作</td><td colspan="2">幼儿乐意与家长一起活动 □
幼儿乐意与同伴或其他家长一起活动 □
幼儿在家长和教师要求下，能与家长或同伴一起完成活动 □
幼儿在活动中能够愉快地接受分配任务，并能按要求顺利开展活动 □</td></tr>
<tr><td>幼儿遇到困难时的态度</td><td colspan="2">积极应对，有信心 □
在家长知道协助下解决 □
主动找老师帮助 □
无所适从 □
放弃 □</td></tr>
<tr><td>活动结束</td><td colspan="3">意犹未尽 □
不了了之 □
对活动延伸感兴趣 □</td></tr>
</table>

优秀案例分享

劳动节

1. 活动目标

(1)知道劳动节的由来。了解劳动对人类的重要意义。

(2)学会劳动技能，日常能做力所能及的劳动。

(3)体验劳动的艰辛，能够尊重劳动、尊重劳动者，爱惜劳动成果。

(4)通过参加节日环境创设，感受参与劳动节庆祝活动的乐趣。

(5)形成爱劳动、自觉自愿参加劳动的观念和品质。

2. 活动准备

(1)布置幼儿利用假日去附近的理发店理发、到超市购物等，了解人民的劳动。挂历一本、幼儿带家长工作照一至两张。

(2)工人、农民、医生、教师、科技人员、司售人员、服务人员的工作录像片段。

3. 活动过程

环节1：认识“五一”国际劳动节。

教师请幼儿认读5月1日，提示幼儿想一想为什么字是红色的？是什么节日？谁的节日？讲解“五一”节的来历，告诉幼儿这是全世界劳动、工作的人都过的一个节日。

环节 2：认识谁是劳动的人，他都做哪些工作。

(1)观看录像片段，边看边穿插提问和引导，启发幼儿理解劳动者是用自己的劳动为大家服务的人。

(2)谈谈自己身边的劳动者。请幼儿分成若干小组拿出家人的照片说一说他们都是干什么的。教师引导孩子们发现他们的工作和小朋友生活的关系，引导幼儿尊重他。

(3)请幼儿回忆参观理发店、超市的情景，进一步了解这些地方的工作人员劳动的辛苦教师提问：你在这些地方看到了些什么？他们是怎样劳动的？

(4)让幼儿互相介绍自己的爸爸妈妈是做什么工作的。

环节 3：劳动有什么用，如果大家都不劳动会怎么样？

提问：理发店的叔叔阿姨都干些什么事？没有他们会怎样？超市里叔叔阿姨每天站着累吗？既然累为什么还要干？你觉得他们的心情怎样？为什么？

组织幼儿讨论，让幼儿认识到，只有劳动我们才有充足的食物、干净的环境、便捷的生活，让幼儿认识到自己的事要自己干。

环节 4：劳动实践。

带领幼儿参加幼儿园公益劳动(捡石子、捡树叶、扫地)，并观察劳动后场地的整洁，让幼儿进一步体验劳动的辛苦和快乐。

环节 5：谁最光荣？

师生共同布置“劳动的人最光荣”的展览，将家长工作照装饰后张贴在上面。

4. 活动延伸

让幼儿回家做一次力所能及的家务劳动。

5. 活动反思

通过此活动，让孩子走出幼儿园，走向社会，可以让幼儿了解和懂得尊重他人的劳动，尤其是父母为自己所做的事情，培养孩子们从小就懂得关心他们，关心身边的事，从而提高孩子的责任感与社会适应能力。

任务三　家长学校活动策划指导

一、布置任务

家长学校是指以家长为主要教育对象，以传授家庭教育的科学知识和方法为主要内容的一种业余教育形式。成立家长学校，是学校把家庭教育指导工作纳入规范化、制度化轨道的一项举措，是学校作为明确的教育组织者，有计划、有目的地对家长的教育理念、教育方法、教育知识等进行提升的教育活动，目的是使家长拥有良好的家庭教育素质和适宜的教育行为①，与学校教育同步。

幼儿园成立家长学校，对幼儿家长进行系统化、制度化的系列教育活动，帮助家长丰富幼儿家庭教育的科学知识和方法，树立正确的儿童观、教育观，提升家长科学育儿能力和水平，增进亲子

① 李志芳. 幼儿园家长学校活动指导[M]. 北京：中国轻工业出版社，2015：23-33.

关系,促进家庭和谐,也是幼儿园进一步加强家园沟通,构建家园教育共同体的重要途径。

家长学校的内容可以涵盖幼儿教育的方方面面,主要为幼儿教育理念、饮食与营养、卫生与保健、科学育儿的技能与方法等方面。在幼儿教育理念方面,着重于促使家长形成正确的儿童观和教育观,了解幼儿身心发展的特征与规律;在饮食与营养方面,包括了幼儿身体所需营养素,各种营养素的摄取、配比等;在卫生与保健方面,包括幼儿卫生习惯的养成、疾病的预防以及急救知识的学习等;在科学育儿的技能与方法方面,侧重于对不同年龄段幼儿典型问题的预防和解决以及幼儿学习品质的培养等。

如何策划家长学校活动呢?本任务将从科学育儿的技能与方法出发,针对幼儿入园的不适应现象策划一期家长学校活动。

案例:

苗苗刚上幼儿园没几天,最近回到家之后情绪特别差,动不动就和家长闹情绪、发脾气,早上去幼儿园也是各种不愿意,每次都在班级门口抱着妈妈不肯撒手,说想自己一个人在家里玩,幼儿园人太多了,都不怎么认识,还特别吵,每次都需要父母哄好长时间。老师也说苗苗在幼儿园里不怎么参与集体活动,总是自己一个人待在座位上。对于这样的情况父母非常无奈,不知道该怎样解决。

关键问题:幼儿入园不适应。

二、任务分析

良好的幼儿家庭教育,不仅要求父母具备科学的幼儿教育观念,掌握科学的理论知识,同时还要掌握科学的育儿方法。幼儿在不同年龄阶段都会呈现出不同的问题,需要家长对这些问题产生的原因进行分析,有效预防或合理应对解决。

案例中苗苗的表现是典型的幼儿入园不适应,存在于小班幼儿刚入园阶段。主要有以下几方面的原因:

(一)缺乏安全感、产生分离焦虑

分离焦虑是指幼儿因与自己依赖的人分离产生恐惧、紧张、不安的情绪。小班幼儿在刚刚进入幼儿园时都会处于一个极度缺乏安全的状态,面临着从熟悉的环境到陌生环境的过渡期。入园前,幼儿的生活环境主要是家人,如果幼儿对家人和家庭环境依赖性强,进入新环境、与陌生人相处就会导致幼儿产生分离焦虑。在案例中。苗苗不认识小伙伴,对幼儿园环境不喜欢,情绪不稳定,这些都是分离焦虑的表现。

(二)无法适应幼儿园的环境

苗苗在家里一直是自己玩,所以家里的环境相对来说安静一点。而且家里的玩具资源都是自己一个人享用,相对来说比较自由,能够满足自己的需要。但是幼儿园里的小朋友多,玩具也不能独享,幼儿吵闹多一点,这些与家庭环境存在较大差别,使苗苗对幼儿园的环境产生不适应。

(三)难以建立新的人际关系

对于幼儿来说,入园是他们离开家庭进入社会的第一步,对于幼儿的社会适应能力,人际交往能力都是一个很大的考验。良好的师幼关系以及同伴关系能够给幼儿带来积极的体验,从而产生新的依恋以及归属感。每个幼儿从熟悉的环境到陌生的环境,生活、学习、活动都需要一个适应的过程,与老师或同伴建立起比较亲密的关系之后,分离焦虑就会缓解。但是,案例中苗苗在幼儿园里不爱参与集体活动，不主动与小朋友交往，很难建立新的依恋。

三、活动设计

幼儿出现入园不适应的现象，家长在幼儿入园前缺乏相应的教育引导是重要因素，有必要针对新入园幼儿的家长举办一期家长学校，帮助家长掌握科学的理念和方法，帮助幼儿平稳度过入园适应期。

当前，家长学校活动多以讲座或者专题报告的形式进行，这种形式可以系统地向家长普及科学的家庭教育的知识与方法，进一步提高家庭教育的质量，提升家庭教育的水平。根据教育目标和内容的不同，家长学校还可以采用多种多样的活动形式。

家长学校活动的设计一般包括以下步骤：明确针对问题、确定活动主题、明确活动目标，做好活动准备、设计活动流程以及家长学习反馈。

（一）明确针对问题

家长的时间很宝贵，每次活动只有让家长有获得感，家长们才能积极参加。家长学校活动要精心设计，要坚持有问题、有主题、有目的、有成果原则，明确活动针对的问题是前提和关键。问题一般来源于两个方面，一种就是来源于家长思想上的困惑，急需补充相关科学知识与方法；另一种来源于育儿实践中的困难，急需找到有效的解决策略。针对苗苗入园不适应的现象，家长既需要补充相关知识，更希望找到有效方法，帮助苗苗爱上幼儿园。需要注意的是，家长学校是一次集体活动，针对的问题要有普遍性和代表性，能够解决大多数家长面临的问题。

（二）确定活动主题

主题是幼儿园在进行某一次家长学校活动时的主旨，是贯穿活动全过程的主线，从主题中能够清晰地反映活动的目的和内容。主题也是制定活动目标、确定活动内容的关键。在案例中，针对苗苗的“入园不适应”问题，活动主题可以确定为“帮助孩子度过入园适应期”。

（三）明确活动目标

活动目标就是幼儿园进行某次家长学校活动的目的以及所要达到的预期结果，活动目标要针对活动问题，是家长学校活动内容和流程的指向和归属。上述案例的活动目标可以确定为：让家长了解孩子入园不适应的表现，了解问题产生的原因，掌握问题解决的一般方法，能够有针对性地制定适宜策略，帮助幼儿度过入园适应期。

（四）做好活动准备

在确定了以上内容之后就要进行活动之前的准备工作。一方面需要做好活动的宣传和邀请工作，利用公众号平台或者宣传栏进行活动宣传，给家长发邀请函前确定家长的参与情况；另一方面要做好活动内容的收集与整理，为活动做好相应的知识准备、环境准备以及必要的物质准备。另外幼儿园还可以结合实际，提前邀请相关的嘉宾参加活动。

（五）设计活动流程

以讲座或专题报告为主的家长学校活动，活动流程比较简单。在活动开始部分一般要组织家长进行签到，介绍专题内容以及主讲人。之后就开始进行本次家长学校活动的专题讲解，主要包括导入以及相关知识点讲解。在活动的过程中可以和家长进行互动和交流，设置答疑环节等。

针对案例所呈现的问题，在设计活动流程时，讲授环节之后，可以增加案例分析环节，让家长掌握具体可行的操作策略，以便在教育实践中应用。切忌讲一些空泛的理论，家长们在实践中不会转化、不会应用。

（六）家长学习反馈

家长学习反馈就是在进行完活动之后，收集家长的学习感悟和体会，收集家长们的教育实践应用情况，观察幼儿的状态变化情况，对教育策略动态调整，以改善和彻底解决幼儿存在的问题为终点。

四、注意的问题

（一）未雨绸缪、提前组织

幼儿入园不适应的问题在每一年幼儿刚入园的时候都会出现，所以需要幼儿园运用前瞻性的眼光去看待这一问题，在每一届幼儿入园之前提前开展这一活动。这样可以让幼儿和家长提前参观幼儿园，了解幼儿园的生活常规，对于幼儿园的环境有一个初步的认识，帮助幼儿产生入园的期待感。引导家长日常注重培养幼儿的生活自理能力，为入园做好准备。

（二）家园合作、共筑围墙

帮助幼儿平稳度过入园适应期不是家长单方面的事情，需要幼儿园和家庭之间的互相合作。因此，不仅在家庭方面做好幼儿入园的相应准备，幼儿园也应该做出相应的准备，提供幼儿喜欢的物质环境和精神环境，让幼儿喜欢上幼儿园，更好地度过入园适应期。幼儿园教师不仅要在环境设置和课程设置上涵盖这部分内容，同时还要多给幼儿宽容和关心，让幼儿体会到老师对自己的关爱。

（三）利用平台、传递信息

实践中，往往家长们工作繁忙，来不及甚至没有时间参加家长学校活动。幼儿园需要进行多方面的考虑与准备，可以对幼儿入园不适应的相关知识进行总结整理，通过幼儿园公众号、展示橱窗、微信群等多种方式传送给家长。

五、教育评价标准

如何评价幼儿园的家长学校活动组织得是否科学规范呢？请参照表3-1-3。

表3-1-3　幼儿家长学校活动评价标准

序号	评价内容	评 价 标 准
1	学校设立	幼儿园要按照“幼儿入园、家长入校，幼儿离园、家长结业”的总体要求，积极创办家长学校。家长学校的校长由幼儿园园长兼任
2	活动组织	家长学校要做到“四落实”和“四有”。“四落实”：组织落实、计划落实 、师资落实、时间落实。“四有”：有教材、有笔记、有作业、有考核
3	活动形式	家长学校要遵循分散学习与集中辅导相结合的原则。以自学为主，注重实效。集中辅导每半年1次，每次集中辅导期间都必须安排家长介绍经验和座谈交流，要评选表彰优秀学员
4	资料留存	家长学校要建有学籍档案和业务管理档案
5	活动效果	家长要按时到园参加学习，积极参加家长学校的各项活动。努力学习科学理论，坚持理论与实际相结合，积极探索幼儿教育规律
6	家园共育	家长要及时与幼儿园交流幼儿的生活、学习等各方面情况，积极配合教师共同做好幼儿保教工作

思考与练习

1. 单选题

(1)“培养幼儿的抗挫折能力”属于家长学校活动的(　　)方面内容。

A. 幼儿教育理念　　B. 饮食与营养

C. 卫生与保健　　D. 科学育儿的技能与方法

(2)以下不属于家长学校活动策划时设计的步骤是(　　)。

A. 确定活动主题　　B. 表明活动缘由

C. 严格考勤制度　　D. 家长学习反馈

(3)“赏识教育”属于家长学校活动的(　　)方面内容。

A. 幼儿教育理念　　B. 饮食与营养

C. 卫生与保健　　D. 科学育儿的技能与方法

2. 判断题

家长学校活动就是形式主义,浪费家长时间。(　　)

3. 方案设计题

请以“关注食品安全,保障幼儿健康成长”为主题,设计一次幼儿园家长学校活动。

拓展延伸

家长学校应注意的问题

1. 构建全方面、多维度的课程体系,满足家长的不同需求

家长学校的课程内容涵盖了很多方面,不同孩子存在的问题也不尽相同,所以不同家长的实际需求也是不一样的,家长学校是家长接受家庭教育指导的重要途径,但是很多家长学校的课程设置缺乏科学性,家长参与性不高。所以,我们在设置家长学校课程时,要构建全方位、多维度的课程体系,开展“菜单式”的课程,满足不同家长的需求。

2. 根据年龄段,合理设置课程内容

幼儿年龄阶段不同,呈现的问题也不同。比如,刚入园的幼儿,可能存在分离焦虑、入园不适应的现象;中班幼儿道德感初步发展,矛盾和冲突行为增加;大班幼儿即将迈入小学,面临着幼小衔接的问题。所以幼儿园在设置家长学校课程内容的时候,要根据幼儿的年龄段,设置有针对性的内容。

3. 丰富活动组织形式,提高家长参与兴趣

在进行家长学校活动时,我们不能只局限于让家长听这一种形式,还应该融合其他的形式,比如看、说、做等。看就是让家长通过现场观摩、观看视频等形式进一步深入、全面地了解。说就是给予家长交流和反馈的机会,围绕某一问题进行讨论、交流、分享,活跃家长的气氛。做就是幼儿园给家长提供实践操作的机会,让家长进一步掌握和运用相应的知识和技能。通过丰富多彩的形式,能够调动家长积极性,提高家长参与的兴趣,保证学习质量。

4. 拓宽活动方式，线上线下有机结合

当今社会飞速发展，人们的生活节奏普遍过快，幼儿家长工作繁忙，自己的行程和家长学校活动时间冲突、来不及或者没有时间参与活动，这样的情况普遍存在。互联网的发展为家长学校活动的实施提供了新的路径，能够满足不同家长的学习需求。所以幼儿园要拓宽活动方式，将线上和线下有机结合，同步直播、录播，通过园所公众平台传递。另外还可以通过幼儿园微信公众号、家长微信群、美篇等形式开展家长学校活动。

5. 挖掘教育资源，发挥家长教育作用

《幼儿园教育指导纲要》中指出，幼儿园应该与家庭密切合作，充分利用家长资源，共同为幼儿的发展创造良好的条件。家长们不同的知识与职业背景是幼儿园有效教育资源的来源之一，所以幼儿园可以邀请具有这样知识和职业背景的家长来参与幼儿园的家长学校活动。比如在饮食的营养与平衡、传染病的预防这些活动当中，我们就可以充分挖掘家长的教育资源，看看有哪些幼儿家长的工作是与之相关的，具备相应的专业知识与技能，邀请他们作为嘉宾，与幼儿园一起策划和组织相应的家长学校活动。

优秀案例分享

快乐童年，游戏伴我行

1. 活动缘由

游戏是幼儿的基本活动，能够促进幼儿各方面的发展，是幼儿生活的主要内容。父母是孩子的第一任老师，父母的教育观念以及教育方式会关系到幼儿的成长。在现实生活当中，家长普遍存在着一种观念，就是将游戏和学习看作是不同的事情，注重幼儿的学习而忽视了游戏对于幼儿发展的作用。为了让家长正确认识幼儿游戏，了解游戏对于幼儿发展的价值，所以幼儿园进行了本次家长学校活动。

2. 活动目标

(1) 了解幼儿游戏的作用和类型。

(2) 知道游戏对于幼儿发展的价值。

(3) 掌握指导幼儿游戏的方法，能够在实践中开展亲子游戏。

3. 活动准备

(1) 通过园所橱窗、园所公众号等方式发放活动海报，邀请家长积极参与活动。

(2) 准备相关资料，制作多媒体课件。

(3) 观看幼儿游戏的相关视频。

4. 活动流程

环节1：活动引入。

(1) 组织家长签到入场。

(2) 主持人开场，介绍活动主题以及讲解人员信息。

(3) 利用游戏互动，调动家长的兴趣，引出活动的主题。

教师：刚才家长们在游戏活动的过程中非常开心，其实幼儿何尝不是呢？在我们的生活中，有些家长对于幼儿游戏活动的认识存在一些误区，有些家长不知道如何指导幼儿游戏，那接下来我们一起来学习以下幼儿游戏的相关内容。

环节2:出示课件,引出课题内容。

(1)通过提问家长、讨论总结的方式了解什么是幼儿游戏。通过提问"你对幼儿游戏的看法?",引起家长之间的讨论。知道游戏是幼儿自主、自愿、自由、快乐的活动。幼儿在这一活动中能够运用一定的知识和语言,借助各种物品,通过身体和心智的活动,反映并探索周围世界的一种活动。

(2)观看幼儿游戏视频,结合教师实例讲述,知道游戏对幼儿发展的价值。《幼儿园教育指导纲要》明确提出,幼儿园要"以游戏为基本活动"。游戏符合孩子的年龄特点,游戏能够满足幼儿的需求,是孩子最喜欢的一种活动,是孩子成长的伙伴。

游戏的教育价值有:适合幼儿好奇、好动的发展特点;可以促进幼儿认知、社会性、情感的发展;可以促进幼儿身体的成长和发展。

(3)指出家长在幼儿游戏中存在的问题,并提出相应的指导建议。

成人存在问题有:干涉幼儿游戏的进行;在不合适的时机参与幼儿游戏;不知道如何指导幼儿游戏。

对其的指导建议如下:

第一,尊重孩子的游戏,给予幼儿充分的游戏时间。给予幼儿游戏的自主性,允许幼儿按照自己的想法开展游戏。比如不以家长的观念价值来衡量幼儿,不能因为幼儿游戏不符合自己的想法和实际生活经验而随便干涉、制止幼儿游戏。

第二,观察、引导孩子的游戏。在幼儿不知道如何进行游戏或者游戏遇到困难,无法进行不下去的时候对幼儿进行指导。比如幼儿在搭建积木的过程中很散漫,不知道搭建什么主题,家长就可以进一步提示、引导,是幼儿明确游戏的方向。

第三,合理参与孩子的游戏。家长应该在不干扰幼儿游戏的顺利进行、不限制幼儿想象力的发挥,不破坏幼儿游戏自主性的前提下参与幼儿游戏,与孩子交流游戏的体验。

5. 活动总结

教师:游戏对孩子的发展具有重要价值,是幼儿生活的主要内容。作为新时代的父母,我们要树立正确教育观,正确看待幼儿游戏活动,不要因为自己有观念的误区而使孩子失去最好的学习机会。

6. 家长反馈

在活动结束后收集家长的感受和体会,以便诊断活动是否满足家长需求,达到活动目的。同时也能改进以后的活动使其更能够贴近家长的需要。

项目二　家园沟通策划指导

家庭和幼儿园是担负幼儿教育任务的两个主体,只有双方合作构建同步教育环境,形成一致教育策略,才能强化教育效果。有效沟通能够拉近彼此的距离,起到密切关系、增进感情的作用,使家园形成教育共同体。如何促进家园的有效沟通呢?

任务一　家庭访问活动策划指导

一、布置任务

家庭访问是教师进行个别家庭教育指导的一种常用的有效方式,简称家访。家访主要是解决个别的家庭教育问题，一般是与家长沟通情况，密切关系，商讨共同教育儿童的方式方法。这种指导方法比较灵活机动，便于进行，而且指导得比较具体，更具有针对性。有的幼儿教师认为，现在小朋友上幼儿园都有家长接送，教师天天与家长见面，没必要进行家访了，这是由于对家访的作用认识不深入产生的认识误区。

家访对幼儿的健康发展有着重要作用。首先，教师掌握幼儿在园表现但并不了解幼儿在家的表现，家访有助于更详细、全面地了解幼儿，或者探访幼儿问题行为产生的原因，以便制定幼儿园和家庭协同教育策略。其次，家访有助于增进教师与家长更深入地沟通交流，幼儿来园和离园时家长比较集中，教师与家长只能简单交流，无法就某一问题深入探讨，家访时可以通过深入沟通，建立教师与家长的密切合作关系，增强相互信任，统一教育观念，达到家园协同一致。再次，家访是检阅教师工作成效的一种独特方式，教师的教育策略是否有效促进了幼儿全面发展，幼儿问题行为是否得到有效解决，家长对教师日常工作是否认可，家长对幼儿园工作还有哪些需求，都可以通过家访获得相关信息。

按照访问目的分类，家访可分为普通访问、问题幼儿访问、宣传性访问、沟通性访问。如何策划家访活动呢？本任务以普通访问为例学习。

案例：

新学期开始的第三天中午，小班走失了一个幼儿。全园老师到处找，直到下午两点，才知道孩子出现在他母亲工作单位的门口。原来他在家中很受宠爱，不习惯集体生活，不肯来园，妈妈就许诺中午接他去吃饭。结果妈妈没有来，而且妈妈也没把这件事告诉老师。中午，孩子呆呆地坐着一直不肯吃饭，后来在老师劝喂下，勉强吃了几口。午睡老师交接班时一不留神，他就跟着别人出了幼儿园。幼儿家长的工作单位就在幼儿园附近，他要自己去找妈妈。

任务：教师加强对新入园幼儿的了解。

二、任务分析

孩子走失的原因是多方面的，教师没有照顾到幼儿的情绪，没有看护好幼儿，家长对幼儿不现实的许诺，归根结底是教师对新入园幼儿的特殊情绪、家庭情况、生活习惯、个性特点等情况不了解。教师新接手一个班级的时候，幼儿的情况各异，遇到的问题多种多样，需要教师尽快熟悉情况，与幼儿及其家长建立亲密关系，及时进行家访是一种有效手段。

三、活动设计

家访的设计一般包括以下步骤：确定家访目的、确定家访主题、制定访谈提纲与访谈记录表、确定家访人员与家访时间、确定家访对象与人数、制定备选方案。

（一）确定家访目的

普通访问一般是针对刚入园的幼儿进行的，是在没有特殊情况下对幼儿家庭进行的一般访问，访问的内容是了解幼儿的家庭情况、生活习惯、个性特点等等。访问的目的是通过家访快速全面地掌握信息，便于教师在保教工作中有针对性地进行教育与关注。

如果是问题幼儿访问，一般是针对有特殊问题的幼儿或者有某种问题行为的幼儿进行的，比如幼儿有明显的攻击性行为或口吃、恋物、多动症等问题。访问的目的是及时与家长取得联系，查找问题产生的原因，以便制定家园共育策略，幼儿园和家庭同步教育，帮助幼儿解决或矫正问题。

如果是宣传性家访，访问的内容是向家长宣传幼儿园的教育理念、科学育儿知识，普及相关政策，如《幼儿园教育指导纲要》《3－6岁儿童学习与发展指南》，以及新发布的关于幼儿园的新政策等；或者近期有流行病，幼儿园需要向家长普及防疫政策，如水痘、流感、新型冠状病毒的防控知识等。访问的目的是让家长丰富育儿知识，了解相关政策，增进对幼儿园的了解与信任，更好地支持配合幼儿园工作。

如果是沟通性访问，内容是与家长进行深入的沟通，可以是幼儿当下已经暴露的小问题，也可以是对幼儿当前的发展交换意见。访问的目的是加强互相了解，增进情感联络，建立密切的家园关系。

（二）确定家访主题

家访主题可以帮助访问者和被访问者进一步明确访问目的。家访前需要确定家访主题，可以由本班教师商讨或者配合幼儿园整体工作制定，如“走进幼儿、了解幼儿”“了解幼儿要从幼儿的家庭开始”等。

（三）制定访谈提纲与访谈记录表

根据家访需要了解的问题和准备解决的问题列出访谈提纲，以免遗漏内容，见表3-2-1。制作访谈记录表，见表3-2-2，将访谈到的重要信息或值得留意的问题进行有效记录，以便随时查看参考。

表3-2-1　普通家访访谈提纲模板

访谈日期：
访谈对象：
访谈主题：
访谈内容： 问题1： 问题2： ……

表3-2-2　普通家访访谈记录模板

访谈日期：	访谈地点：
访谈对象：	访谈者：
访谈主题：	
家访过程记录：	
重点问题摘录： 问题1： 问题2：	

（四）确定家访人员与家访时间

家访人员一般可以是班级的主班教师或配班教师，园领导或园所的行政人员也可以共同参与。

家访时间可以定为当天离园后，也可以定为周六日等时间，可以较为集中，也可分散进行。一定要和家长提前联系，避免错过时间或者让家长有措手不及的感觉。

（五）确定家访对象与人数

选择受访问对象或代表性对象，如果是一般访问、宣传性访问、沟通性访问，尽可能扩大访问覆盖面。

（六）制定备选方案

做好家访的准备，联系好家长并制定好备选方案。

四、注意的问题

如果说家长是孩子的第一位老师，家庭是孩子的第一所学校，那么新生入户家访就是联系幼儿园与家庭的第一座桥梁，它在孩子、教师和家庭之间建立起的将是一架互相了解的桥梁。

（一）幼儿园新生入园家庭访问技巧

(1)家庭访问前的准备工作要做好。结合幼儿初次入园表现，认真阅读幼儿相关资料；规划好家访区域，节省用时；与家长提前取得联系，取得配合并约好时间；整理好需要携带的材料。

(2)访问提纲要全面而简洁。教师要思考想要获得的主要信息，提纲能够覆盖所有获得的主要信息，以免出现遗漏，频繁的家访会给家长造成困扰。提纲还要尽可能简洁，题目太多会使得家访忙乱，重点内容不突出、不深入会使家访的效果打折扣。

（二）普通访问提纲示例

(1)孩子平时对什么比较感兴趣？

(2)孩子有没有什么过敏的食物，有何疾病史？

(3)孩子在家的作息是怎样的？

(4)孩子的自理能力如何？

(5)孩子的性格怎样？

(6)家长对孩子的期望是怎样的？

（三）家庭访问后的内容分析

要根据幼儿分别记录，建立幼儿档案，做到一幼一档。家访记录尽可能详细，还要做认识分析，以便日后查阅。

五、家庭访问评价指标

如何评价家庭访问活动的效果呢？请对照表 3-2-3。

表 3-2-3　家访访问活动效果评价标准

评价内容	评价指标	是	否
教师行为	语言表达清晰		
	获得家长支持		
	与家长有效沟通		
	与幼儿有效沟通		
	获得所需要的信息		
家长行为	配合度高		
	能理解教师所提问题		
	能够重新审视自己的教育方式		
幼儿行为	能理解老师所提问题		
	积极配合		
是否达到访问目的	是/否		

思考与练习

1. 填空题

家庭访问是教师进行(　　)的一种常用的有效方式，简称家访。主要是解决儿童、青少年的个别的家庭教育问题。

2. 多选题

(1)一般什么情况下教师会选择家访？(　　)。

A. 新生入园　　B. 幼儿打架　　C. 换季　　D. 儿童节前

(2)家庭访问前的准备工作有哪些？(　　)。

A. 结合幼儿初次入园表现，认真阅读幼儿相关资料

B. 规划好家访区域，节省用时

C. 与家长提前取得联系，取得配合并约好时间

D. 整理好需要携带的材料

3. 判断题

(1)家访有助于增进教师与家长的情感交流。　　(　　)

(2)一般正常幼儿用不着家访。　　(　　)

拓展延伸

家庭访问时应注意的问题①

1. 教师要挑选好家访所穿着的服装

教师的服装颜色不宜过于鲜艳，款式不宜过于新潮，最好穿着较端正的职业装，并略施淡妆，精神焕发、气质优雅地前去家访，在家长和幼儿心目中树立起受人尊敬的人民教师的第一印象。

2. 到家长家中进入室内前要脱鞋或自备鞋套

此项内容主要是为了防止因卫生习惯引发不必要的摩擦，教师作为家庭的外来人员，即使家长不说，教师也应该提前做好准备。

3. 教师多倾听、家长多表达

家访之所以进行是因为教师对于幼儿有了解的必要，因此，倾听会获得更多信息，不建议教师喋喋不休，给家长表达的机会。

4. 对相关内容及时进行记录

家访过程中，为避免关键信息的丢失与遗忘，教师需要对重要的信息进行记录，可以在征求家长的意见后使用手机、录音笔等电子设备，也可以使用笔记本等方式进行记录，便于后期进行整理，得出结论。

5. 与家长分析问题时要有理有据

充分的理论依据是教师同家长进行沟通的敲门砖，一个教师的理论素养是作为教师必备的，

---

① 刘书靖. 幼儿园新生入户家访的技巧[J]. 学苑教育. 2018(3):82-83.

当然也不是让教师在家长面前"卖弄"文采,但适时的讲理论能够增加家长对教师的信任。因此,教师在进行家访时应当采用经验结合理论的方式,有理有据地分析问题,获得家长的信任。

6. 教师应指导科学育儿

很多家长缺乏育儿经验和方法,迫切需要专业人士指导。教师家访时要尽可能掌握家长需求,为家长提出切实可行的教育策略。例如,幼儿"入园的适应性"问题是教师较为头疼的问题,同样也是家长最为担心的问题,因此,教师需与家长共同商讨能够让幼儿尽快适应幼儿园的策略,并保持教育的一致性,真正地实现家园合作。

7. 有调查问卷等内容需辅导家长有效完成

对于问卷性的内容,教师有责任帮助家长完成。

8. 不触碰师德底线、不接受家长的一切馈赠

高尚的师德修养是好教师的基本素质,德高为师。教师的道德是教师的灵魂,教师的工作是神圣的,也是艰苦的,但绝不能接受家长的礼品、礼金等,守好底线。

优秀案例分享

防疫宣传家访

家访时间:11 月 15 日

家访对象:欢欢

家访教师:小王老师

情况介绍:近期是流感的高发季节,很多孩子因感染流感而回家隔离治疗,在园期间要求幼儿饭前便后、活动前后都必须洗手。但是,教师发现,欢欢总是不喜欢洗手,活动后、方便后还是不爱洗手,要老师叮嘱好几遍,或者要老师亲自哄着才去。有时候早上来上学的时候,欢欢的小手也是脏兮兮的。小王老师很是担忧,决定开展一次家访。

家访过程:教师与家长提前联系好,在 11 月 15 日进行了本次宣传性家访活动。教师带好口罩,消毒完毕后与家长进行沟通,教师发现孩子是奶奶带的,奶奶平时接送孩子,给孩子洗衣做饭是主要"工作",只要孩子不饿、不冷,奶奶便认为把孩子照顾好了。教师了解情况后积极向奶奶讲解了以下内容:常见病毒的名称、性质、常发场所;感染病毒后的常见症状;常见病毒的主要传播方式;常见病毒的预防与治疗方式;并说明了幼儿园已采取的预防措施,与家庭预防措施的建议。奶奶听了后恍然大悟,觉得庆幸,还好老师宣传得及时,奶奶对小王老师再三表示了感谢。

本次家访结束后,奶奶非常注意,欢欢再也没有出现过"脏兮兮的小手",自己竟然也主动劝说其他小朋友们要及时洗手。

任务二　现代信息技术沟通指导

一、布置任务

家庭和幼儿园是幼儿教育的两个主体,家园沟通十分重要且十分必要,家庭和幼儿园需要保持教育策略的一致性,共同构建幼儿成长环境,实现家园共育。

家园沟通仅有日常的交流远远不够。早上孩子来园的时间比较集中,教师忙于接待幼儿,家长则忙于赶点上班,下午幼儿统一时间离园,家长多,孩子也多,教师也忙不过来。家长和教师很难有深入交流的机会。信息时代的到来，为我们更好地探索家园沟通新模式带来了契机，信息技术丰富了家园联系的形式，促进了家园互动、家家互动，使家长能更加直接、快捷地了解孩子在幼儿园的行为表现，了解幼儿教育发展动态，学习探讨科学育儿方法。

如何有效利用现代信息技术促进家园深入沟通呢？本任务以微信为例学习利用现代信息技术深化家园沟通策略。

案例：

小班孩子高乐，入园第一天就哭个不停，无论教师怎么哄都无济于事。一连几天都是如此，使其他幼儿的情绪也受到影响，家长也焦虑不安。针对孩子的特殊表现，教师通过微信和家长交流，了解到孩子特别爱看《熊出没》动画片。教师抓住孩子的喜好，在幼儿园播放《熊出没》动画片。几天下来，孩子的焦虑感减轻很多，虽然对妈妈依依不舍，但已经不哭闹了。接下来的日子，教师把高乐在园的一日生活拍了下来，发送给家长，家长看到孩子在园开心快乐的表现，一颗悬着的心终于放了下来。

二、任务分析

现代信息技术为家园沟通打开了一条新的渠道，特别是微信群、钉钉、公众微信号、腾讯会议、幼儿园网站，以及乐贝通、贝聊、智慧树、“幼儿云”“云中校车”、优蓓通等各种家校沟通平台，使家园之间的实时沟通、深入沟通以及突破单一语言交流的方式能为可能。教师利用信息化手段向家长发送幼儿在园的表现，同时，向家长介绍克服孩子入园焦虑的策略。案例中高乐的教师就是通过微信与家长进行了深入沟通，找到了帮助高乐摆脱入园焦虑的策略，并通过视频传送缓解了家长的焦虑。

微信已经成为我们日常生活沟通交流的平台，在家园沟通中，微信群也成为一条实时便捷的纽带。可以在微信群中为家长发送各种温馨提示，如气温升降较明显时，提醒家长及时给孩子增减衣服，或天气太热时，注意在孩子的书包里多塞一条毛巾；每个月末及时告诉家长为孩子换洗被子和枕头；有传染病流行时，提醒家长给孩子多喝水、勤洗手，少带孩子到公共场所。还可以通过微信群向家长传送幼儿在园活动的照片、视频，让家长了解幼儿表现，使家长全方位地了解幼儿成长状况。

腾讯会议、钉钉等也为家园共育和家庭教育指导提供了便利，在幼儿不能来园的情况下，也可以与幼儿互动，在家长不能进园的情况下，也可以线上学习研讨。此外，幼儿园网站、微信公众号等也成为幼儿园对家长进行宣传的有效载体。

三、幼儿园教师教育策略

（一）制定微信群使用规范

微信是一种传播媒体，很多家长缺乏媒体传播规范意识，容易在群内出现不当言论、不注重保护幼儿隐私等行为。幼儿园班级微信群一般是幼儿园教师成立的，教师作为群主负有监管职责。教师自身要掌握国家关于信息传播的相关法律法规，与家长共同讨论，依据法律法规制定班级微信群的群规，教师和家长要共同遵守。

（二）利用微信群提高管理质量

利用微信可以实现实时沟通，并且能够采用语言、文字、音视频沟通的优势，教师可以利用微信群提高管理效率。除了日常发通知、幼儿请假、幼儿日常表现反馈外，教师可以把幼儿园的主题教学资源发到微信群，让家长了解幼儿园的教育主题，以便在家庭中实施同步教育；还可以把幼儿园主题活动中幼儿的表现制作成电子相册、微视频，让家长了解幼儿的成长情况；还可以针对部分幼儿存在的共性问题，在班级大群之外建立小群，便于有针对性地教育指导，家长们也可以探讨及相互借鉴，群策群力帮助幼儿成长。

（三）利用微信群建立移动学习平台

教师可以突破微信群仅用于沟通交流的思维的局限，利用微信群建立移动学习平台。可以在微信群中推送科学育儿的视频、音频以及文本等形式的学习资源，支持幼儿和家长随时随地学习；还可以通过班级微信群布置亲子作业，并通过家长反馈掌握亲子作业的完成情况，并给予适当指导。比如在亲子活动“制作冰灯”中，教师能从家长在班级微信群发布的照片中及时了解到他们的制作情况，家长之间也在微信朋友圈相互借鉴了各自别出心裁的创意，这样，整个制作过程就变得互动、透明、可控，家长和幼儿也在制作过程中分享到了更多的信息和快乐。

（四）通过微信朋友圈全方位获取信息

许多家长都喜欢在微信朋友圈中晒自己、晒孩子，教师通过浏览家长的微信朋友圈，可以了解幼儿在家的表现，综合幼儿在幼儿园的表现，科学评价幼儿成长状况；还可以了解家长的性格特点，以便与不同性格的家长交流时采取不同策略；还可以发现家长教育中的误区，以便及时帮助家长调整、改善教育策略。

（五）规范微信群的负面影响

微信群是一把双刃剑，在带来便利的同时也会带来矛盾。有时，教师忙于照顾幼儿的一日生活，没有及时收看回复信息，会造成家长的误解；在反馈幼儿日常表现时，可能仅拍摄了部分幼儿，没有面向全体幼儿，也可能会引起部分家长的不满；家长在微信群内发言时，也会因为意见分歧而产生矛盾；出现上述情况就需要教师一方面利用群规管理，另一方面要及时发现问题及时解决，消除教师与家长以及家长之间的隔阂。

（六）教师使用微信群的小技巧

1. 教师应该这样做

（1）如果个别学生有问题可单独与家长沟通，普遍问题可以在班群中与家长交流。

（2）在班群中晒照片要注意公平看待每一名学生，多表扬，少批评。

（3）试着在每一条通知后加上“不用回复”几个字或类似的话语，可以避免大量不必要信息的骚扰。

（4）注意说话方式，传播积极向上的正能量。

（5）做班级群中的引导者，对于一些不适合发在班级群里的内容，要学会婉言提醒，对于不当言论要及时制止。

2. 教师不该这样做

（1）在班级群中点名批评幼儿，伤害孩子自尊心的同时也会让家长感到不舒服。

（2）只发布表现优异的幼儿的照片，有些家长永远也看不到自己孩子的照片出现在班级群中。

（3）过度依赖班级群，幼儿日常的一举一动都要发布到班群中给家长过目，却忘记了其实面对面交流才是最好的沟通。

(4)在班群中募捐,小到幼儿的学习用品,大到奖品、演出的服装道具。

(5)不经考证随意转发网上信息,造成家长不必要的担心。

(6)"发号施令"式的说话方式,交代完家长就撒手不管了。

四、家庭教育指导策略

(一)正确规范地使用班级微信群

家长要认识到,班级微信群具有工作性质,因此,要做到公私分明,严格遵守微信群管理规定,发表言论或跟帖要有尺度。在群内晒娃要适度,不要在群内给孩子拉票、集赞、推销等;发言要文明,不要与其他家长出现言语冲突,晚上尽量不要在群里聊得太晚,以免影响他人休息,有重要事情可以跟老师直接通话联系。如果对教师的教育方法有异议,不要在微信群说,先和教师私聊,形成良好的群聊氛围。要有保护幼儿隐私意识,不随意传播幼儿的图片、视频等资料。

(二)形成正确的角色意识

微信群不仅是成员沟通的渠道,在某种意义上也是一个小的社会群体,是基于共同目标或共同任务建立起来的组织。班级微信群也是教师与家长共同进行班级管理的桥梁,因此,家长们要正确认识自己在家园共育中的角色,避免两个极端:一是只关心自己孩子的事,其他事概不关心;另一个是过度参与班级管理,发表意见时非常强势,对教师和其他家长形成了干扰。

五、教育评价标准

如何评价教师对微信群的管理和使用呢？请参照表3-2-4。

表3-2-4　微信群使用规范评价标准

序号	评价标准	具体要求
1	管理规范	制定了微信群管理办法,能及时关注群内动态,按照群规管理并规范成员的发言
2	反馈及时,言辞慎重	教师及时回应家长的需求,用词客观得当,照顾到全体家长及比较敏感家长的情绪
3	面向全体因材施教	照顾到每一位家长,交流机会均等。对于家长提出的个性化问题能做到"不同孩子、不同问题、不同对待",施行个性化教育
4	加强沟通,挖掘家长资源	充分发挥家长的智慧,让家长参与教育设计和策略讨论,使家长与教师成为共同教育者

思考与练习

1. 填空题

利用信息技术促进家园共育的途径有(　　)、(　　)、(　　)、(　　)、(　　)等。

2. 多选题

(1)借助信息技术进行家园信息互通可以达到(　　)目的。

A. 将孩子在幼儿园表现及时反馈给家长,便于家长充分掌握孩子的动态

B. 了解每个家庭的教养态度及方式,及时传送家长较为关心的信息

C. 发布幼儿园最新通知,便于家长及时落实通知信息

D. 家长通过信息互通学习幼儿教育教学知识,充分实现家园共育的培养模式

(2)幼儿园利用信息技术实现家园共育可以进行(　　)内容?

A. 幼儿园的近期发展状况与开展的各项活动

B. 育儿保健常识学习

C. 班级动态

D. 家长助教活动

3. 判断题

在家园共育的培养模式中,家长担任的角色应该是被动参与者。　　(　　)

4. 简答题

家园通过信息技术沟通交流时,存在的主要问题是什么?应该如何解决?

____

____

拓展延伸

班级微信群管理办法

为规范班级微信群管理,提高教师与幼儿家长育儿水平,增强家园沟通与共育效果,为家园共育提供组织管理上的便利,特制定本管理办法。

1. 成立微信群管理团队

由家长委员会成员和幼儿教师组成审批组织。由所有群成员组成监督组织。

2. 审批组织职责

(1)管理群成员出入。对进群人员进行审批,按时对微信群内成员进行检查与清理,防止无关人员进入。

(2)整理群成员容貌。提醒进群成员修改群名片,命名规则:教师:××(教师姓名)老师;幼儿家长:××(幼儿全名)爸爸(妈妈、爷爷、奶奶等)。进群成员均需实名制,由审批组织人员检查核实。

3. 监督组织职责

1)监督成员行为

监督多种类型微信群成员行为,不在群内发布无关信息、探讨隐私问题等,确保行为合规。

2)执行奖惩规定

对违规行为,违规一次进行口头劝说,违规两次进行通报警告,违规三次清退该群;对违法行为,直接向有关部门举报;定期推选对群内良好秩序做出积极贡献的成员,进行表扬和物质奖励。

4. 微信群内容发布要求

(1)群成员需遵守国家相关法律规定以及网络相关规定,发布的信息内容积极向上,展现园所风采,利于幼儿成长。

(2)群成员需按群功能进行发言,如家园闲聊群可进行日常话题的聊天、分享育儿心得、分享幼儿照片、新发现等等;而班级通知群仅作为发布通知使用,不做聊天使用,不得发布除通知以外的信息。

(3)教师及家长严禁发布商业广告、出现恶意刷屏、群内争吵等扰乱群内治安的行为。(恶意刷屏行为,即相同信息在群内发布三次以上的行为)。

(4)关于教师在群内表扬、批评的相关说明:在群内可以鼓励积极现象、鼓励先进个人。批评方面,原则上只批评不良现象,不得点名批评,不涉及具体个人。

优秀案例分享

利用校园网加强家园共育

当前,幼儿园与家庭之间的沟通渠道不再局限于家访、电访、面访、家园联系册等形式,电子邮箱、网上论坛、微信群、QQ群、校园网站以及公众号等媒介已成为家园沟通的新载体。而其中,有着“新平台,新资源”特色的幼儿园网站,成为家园共育的一大亮点。

1. 建设目标

本着立足教育、以人为本的原则,把网站建设成教育教学资源应用平台;内部办公自动化管理平台;教育教学远程服务平台;校际社区、家园互动信息交流平台。全面展示幼儿园的环境设施、教师风采、教育教学活动和园所文化等,为园务管理、教研工作和家园共育等提供新的、更好的交流平台。

2. 网站结构设计

幼儿园网站建设一般包括前台、后台两部分,前台是幼儿园网站首页,后台是对于系统的管理。前台既可以展示幼儿园特色,介绍园区概况、展示幼儿园活动风采、育儿宝典、家长互助平台、儿童乐园以及许愿树等方面内容,又可以为家园互动提供平台,家长可以通过浏览网站,学习科学育儿的新理念,还可以交流分享育儿经验。

3. 教师使用策略

(1)掌握上传文件、相片,回复家长留言,与家长互动交流,网上课件制作等内容,制作家庭教育课程上传网站供家长学习。

(2)在平台中发布教学计划,并将相关的教学资源上传至平台当中,实现优质教学资源的共享,不仅促进教师之间的交流,还能方便家长随时查看教学资料,并根据该教学资料在家中对幼儿进行相关的教学。

(3)校园网站可以开通电子版的“家园联系册”,采用模拟的形式,解决家长提出的育儿问题,采用机智问答的形式,与难以沟通的家长交流,定期查看与家长的互动内容,将好的交流案例与全园教师分享。

4. 家长使用策略

(1)可以在“班级论坛”“家园天地”等版块发帖讨论,提出自身在家庭教育中所产生的困惑、疑虑,向教师寻求帮助。教师也会结合实际工作中遇到的问题,定期发一些帖子引发家长讨论,不断向家长宣传正确、科学的育儿观。

(2)通过幼儿园网站开设的“育儿宝典”进行知识学习,形成科学的教育观、儿童观,掌握前沿的教育理念。在“班级留言”中,家长随时可以把需要、想法、建议、批评发上去,便于教师更好地为幼儿服务、满足家长的需求。

(3)通过浏览网站,了解幼儿园工作动态、活动情况、幼儿风采、教师风采,能够根据自身实际,为幼儿园提供力所能及的社会资源,形成家园合力。

参考文献

[1] 陈善卿,陈宗国.家庭教育指导读本[M].南京:南京大学出版社,2019.

[2] 李生兰.学前儿童家庭教育:修订版[M].上海:华东师范大学,2013.

[3] 吴邵萍.幼儿园家长工作的方法与策略[M].北京:教育科学出版社.2021.

[4] 郑福明,骆风.学前儿童家庭教育[M].北京:教育科学出版社,2017.

[5] 张富洪.学前儿童家庭教育[M].上海:复旦大学出版社,2016.

[6] 陈鹤琴.家庭教育[M].2版.上海:华东师范大学出版社,2013.

[7] 汪秋萍,陈琪.家园沟通实用技巧[M].上海:华东师范大学出版社,2013.

[8] 王维焱, 叶方寅, 吴心悦.致病的环境[M].武汉:武汉出版社, 1997.

[9] 休厄特.特殊需要儿童教育导论[M].肖非,等译.北京:中国轻工业出版社,2007.

[10] 顾明远,季啸风.教育大辞典(增订合编本,上)[M].上海:上海教育出版社,1997.

[11] 李志芳.幼儿园家长学校活动指导[M].北京:中国轻工业出版社,2015.

[12] 史爱芬.幼儿园亲子活动指导概论[M].天津:天津教育出版社,2013.

[13] 龙素华.小班幼儿生活自理能力培养浅谈[J].学周刊,2014(15).

[14] 陆晓黎.家园活动,培养幼儿良好的生活自理能力[J].科学大众(教育科学),2014(3):128.

[15] 陈晓.浅议幼儿注意力的发展和培养策略[J].祖国,2019(20).

[16] 王晓艳.论培养幼儿注意力的意义及方法[J].环球人文地理,2014(24).

[17] 金蓓蕾.谈幼儿注意力的培养[J].新课程研究,2012(8).

[18] 何媛.如何培养大班幼儿的独立思考与解决问题能力[J].新智慧,2021(17).

[19] 郭莉莉.课堂教学中如何培养幼儿的思维能力[J].启迪与智慧(教育),2018(5).

[20] 李芳, 魏明丽.论箱庭游戏对幼儿心理健康的促进作用[J].教育实践与研究(幼教版), 2014(5).

[21] 刘少英, 陈帧, 方小兰.梯度入园对幼儿入园焦虑的缓解[J].学前教育研究, 2009(3).

[22] 陈敏.关于有攻击性行为的幼儿教育建议[J],中国校外教育(中旬),2013(20):148.

[23] 吴珊.幼儿攻击性行为的现状研究[J].河南教育(幼教),2018(7):7-11.

[24] 乔治.新生儿常见疾病与处理[J].人人健康, 1996(10).

[25] 陈璇.小儿先天性心脏病发病诱因及其对策[J].医学信息, 2013(4).

[26] 翟桂露.农村慢性贫血及其合并症的急救体会15例[J].中国社区医师(综合版),2013(3).

[27] 高景宏,李丽萍,王君,等.气候变化对儿童健康影响的研究进展[J].中华流行病学杂志, 2017, 38(6): 832-836.

[28] 宋邦成.哮喘的识别与应急处理[J].社区医学杂志, 2008, 6(16):34-35.

[29] 张玉龙, 张一英, 顾敏敏.上海市嘉定区儿童居家环境伤害危险因素评估[J].中国学校卫生, 2012, 33(9)

[30] 雷敏.让孩子远离危险物品[J].儿童与健康, 2003(7):37.

[31] 刘梦婷.小班幼儿活动中存在的问题及对策[J].小学科学(教师版), 2016(8):171.

[32] 中华人民共和国教育部.幼儿园教育指导纲要[S].北京:北京师范大学出版社,2001.

[33] 王巍. 如何有效预防和处理家园矛盾纠纷[J]. 教育,2020(28).

[34] 秦旭芳,孙丹. 危机管理视角下家园矛盾的化“危”为“机”[J]. 教育观察,2020(8).

[35] 秦旭芳,门鑫玥. 因“信任危机”引发家园矛盾的消解策略[J]. 福建教育,2019(3).

[36] 丛中笑. 浅析现代幼儿性别教育的基本问题[J]. 中华女子学院学报,2005(4):74-79.

[37] 常宏,洪秀敏. 幼儿园教师性别教育观念现状研究[J]. 幼儿教育(教育科学版),2008(1).

[38] 彭燕,杜学元. 对当前幼儿园性别教育的几点思考[J]. 伊犁教育学院学报,2004(1):140-142,155.

[39] 黄伟合,陈夏尧,李丹. 关键性技能训练法:ABA 应用于自闭症儿童教育干预的新方向[J]. 中国特殊教育,2010(10):63-68.

[40] 胡晓毅. 美国自闭症幼儿早期综合干预研究[J]. 中国特殊教育,2013(7):20-27,34.

[41] 刘月余,王跑球. 儿童孤独症的早期干预[J]. 当代护士(学术版),2009(4):4-6.

[42] 王丽君. 浅谈青春期性教育的重要性[J]. 东方青年·教师, 2010(12).

[43] 闫拓时, 王旭平. 论建立合理性教育预期[J]. 北京教育(高教版), 2010(2):17-19.

[44] 秦骁婷. 用“心”走进幼儿的世界[J]. 江苏教育研究,2013(5):73-74.

[45] 贺晓红. 多元文化视阈下园本节日课程开发[J],学前教育研究,2018(2).

[46] 刘书靖. 幼儿园新生入户家访的技巧[J]. 学苑教育,2018(3):82-83.

[47] 戴丽丹. 浅析班级微信群在幼儿园家园共育中的应用[J]. 学习与科普, 2019(9).

[48] 徐慕琳. E 时代下对于家园共育新途径的探究[J]. 新一代(下半月),2018(3).

[49] 孟瑾. 利用幼儿园网站增强家校互动[J]. 中国信息技术教育,2011(24).

[50] 陆永婷. 影响幼儿入园焦虑的家庭因素个案研究[D]. 大连:辽宁师范大学,2010.

[51] 蒋亚秋. 幼儿入园焦虑现状及教师的缓解对策研究[D]. 石家庄:河北师范大学,2015.

[52] 冯春春. 幼儿入园焦虑的成因分析与对策[D]. 武汉:湖北大学,2016.

[53] 王晓琳. 新入园小班幼儿入园分离焦虑常用缓解策略的现状调查研究[D]. 呼和浩特:内蒙古师范大学,2013.